TAYLOR

DE ERA EM ERA

A BIOGRAFIA NÃO AUTORIZADA

CAROLINE SULLIVAN

TAYLOR

DE ERA EM ERA

A BIOGRAFIA NÃO AUTORIZADA

Tradução:

Stephanie C. Rodrigues

POP CORN

Direção
Roger Conovalov

Gerente Editorial
Aline Assone Conovalov

Gerente Comercial
Eduardo Carvalho

Coordenador Editorial
André Barbosa

Tradução
Stephanie C. Rodrigues

Revisão
Mitiyo S. Murayama e Hanne Krempi

Capa
Natasha Le Coultre

Diagramação
Lura Editorial

Crédito da imagem da capa: David Fisher / Shutterstock
Crédito da imagem da contracapa: Sarah Yenesel / EPA-EFE / Shutterstock

CATALOGAÇÃO NA PUBLICAÇÃO
ELABORADA POR BIBLIOTECÁRIA JANAINA RAMOS – CRB-8/9166

Dados Internacionais de Catalogação na Publicação (CIP)
(Câmara Brasileira do Livro, SP, Brasil)

S949t

Sullivan, Caroline

Taylor - de era em era: a biografia não autorizada / Caroline Sullivan; Tradução de Stephanie C. Rodrigues. – São Caetano do Sul-SP: Lura Editorial, 2025.

Título original: Taylor - Era by Era

256 p.; 15,5 X 23 cm

ISBN 978-65-5478-207-4

1. Biografia. I. Sullivan, Caroline. II. Rodrigues, Stephanie C. (Tradução). III. Título.

CDD 920

Índice para catálogo sistemático
I. Biografia

[2025]
Lura Editorial
Alameda Terracota, 215. Sala 905, Cerâmica
09531-190 – São Caetano do Sul – SP – Brasil
www.luraeditorial.com.br

Sumário

Prefácio

de Tiago Valente

O livro que você está prestes a ler não é uma ficção.

Mas poderia ser...

Porque a história da garota da Pensilvânia que se tornou uma das artistas mais famosas do mundo tem tantos *plot twists*, interesses amorosos, vilões e momentos memoráveis quanto as narrativas mais fantasiosas e aclamadas. Seus capítulos surpreendentes e cativantes foram acompanhados em tempo real, ao longo dos últimos vinte anos, pela sua legião de leitores — nós, os swifties.

No meu caso, essa história começou de um jeito tão clichê que teria deixado a loirinha orgulhosa — meu primeiro término de namoro. Era aquele tipo de dor e tristeza cuja explicação fugia do meu repertório emocional e apenas as letras e melodias de canções como All Too Well, Back to December e Death by a Thousand Cuts pareciam ser capazes de entender.

Nessa época, eu tinha certeza de que, assim que o término fosse superado, minha obsessão pela *Miss Americana* seria deixada de lado e eu voltaria a ser o tipo de amante de música que sempre fui. Aquele que ouve um pouco de tudo, é fã de muitos artistas, mas não é muito aficcionado por ninguém.

O que eu não esperava era que Taylor Swift continuaria contando histórias que iriam muito além dos términos, namoros frustrados e paixões devastadoras. As narrativas inspiradas nas vivências de uma mulher com o poder de impactar o resultado das eleições dos Estados Unidos, de alguma forma, conversavam com aquilo que um garoto nerd e tímido de São Paulo estava vivendo.

Suas letras cheias de auroras e prosas tristes já me fizeram refletir sobre os mais diversos sentimentos, desde autossabotagem e luto, passando por vingança e amadurecimento e até sobre como soletrar pode ser divertido. Essa sensação única de identificação fez meus fones de ouvido decorarem cada um dos seus versos e, desde então, acompanhar os passos muito bem calculados da cantora se tornou um dos meus passatempos favoritos (e de mais alguns milhões de Swifties pelo mundo).

A cada nova era anunciada, Taylor explora uma nova faceta e nos leva a enxergar nossas batalhas internas por um novo ângulo, além de, é claro, definir nossa personalidade e nosso guarda-roupa pelos próximos meses.

Entre contratos assinados, álbuns regravados e pulseiras da amizade (uma delas contendo o telefone de um certo jogador de futebol americano), para mim, o mais interessante é perceber como relembrar a trajetória de alguém que acompanhamos tão de perto, também nos faz pensar sobre nossa própria história, sobre os momentos das nossas vidas que foram marcados por essas canções.

Enquanto a sonoridade de *Fearless* e *Speak Now* (*Taylor's Version*, por favor) parecem ter o cheiro da minha adolescência, *Lover* e *1989* são a trilha sonora dos momentos em que deixei o coração guiar minhas decisões e os sintetizadores de *Reputation* de todas as vezes em que ele foi partido.

Red e *Evermore* me levam para tardes tranquilas de outono, permeadas por conversas entre amigos, xícaras de chá e suéteres aconchegantes e *Folklore* me faz lembrar de como a arte e a música são essenciais para enfrentar tempos difíceis e incertos.

Num futuro próximo, sei que *Midnights* e *The Tortured Poets Department* vão me lembrar dos dias que estou vivendo agora, das descobertas, dos medos e das responsabilidades da vida adulta e, obviamente, do melhor dia da minha vida — o show da *The Eras Tour* em São Paulo.

Em *Taylor - de era em era*, Caroline Sullivan nos leva por uma viagem que explora as especificidades de cada uma dessas eras, num trabalho de pesquisa cuidadoso e minucioso que apenas uma swiftie seria capaz de fazer, reunindo declarações concedidas em entrevistas, matérias e documentários para criar a linha do tempo perfeita e incluir uma quantidade surpreendente de detalhes sobre a vida e a carreira de uma das artistas mais influentes da atualidade. O resultado dessa pesquisa torna este livro uma obra mais rica, densa e completa, capaz de cativar os fãs, mas também de despertar o interesse de apaixonados por biografias de celebridades e pelos bastidores da história da cultura pop contemporânea.

Espero que se divirtam relembrando a trajetória de Taylor Swift (ou, como carinhosamente chamamos, "a indústria da música", rs) e que, assim como aconteceu comigo, esse também seja um passeio pelas suas próprias memórias e pelos momentos que tiveram como trilha sonora os versos poéticos e vulneráveis escritos por uma certa cantora loira, nascida em 1989.

Tiago Valente

Introdução

Vinte anos após o início de sua carreira, é difícil descrever o sucesso de Taylor Swift sem recorrer a superlativos. Apresentar-se para 70 mil pessoas de uma vez e alcançar o primeiro lugar nas paradas ao redor do mundo a cada lançamento de álbum são parte da rotina dela; ela já venceu o Grammy de Álbum do Ano quatro vezes — um feito inédito — e sua influência vai muito além de sua própria área. Quantos outros músicos instigaram uma investigação do Senado dos EUA sobre a indústria de venda de ingressos para shows? Quem mais poderia levar estúdios de cinema a mudar datas de lançamento de filmes para evitar conflito com o dela? E quem foi a primeira musicista escolhida, por mérito próprio, como Pessoa do Ano pela revista *Time*?

Em 2021, a revista *Elle* rotulou Taylor como "uma megaestrela do pop em esferas celestiais", uma definição que melhor descreve seu status. Em termos menos galácticos, para esta megaestrela do pop, recordes existem para serem quebrados, metas para serem superadas — e ela ainda está no início dos trinta anos.

Mas até Taylor deve ter se impressionado com o que realizou em um único período de duas semanas em outubro de 2023. Três grandes marcos foram alcançados, e o que o *Guardian* chamou de "o impacto de seu vasto estrelato" ficou ainda mais evidente. Parece correto começar este livro mencionando-os, pois Taylor Swift não é apenas a maior artista do século XXI; agora ela é também conhecida por algumas das decisões de negócios mais inteligentes já tomadas por alguém cuja profissão, tecnicamente, é escrever e cantar canções. Este não é o livro Taylor: O Manual de Negócios (embora seja melhor não descartar a possibilidade de que um dia ele seja escrito), mas sua perspicácia é parte essencial de quem ela é. Isso influenciará as próximas gerações tanto quanto sua música.

O primeiro marco foi alcançado em 12 de outubro, com o lançamento do filme do show *Taylor Swift: The Eras Tour*, composto por imagens de três shows em um estádio na Califórnia, realizados dois meses antes. Somente com as pré-vendas, tornou-se o filme de um show de maior bilheteria de todos os tempos, e tudo indica que será um dos filmes de maior sucesso de qualquer gênero. (Nota: a data de estreia foi alterada do dia 13 para o dia 12 de outubro, uma decisão de última hora de Taylor, antecipando o lançamento e incluindo várias sessões adicionais para atender à demanda sem precedentes por ingressos).

Em 26 de outubro, a *Bloomberg News* anunciou que ela havia se tornado bilionária. A estimativa "conservadora" era de que seu patrimônio fosse de US$ 1,1 bilhão, boa parte dele proveniente da atual *Eras Tour*, que começou em março de 2023 e terminou em dezembro de 2024.

Finalmente, em 27 de outubro, foi lançada a regravação *Taylor's Version* de seu álbum de 2014, *1989* — o quarto de sua série de álbuns regravados de enorme sucesso. Autointitulado seu "favorito entre os regravados", o álbum vendeu 1,6 milhão de cópias nos EUA em menos de uma semana — o suficiente para torná-lo o álbum mais vendido do ano no país, de certa forma. Junto com o LP, Taylor publicou uma nota manuscrita nas redes sociais no mesmo dia: "Nasci em 1989, me reinventei pela primeira vez em 2014, e parte de mim foi retomada em 2023 com o relançamento deste álbum que eu amo tanto."

O mundo dos negócios já havia notado sua habilidade para conduzir a própria carreira; sites como *Forbes* e *Bloomberg News* acompanham Taylor porque ela gera histórias relevantes para seus leitores. Por exemplo, ela deu um exemplo de boas relações entre empregador e empregado ao distribuir bônus de US$ 55 milhões para toda a equipe da *Eras Tour* (só os caminhoneiros receberam US$ 100 mil cada um), enquanto a própria turnê oferece uma lição de oferta e demanda. Durante a etapa americana (de março a agosto de 2023), muitos cambistas empreendedores cobravam até US$ 1.500 por um ingresso de US$ 50, mas também surgiram sites de revenda entre fãs, conectando aqueles que queriam ingressos com pessoas dispostas a vendê-los pelo valor original.

Somente com os shows do verão de 2023, a *Eras Tour* já era a segunda turnê de maior bilheteria de todos os tempos, com US$ 780 milhões. Naquele ponto, apenas a turnê de despedida de Elton John estava à frente — mas, no início de 2024, a *The Eras Tour* já a havia superado, com suas 151 apresentações rendendo US$ 1,03 bilhão. A cereja do bolo da turnê é que as datas nos EUA teriam contribuído com US$ 4,6 bilhões para a economia americana, com o aumento, por exemplo, da ocupação dos hotéis em cada cidade por onde passou.

Então, temos o instinto dela para escolher os projetos certos — uma intuição tão certeira que deveria ser conhecida como "Capitalismo Taylor Swift", sugeriu a Sky Society, uma empresa de mídia voltada para mulheres no marketing. O exemplo disso é a *Eras Tour*. Essa é a primeira turnê dela após o *lockdown* e, portanto, a primeira oportunidade para os fãs ouvirem ao vivo os três álbuns (*Folklore*, *Evermore* e *Midnights*) que ela gravou durante a pandemia da covid. Ou seja, o desejo de vê-la ao vivo já existia, e ela, de forma astuta, ampliou isso ao anunciar que a *Eras* seria a primeira turnê em que tocaria músicas de todos os seus álbuns, ou "eras". (Por razões inexplicadas, o álbum de estreia não faz parte do show, embora algumas músicas, como *Tim McGraw* e *Our Song*, tenham aparecido no momento "surpresa" de cada noite).

O *Capitalismo Taylor Swift* também se mostrou nos relançamentos de seus álbuns na versão *Taylor's Version*, que tiveram ainda mais aclamação (e muitas vezes vendas) do que as versões originais. Ela começou o projeto para recuperar o controle de suas gravações principais após sair da sua antiga gravadora, a Big Machine Records (detalhes no Capítulo 9). Seu principal motivo é claramente pessoal — está reivindicando a propriedade de sua arte — e não apenas o financeiro. Mas ela talvez tivesse uma noção de que os fãs — os leais Swifties — estariam com ela e comprariam as regravações. E estava certa. Os Swifties se mobilizaram, colocando cada um dos primeiros quatro álbuns *Taylor's Version* no topo das paradas nos Estados Unidos, Reino Unido, Austrália, Canadá, Irlanda e Nova Zelândia. "Em sua essência, este é um exercício de negócios moralmente exemplar como nunca visto anteriormente", escreveu Rachel Aroesti no *The Guardian*. E se Taylor se deu um leve tapinha nas costas quando a nova versão de *1989* alcançou as maiores vendas em uma semana nos Estados Unidos desde *25*, de Adele, em 2015, quem poderia culpá-la?

A *Haas School of Business*, da Universidade da Califórnia, em Berkeley, deu um passo adiante ao reconhecer o senso de negócios de Taylor Swift. No outono de 2023, anunciou um curso de treze semanas para o semestre da primavera de 2024, intitulado "Arte e empreendedorismo: *Taylor's Version*". A inspiração para o curso foi a habilidade da cantora de se conectar com os fãs; o vínculo entre Swifties e Taylor tornou a arte e o empreendedorismo possíveis graças ao incentivo contínuo dos fãs. O plano de ensino descreve a disciplina como uma exploração de "como arte e autenticidade criam valor duradouro e um empreendimento viável". Economia, negócios, sociologia e literatura e sua relação com Taylor serão estudados, e os alunos ganharão dois créditos pela participação. Ela se une à Madonna, que já foi tema de um segmento acadêmico conhecido como *Madonna Studies*[1], como uma das poucas artistas a receber um curso universitário estruturado.

O anúncio da *Haas* veio após um similar da *Queen Mary University of London*. Um curso chamado "Taylor Swift e Literatura (A Obra de Taylor Swift é Literatura?)" será oferecido na *Queen Mary Summer School* a partir de junho de 2024. Embora não tenha foco em negócios, ele oferece uma oportunidade para refletir sobre como Taylor se tornou um ícone cultural. O curso parte do ponto de vista de que a obra de Taylor é, sim, literatura e deve ser lida como tal. Ele se propõe como um estudo de "elementos formais, como rima e escolha de palavras", e inclui uma análise das canções dela "com a ajuda de textos-chave em teoria crítica [para discutir] os contextos políticos, nacionais e históricos de sua obra". Os requisitos de admissão são rigorosos: os candidatos precisam de uma média de B+ se acabaram de sair do ensino médio ou de um diploma 2:1[2] se já estão na universidade. Para a avaliação final, é necessário escrever um artigo de 2.500 palavras e fazer uma apresentação em sala de aula, e os alunos que passarem recebem quinze créditos por 150 horas de estudo.

Se alguém ainda tivesse dúvidas, esses marcos confirmaram que Taylor é mais do que uma estrela pop, ou até mesmo uma megaestrela do pop.

Esses acontecimentos de outubro a tornaram, mais uma vez, tema de conversas internacionais. Seu parceiro atual (até o momento em que este texto foi escrito), Travis Kelce, jogador de futebol americano do Kansas City Chiefs, disse que "nunca namorou alguém com uma aura assim". Vindo de um astro que está acostumado a atuar em estádios com 70 mil fãs, isso significa muito.

1 Estudos sobre Madonna.

2 No Reino Unido, "2:1" significa "Second Class Honors, Upper Division" (Honras de Segunda Classe, Divisão Superior), equivalente a uma nota entre 60% e 69%. Nos EUA, o sistema de GPA (Grade Point Average) é usado em vez disso, e um "2:1" britânico geralmente se traduz em um GPA entre 3.3 e 3.7.

Mas, claro, a fama dele e a dela estão em níveis diferentes. Sua agilidade em campo, incluindo um recorde de jardas[3] recebidas na NFL em novembro de 2023, rendeu a ele muitos elogios e dois anéis do Super Bowl (concedidos aos jogadores do time vencedor do campeonato anual). Taylor, por outro lado, gerou manchetes de mídia apenas por curtir uma postagem de congratulação no Instagram dos Chiefs: "[Kelce é o] *tight end* mais rápido a atingir 11 mil jardas recebidas E o único jogador na história da franquia a conseguir isso."

Essa é uma garota que cresceu em uma fazenda de árvores de Natal na Pensilvânia e que tinha ambições pequenas e pessoais, mesmo depois de se tornar famosa. Veja, por exemplo, o momento em 2010 em que ela percebeu que estava indo bem porque seu álbum *Speak Now* estava à venda em sua cafeteria favorita, a Starbucks. "Você vai à Starbucks e só tem, tipo, dois CDs à venda. Achei que seria algo muito importante se eles quisessem vender um CD meu", disse ela à revista *New Yorker*. Isso foi depois de *Speak Now* já ter vendido 1 milhão de cópias e liderado as paradas americanas. Para ela, isso já era ótimo, mas ver seu álbum na Starbucks era a prova de que estava realmente alcançando algo.

Se ao menos ela soubesse que outra alegria a esperava na Starbucks. Às vésperas do Natal de 2021, a rede comemorou o lançamento de *Red (Taylor's Version)* durante o mês de dezembro, renomeando sua bebida favorita, o latte grande de caramelo sem gordura, como *Taylor's Version*. Haveria uma forma mais "Swiftiana" de ser coroada Rainha do Pop? E essa rainha nunca esqueceu suas origens. Gentileza, generosidade e capacidade de se conectar com as pessoas foram fundamentais para a ascensão de Taylor — características que ainda são essenciais para quem ela é.

De era em era, desde seu álbum homônimo de 2006, Taylor se tornou cada vez mais significativa, chegando ao ponto em que a palavra "ícone" não é um exagero. Esta é a sua história.

3 A jarda é uma unidade de medida de comprimento usada principalmente nos Estados Unidos e no Reino Unido, equivale a 0,9144 metros, ou seja, um pouco menos de um metro. Ela é usada em esportes como futebol americano e golfe, além de medir distâncias em construções e terrenos.

CAPÍTULO 1

No início

Taylor Alison Swift, como foi batizada, se define como uma "garota das garotas". Apesar de ter recebido o nome de um homem — o cantor e compositor James Taylor —, é exatamente isso que ela é: uma mulher apoiadora de suas amigas de forma incansável, especialmente de outras musicistas. Ela inspira jovens a escreverem suas próprias músicas. Até mesmo o fato de sua mãe ter escolhido dar à filha um nome masculino teve uma razão pró-feminina: Andrea Swift gostava das músicas de James Taylor e pensou que um nome neutro em termos de gênero seria útil, caso a filha quisesse seguir uma carreira empresarial. Taylor só descobriu a origem de seu nome por acaso, quando comentou com Andrea que sua música favorita no coral da escola era *Fire and Rain*, de "um cara chamado James Taylor". A mãe respondeu: "É muito engraçado você dizer isso, porque você meio que recebeu o nome dele." Taylor conta que "Foi a primeira vez que eu soube que, de fato, fui batizada em homenagem a James Taylor".

O outro nome considerado pelos pais foi Shelby, "mas perceberam que meu nome ficaria como *She'll Be Swift*" ('Ela será rápida') e que as crianças poderiam me zoar por isso", ela contou em 2016, enquanto visitava jovens pacientes no *Memorial Sloan-Kettering Cancer Center*, em Nova York. E poderia ter sido pior: enquanto estava grávida, Andrea Swift ouvia regularmente uma certa banda de metal britânica e talvez tivesse decidido que sua primogênita se chamaria Def Leppard Swift.

Ela revelou a origem de "Taylor" em um show no Madison Square Garden, o maior espaço fechado de Nova York, em 2011. O melhor de se apresentar ali, ela disse, era que coisas "mágicas, muito mágicas" poderiam acontecer — como, por exemplo, o próprio James Taylor subir ao palco. E, como num passe de mágica, um elegante J. Taylor apareceu, guitarra em mãos, e os dois cantaram *Fire and Rain*, a música que consagrou Taylor como um dos grandes nomes do *boom* dos cantores-compositores do início dos anos 1970. Ao final da canção, Taylor Swift se afastou, boquiaberta e cheia de alegria, aplaudindo-o enquanto o público vibrava.

"Eles realmente gostam de você, eu acho", disse ela. "Estou muito feliz que você me chamou", ele respondeu. Coincidentemente, enquanto *Fire and Rain* foi seu primeiro grande sucesso, apenas uma das músicas de James Taylor alcançou o topo da *Billboard Hot 100*: *You've Got a Friend*, sua versão de 1971 para uma canção escrita por uma mulher, Carole King.

Não é surpresa que o vínculo mais forte de Taylor, especialmente como artista, seja com as mulheres. Suas composições ressoam com a experiência feminina, abordando as oscilações dos relacionamentos e capturando momentos de euforia e de indiferença com uma precisão que poucos compositores contemporâneos conseguem alcançar. Ela sempre preencheu cadernos com observações, o que fica evidente em suas letras, que mais parecem um diário. Trechos de diários reais, alguns escritos quando ela tinha quatorze anos e já praticava sua assinatura, caso alguém um dia pedisse um autógrafo, foram incluídos na edição *deluxe* do álbum *Lover*, de 2019. Suas amizades com mulheres são calorosas, e ela é leal. É inconcebível, por exemplo, que ela abandonasse uma amiga numa balada porque algum cara piscou para ela.

Taylor já expressou muitas vezes gratidão pelo seu círculo de amigas, algumas das quais estão em sua vida desde a época da escola. "O que parece possível, fácil e confortável é ter essa legião de amigas incríveis que eu tenho", ela disse à revista *Esquire* em 2014, uma semana antes do lançamento do álbum *1989* original. "E posso confiar nelas. Sei que posso confiar nelas, pois nada de verdadeiro a meu respeito está sendo publicado na imprensa agora." (Em outras palavras, nenhuma de suas amigas próximas havia revelado informações pessoais sobre ela.)

Quando conversou com a *Esquire*, Taylor não tinha ideia de como o álbum *1989* aumentaria seu status de celebridade, transformando-a de uma cantora country-pop altamente bem-sucedida em uma estrela pop de proporções gigantescas. Ela talvez tivesse uma noção de que o álbum a levaria a um novo nível, mas não poderia prever, por exemplo, que o astro do country alternativo, Ryan Adams, faria uma versão completa do álbum, ou que teria de registrar uma frase de três palavras do single *Shake It Off* para impedir que vendedores de camisetas e similares a usassem para obter lucro. Mesmo no auge, o estrelato country não tem o alcance da fama pop no topo das paradas.

Naquele momento, em outubro de 2014, ela já tinha bastante experiência com a mídia, mas depois de *1989*, passou a ser um alvo constante. A maior parte da cobertura era — e ainda é até hoje — sobre quem ela estava namorando, e isso já era tão irritante que ela disse: "Simplesmente parei de namorar pessoas [por um tempo], porque era importante para mim esclarecer — que eu não preciso de algum cara ao meu redor… para me sentir bem comigo mesma. E eu queria mostrar o mesmo para as minhas fãs."

A frase importante é "Eu queria mostrar para minhas fãs", as garotas e mulheres que a apoiam. Foram jovens mulheres, muitas vezes ainda na escola — assim como Taylor quando começou — cuja devoção permitiu que sua carreira subisse, degrau por degrau. Quando a *Eras Tour* começou a rodar o mundo, algumas Swifties já estavam com ela há quase vinte anos. Elas se mantiveram ao lado dela porque Taylor era alguém com quem podiam se identificar — cresceram com ela e vivenciaram cada era junto com ela.

Em outras palavras, Taylor é amada porque é humana. Sim, ela é deslumbrante e bela, com aquele tipo de brilho que só se detecta nos artistas no auge de suas habilidades — Beyoncé e Dua Lipa também irradiam esse mesmo brilho. No entanto, Taylor é uma pessoa real, com falhas, e sua autenticidade está sempre aflorando. Imagine Beyoncé interrompendo um show, como Taylor já fez, para anunciar: "Gente, desculpa, mas eu realmente preciso assoar o nariz. Juro que vou ser rápida, podem gritar para preencher o silêncio constrangedor, por favor?" É por isso que ela ocupa um lugar tão especial no coração de tantas pessoas.

O apoio dos Swifties nunca vacilou, nem mesmo durante uma turbulência em 2016, quando Taylor parecia estar envolvida numa mentira sobre a aprovação de uma música de Kanye West que a mencionava. Naquele momento, algumas pessoas de fato se voltaram contra ela, e o incidente a levou a se afastar um pouco dos holofotes.

Em resumo, aqui está o que aconteceu: na música *Famous* — *single* principal de seu álbum *The Life of Pablo*, de 2016 —, West mencionava a possibilidade de ele e Taylor terem relações sexuais, a chamava de "vadia" e dizia ser o responsável por sua fama. Essa linha fazia uma referência ao momento em que ele interrompeu seu discurso de agradecimento no *MTV Video Music Awards* de 2009. Naquela ocasião, sua música *You Belong With Me* venceu o prêmio de Melhor Vídeo Feminino, e West subiu ao palco para dizer à Taylor, claramente surpresa, que *Single Ladies (Put a Ring on It)*, de Beyoncé, indicada na mesma categoria, era "um dos melhores vídeos de todos os tempos". A repercussão midiática desse evento garantiu que o momento nunca fosse esquecido.

Taylor aparentemente sabia de antemão sobre o verso que mencionava sexo; os dois haviam conversado ao telefone antes de ele gravar *Famous*, e ele mencionou isso. Num trecho parcial da ligação divulgado por Kim Kardashian em junho de 2016, Taylor diz: "Quero dizer, é meio que um elogio." Ela achou que a frase tinha um tom de brincadeira. Mas não era essa a parte mais controversa da música; o ponto de discórdia era o termo "vadia". West — que alegou ter usado a palavra de maneira "afetuosa" — disse que ele e Taylor tinham discutido o assunto durante a ligação e que ela teria aprovado. Taylor confirmou que os dois conversaram, mas negou ter dado aval para o termo "vadia".

Em um tuíte de 2020, a publicitária de Taylor, Tree Paine, afirmou que o verdadeiro motivo de West ter ligado era para pedir que ela divulgasse um link para *Famous* em sua conta no Twitter, algo que Taylor se recusou a fazer. Ao que tudo indica, qualquer discussão sobre a letra da música foi secundária a esse pedido. A situação fez com que Taylor parecesse desonesta quando Kim Kardashian, então esposa de West, apareceu para corroborar a versão do marido. Kardashian parecia acreditar que Taylor estava negando até mesmo ter falado com West.

Em março de 2020, Taylor foi finalmente redimida quando o restante da conversa telefônica vazou, mostrando que o termo "vadia" não havia sido mencionado. Pela ligação vazada, West de fato pediu para usar o nome dela na música, ao que ela consentiu; ela também concordou com o verso sobre ter relações sexuais. Mas não houve consentimento para o termo "vadia", que nem sequer foi discutido. No dia 24 de março, Kardashian tuitou: "Eles claramente falaram [ao telefone]... Ninguém jamais negou que a palavra 'vadia' foi usada sem o consentimento dela."

A confusão gerou o pior tipo de cobertura midiática, com sites se aproveitando da oportunidade para atacar a, até então, "perfeita" Taylor. Ela era vista como alguém tão impecável que a *Rolling Stone* chegou a intitular uma entrevista de 2009, talvez com um tom irônico, de "A vida muito rosa e muito perfeita de Taylor Swift". Os jornais publicaram manchetes corrosivas, como: "Quando você percebeu que Taylor Swift estava mentindo para você?" e a metapergunta: "Quando a mídia se voltou contra Taylor Swift?".

O clima de antipatia contra Taylor cresceu a tal ponto que até mesmo um longo relacionamento com Harry Styles, entre 2012 e 2013, passou a ser criticado como uma possível jogada publicitária. Contudo, se fosse realmente uma relação para a mídia, por que não houve centenas de fotos de paparazzi de momentos íntimos do casal, como normalmente acontece nesses casos? Onde estavam as fotos de Harry Styles levando Taylor para almoçar no restaurante chinês Fortune City, em sua cidade natal, Holmes Chapel, em Cheshire? Só existem duas imagens desse dia: uma tirada pelo dono do restaurante e outra postada por um cliente no Twitter.

Sobre a controvérsia com Kanye e Kim, deve ter sido um doce prazer para Taylor que a "vingança" viesse na forma de sucesso e aclamação ainda maiores. Anos depois, olhando para essa fase de sua vida, Taylor foi surpreendentemente generosa em sua resposta, dizendo à *Rolling Stone*: "Você não pode continuar vencendo e esperar que as pessoas gostem disso."

E, ao longo de tudo isso, os Swifties sempre a apoiaram. Quando Taylor enfrentava momentos difíceis, os Swifties estavam lá com ela, demonstrando empatia. Uma crítica na *Rolling Stone* de um show em maio de 2023, no MetLife Stadium, em Nova Jersey, descreveu uma fã ajoelhada e chorando durante a versão estendida de dez minutos de *All Too Well*, uma música pós-rompimento carregada de "memórias" líricas como folhas de outono, ar fresco e camisas xadrez. O crítico Rob Sheffield, que estava sentado na fileira ao lado, ficou comovido com a cena e chamou essa fã de "minha grande heroína".

Isso não quer dizer que a música de Taylor se conecte apenas com o público feminino. Muito pelo contrário: Sheffield, um Swiftie comprometido, demonstrou que homens também compartilham dessa admiração. Em sua crítica detalhada dos três shows no MetLife, ele descreveu a própria reação emocional — chorando e cantando junto — e revelou que ainda usava uma pulseira da amizade dada por outro fã, um desconhecido, antes de um dos shows.

A paixão dos Swifties pelas pulseiras da amizade — que não devem ser confundidas com a pulseira *Bejeweled*, uma peça com elos dourados e pedras preciosas brevemente vendida em sua loja on-line — se intensificou depois que Taylor as mencionou na faixa *You're On Your Own, Kid*, do álbum *Midnights*, de 2022. Uma tradição rapidamente se desenvolveu: os fãs trocavam pulseiras no estacionamento antes dos shows, muitas vezes com desconhecidos, conforme observado por Sheffield, o que dava um toque especial e emotivo ao costume. Na resenha, Sheffield descreveu o show de mais de três horas não apenas como uma "catarse" para Taylor, mas como uma "épica e emocionante Tay-pocalypse" para os fãs.

Taylor está ciente do impacto especial de *All Too Well* — desde que o álbum *Red* foi lançado em 2012, ela recebeu mais pedidos para essa música do que para qualquer outra. Quando lançou *Red (Taylor's Version)* em 2021, os Swifties ajudaram a levar a faixa ao topo da *Billboard Hot 100*. Os fãs, na prática, assumiram a canção como sua, algo que ela reconhece. A música nunca foi planejada para ser um single nem um vídeo, disse Taylor em uma entrevista de 2021 divulgada por sua gravadora, a UMG: "Mas o que foi tão incrível é que, depois do lançamento mundial, os fãs, entre eles, decidiram que era sua favorita. Eles simplesmente... a proclamaram como a música mais importante de *Red*... Esta canção virou uma história do que os fãs fizeram por ela."

Foram garotas — especialmente adolescentes — que lhe deram uma carreira em primeiro lugar. Quando começou a buscar um contrato aos treze anos, ela enfrentou ceticismo em toda parte. Já compunha desde os dez anos, e sua família havia se mudado da Pensilvânia para Nashville com o objetivo de ajudá-la a iniciar uma carreira na música country. Mas tentar se firmar como cantora country na capital do country americano causou resistência. Ela podia ser um talento precoce e extremamente inteligente, com uma paixão genuína pela música, mas isso não fazia diferença em Nashville. Disseram a ela que uma garota que escrevia suas próprias canções sobre romances adolescentes não venderia para o principal público-alvo da música country — mulheres com trinta e poucos anos que, de qualquer forma, preferiam cantores homens.

Os executivos sugeriram que, se ela escrevesse algumas músicas voltadas para esse público feminino mais velho, talvez a contratassem. Ou, se deixasse que compositores experientes escrevessem as canções, enquanto ela apenas cantasse, poderiam considerar essa possibilidade. O que as gravadoras não previam era que existisse um público muito mais jovem de garotas que adoravam música country — assim como Taylor — e que se conectariam com uma cantora e compositora de sua idade, criando canções profundamente emocionais baseadas em suas próprias experiências.

Não é que a indústria da música country tivesse intencionalmente ignorado as jovens mulheres; na verdade, os artistas country sempre compuseram e cantaram para pessoas acima dos trinta anos, pois presumiam que eram as únicas ouvintes. Scott Borchetta, fundador da Big Machine Records, que a contratou em 2005, disse mais tarde à *Inc.*: "[A música country] não era um formato teen. Naquela época, era um público de 25 a 54 anos [e] as mulheres mais jovens estavam enfrentando grandes dificuldades. Não havia realmente nenhuma nessa época." Mesmo o punhado de artistas muito jovens que alcançaram o topo, como

Tanya Tucker e LeAnn Rimes, foram desenvolvidos com ouvintes adultos em mente — ambas tinham treze anos quando alcançaram o primeiro sucesso, e a maturidade de suas vozes e material era voltada para um público adulto. O primeiro sucesso de Tucker, na verdade, veio com uma canção que mal poderia ser menos voltada para os adolescentes: *Delta Dawn*, uma balada sombria e majestosa sobre uma mulher de quarenta e um anos que nunca superou ter sido abandonada por um homem que prometeu se casar com ela.

E então veio Taylor.

O namorado do colégio que a deixou para ir para a faculdade (*Tim McGraw*), a colega de classe invejavelmente linda que secretamente sofria de bulimia (*Tied Together with a Smile*) — os personagens nas músicas de Taylor eram do tipo que toda adolescente reconheceria. Havia o *redneck* com quem ela namorou no primeiro ano, mas acabou abandonando por causa de sua arrogância — isso e porque ele se recusava a deixá-la dirigir sua caminhonete (*Picture to Burn*). Toda jovem mulher já passou por isso, e o talento de Taylor estava em conseguir transformar suas situações em canções.

Graças a essa habilidade, quando percebeu que ela e o garoto sobre quem escreveu em *Tim McGraw* — seu nome era Drew Dunlap — não tinham uma "nossa canção", ela conseguiu escrever uma. Nota: ela nunca havia tido um namorado para escrever a respeito. Drew foi o primeiro. Os Swifties especularam que *A Perfectly Good Heart* e *Fifteen* também são sobre ele. Na verdade, a última é sobre sua melhor amiga, Abigail Anderson, mas também contém linhas ambíguas sobre um garoto com quem a narradora da canção queria se casar um dia, então é possível que Drew estivesse em sua mente.

Apropriadamente, ela intitulou sua nova canção de *Our Song* e a cantou em seu show de talentos da nona série. É compreensível: por que guardar isso apenas para os dois? Ela sabia que era especial, disse durante uma entrevista à AOL, quando crianças da escola se aproximaram dela meses depois do show de talentos para dizer que adoravam a canção que ela havia tocado naquela ocasião. "E então elas começaram a cantar partes dela de volta para mim. Elas a haviam ouvido apenas uma vez, então eu pensei: 'Deve haver algo aqui'."

Quando *Our Song* foi lançada como single, em setembro de 2007, ela passou seis semanas no topo da parada *Hot Country Songs*, impulsionada pelo reconhecimento que Taylor havia conquistado com seus dois singles anteriores, *Tim McGraw* e *Teardrops on My Guitar*. Foi a canção que abriu seu caminho para a fama no country.

Por que essa canção em particular? Porque as palavras têm uma força descritiva: ela estava "viajando no banco da frente" no carro do namorado, com o cabelo solto sobre os ombros, o namorado dirigindo com uma mão e segurando seu coração com a outra... Ela tinha um olhar atento para pequenos detalhes, e saber que ela tinha quinze anos quando a compôs torna tudo ainda mais notável. Em segundo lugar, é uma canção *sobre* uma canção — ela confessa no primeiro verso que os dois não têm uma melodia que consideram como sua. Então, a melhor parte: o refrão. Nele, o garoto diz que eles têm uma canção. É composta pelos sons que ele associa ao relacionamento deles — a voz dela ao telefone, a porta de tela batendo, o toque nos vidros para que os pais dela não ouçam. Juntos, eles compõem "a canção deles". É poético e imaginativo, e ela escreveu isso, disse mais tarde, em vinte minutos.

Terceiro: a melodia e o arranjo, ricamente infundidos com violino e banjo, pulsam de forma alegre, complementando as inflexões sulistas em sua voz. Para uma garota da Pensilvânia, ela aprendeu a cantar como se fosse do Tennessee, e a alegria em seu sotaque era contagiante. Por último, o vídeo saturado de cores, dirigido pelo veterano diretor country Trey Fanjoy, mistura vibrantes cenas de Taylor deitada em um campo de flores e se preparando para um encontro — conversando em um telefone fixo de cor pêssego, admirando suas unhas recém-pintadas — em um vestido de baile na varanda da frente, com a porta de tela visível atrás dela. Isso muda para uma cena monocromática contrastante dela em um palco, usando um vestido preto e tocando uma grande guitarra prateada, enquanto sua banda de apoio, que se parece mais com um grupo de *new wave* dos anos 80 em seus ternos preto e branco, adiciona toques alegres. O vídeo merecidamente ganhou os prêmios de Vídeo do Ano e Vídeo Feminino do Ano no *CMT (Country Music Television) Music Awards* de 2008.

Our Song também foi impulsionada pelo fato de que Taylor conquistou o carinho de milhares de fãs de George Strait e Brad Paisley ao fazer turnê como ato de abertura dos superstars do country em 2007. Tanto Strait quanto Paisley se apresentavam em coliseus e arenas, e Taylor se via diante de até 20 mil pessoas todas as noites. Como ela se saiu? Uma crítica ao show de Paisley no *Calgary Herald* resumiu sua apresentação em uma frase altamente positiva: "Aquecendo para Paisley estava a fofa e carismática Taylor Swift, dezessete anos, cujo set encantador realmente conquistou o público", enquanto o *Times Herald-Record* ficou ainda mais impressionado com ela no *Bethel Woods Center for the Arts*: "Uma jovem chamada Taylor Swift subiu ao palco... Para uma jovem artista, Taylor tinha uma presença de palco incrível e mostrou que seu futuro será brilhante." O *C-ville Weekly*, comentando uma de suas apresentações como abertura para George Strait, comparou-a à Dolly Parton — ou pelo menos ao cabelo de Parton, observando os "cachos loiros saltitantes" de Taylor, que representavam "aproximadamente metade de sua massa corporal".

Quando essas críticas foram publicadas, a era de seu primeiro álbum já estava bem encaminhada. Seu álbum de estreia, *Taylor Swift*, foi lançado em 24 de outubro de 2006. A edição padrão era composta por *Our Song*, *Tim McGraw*, *Teardrops on My Guitar* e outras oito canções, todas compostas em seu quarto ou nas aulas da escola. Ela só teria dezessete anos dali a mais sete semanas. No início, ela não esperava muito do álbum, dizendo à *American Songwriter*: "Depois da primeira semana, pensei comigo mesma: 'Eu seria incrivelmente sortuda se visse este álbum ser certificado como ouro. Ou certificado como qualquer coisa.'" Ela estava falando com a revista em 2011, momento em que o álbum já tinha sido certificado cinco vezes platina. Em 2017, já era sete vezes platina — 7 milhões de cópias vendidas.

Em oposição às suas expectativas, o álbum realmente decolou muito rapidamente. Em janeiro de 2007, três meses após o lançamento, já era ouro, e seu primeiro single, *Tim McGraw*, estava no Top 10. Nomear a canção em homenagem a um dos superstars da música country garantiu que ela recebesse atenção, mas seu sucesso se deveu inteiramente aos seus próprios esforços. É aqui que sua idade foi crucial. Ela pode ter sido jovem demais para escrever canções significativas para pessoas de trinta e cinco anos, mas estava na idade exata para se familiarizar com os canais de mídia social que estavam começando a se popularizar. Essa foi mais uma bênção para ela e para sua gravadora, a Big Machine. As gravadoras country não estavam conseguindo muito espaço no mundo digital porque os fãs mais velhos do country não compravam downloads. Mas os adolescentes, sim. Assim, em termos promocionais, ela tinha todas as bases cobertas: passou a maior parte de 2007 em palcos de shows, encantando o público mais velho de Paisley e Strait, enquanto interagia on-line com pessoas da sua idade e era recompensada por fortes vendas de downloads.

Ela já era conhecida em Nashville, onde seus amigos da escola secundária espalhavam a notícia — exceto por um grupo ciumento, que a rejeitou —, mas havia um público potencial muito maior e ela sabia como contatá-lo. Seus pais foram espertos o suficiente para registrar o domínio taylorswift.com em 2002, mas dentro de alguns anos, a melhor maneira de alcançar as pessoas era através das redes sociais. Ela estava ativa no MySpace, no qual se inscreveu em 31 de agosto de 2005. Naquela época, era a rede social de maior destaque e serviu como plataforma para uma série de futuros superstars, incluindo Adele, Arctic Monkeys e Calvin Harris. Ela viu instantaneamente suas possibilidades — mais do que isso, foi a primeira artista country a se envolver plenamente com a plataforma. "On-line é legal", disse ela em 2006. "Realmente une as pessoas. Dá às pessoas uma saída para se comunicarem."

Ela teria feito o mesmo com o Facebook, mas até que ele fosse aberto a qualquer pessoa acima de treze anos em setembro de 2006, era restrito apenas a estudantes universitários, e ela não podia criar uma conta. Sem se deixar abater, seu empresário, Rick Barker, recorreu à única estudante recente da banda de Taylor, a violinista Emily Poe, que havia frequentado a Belmont University, em Nashville. Poe estava no Facebook e permitiu que Barker se comunicasse com os fãs até que Taylor estivesse apta a entrar para a plataforma por conta própria.

Sociável por natureza, Taylor usou o MySpace para se conectar com os fãs — postando músicas, respondendo a perguntas, mantendo-os atualizados. O principal pilar de sua abordagem era tratar seus fãs como amigos. Sua biografia no MySpace, claramente escrita por ela mesma, mostrava que era engraçada e cativante: "Eu amo pessoas que são legais comigo. Meu nome do meio é Alison. Sou extremamente alta [1,80 m]. Tipo, eu sou aquela pessoa realmente alta que bloqueia sua visão em um show." Havia uma longa lista de outras coisas que a motivavam — "no meu tempo livre, gosto de realizar experimentos aleatórios de confeitaria na minha cozinha e escrever cartas para as pessoas" — e tudo o que alguém precisava fazer para ser seu amigo, disse Taylor, era gostar dela. Isso era fácil de fazer. Ela era tão genuinamente simpática que quem não gostaria de ser amiga dela? Ela era a garota da porta ao lado, se a garota da porta ao lado tivesse um contrato de gravadora e um talento para escrever músicas que eram frágeis e pessoais, mas também universais. Em 2007, ela tinha 350 mil amigos no MySpace; em 2009, esse número ultrapassou 1 milhão.

Pergunte a qualquer grande cantor e compositor pop — Adele, Lewis Capaldi ou seu amigo próximo Ed Sheeran — como eles se conectaram com o público e a resposta será a mesma: suas músicas eram identificáveis. A escrita de Taylor era inspirada em situações de sua própria vida, e a forma como ela escrevia sobre elas ressoava com todas as adolescentes. Mesmo uma garota que não sabia nada sobre o superstar country Tim McGraw poderia sentir que Taylor estava descrevendo a vida de qualquer garota, não apenas a dela. (A canção não é sobre Tim McGraw em si, mas, sim, uma memória amarga de ouvir uma de suas faixas com seu então namorado prestes a se tornar ex. Embora não seja mencionada pelo título, a música que eles ouviram na vida real foi *Can't Tell Me Nothin'*, do álbum *Live Like You Were Dying*, de McGraw, lançado em 2004.)

Esse foi o início da relação artista-fã que tem sido tão crucial para seu sucesso. Mas vamos por partes...

CAPÍTULO 2

Em primeiro lugar

Embora Taylor tivesse interesse em se apresentar desde muito jovem, essa não foi sua primeira ambição. Na verdade, ela queria ser corretora de ações. Seu pai, Scott, trabalhava como um deles na Merrill Lynch — e tinha três gerações de presidentes de banco em sua árvore genealógica — e Andrea Swift havia sido uma "grande executiva de negócios [que] trabalhava em uma agência de publicidade" antes de ter filhos, como Taylor contou ao canal de TV Great American Country. "Ela tinha uma carreira própria e se sustentava", acrescentou. Assim, enquanto os colegas de Taylor no terceiro ano da escola Wyndcroft, em Pottstown, Pensilvânia, aspiravam a ser astronautas e bailarinas, ela tinha outras ideias. "Eu vou ser consultora financeira!", anunciou a seus colegas, embora, naquela época, não tivesse certeza do que um consultor financeiro realmente fazia. O que a atraía, no entanto, era a ideia, pois seu pai "vive e respira [seu trabalho]".

E ele realmente vivia. Para Scott, a gestão financeira não era apenas um emprego; era uma vocação. (Taylor certa vez revelou que ele terminava as conversas não com "Tchau", mas com

"Compre títulos"). Scott se tornou cliente da Merrill Lynch em 1966, aos quatorze anos, quando usou o dinheiro de seu negócio de cortar grama para comprar uma ação. Depois de se formar em Administração pela Universidade de Delaware, ele se juntou à Merrill Lynch Wealth Management. Mais tarde, fundou o The Swift Group, uma divisão da Merrill Lynch baseada inicialmente na Filadélfia e em Nova York, e posteriormente em Nashville.

"Meu pai é tão apaixonado pelo que faz, da mesma forma que sou apaixonada pela música", contou Taylor em uma sessão de perguntas e respostas para o *YouTube Presents* em 2011. Ele lhe deu uma base em finanças pessoais desde muito jovem, aconselhando--a a economizar seu dinheiro "ou investir em empresas de utilidade pública", e seu entusiasmo contagiou a filha. "Eu via o quanto aquilo o deixava feliz e pensava: 'Posso negociar ações.'"

Será que a corretagem de ações teria sido uma boa escolha para Taylor? Ela é erudita, espirituosa e, como apontado na Introdução, financeiramente perspicaz. Além disso, se tivesse optado por seguir essa carreira, teria recebido orientação especializada diretamente em casa. De fato, seu pai a aconselha financeiramente — ele participa de vários negócios de Taylor, como empreendimentos imobiliários e de *merchandising*, e fornece direção e supervisão nos investimentos. Ele oferece o mesmo serviço para a empresa que Taylor criou ao comprar um jato particular e um hangar. Ambos os pais, aliás, ajudam a administrar a 13 Management, empresa de gestão da carreira de Taylor.

Scott e Andrea se casaram em fevereiro de 1988 e estavam financeiramente estáveis o suficiente para proporcionar uma criação confortável para Taylor e seu irmão Austin, nascido em março de 1992. Tão confortável, aliás, que poderia ser descrita como "privilegiada", o que incomoda algumas pessoas. Em 2015, o site Salon.com publicou um artigo intitulado "Taylor Swift não é uma 'azarona': a verdadeira história sobre sua criação no 1% que o *The New*

York Times não conta". O artigo dizia: "Taylor é a filha privilegiada de plutocratas[4] ricos. Ela sabe escrever uma boa música pop, mas também teve uma grande vantagem".

O artigo criticava o *The New York Times* por chamá-la de "azarona" na resenha de um show da turnê mundial de *1989*. Na visão do crítico do *NYT*, a fama de Taylor era uma desvantagem; ela era tão bem-sucedida que isso a tornava "não descolada" e, em termos de um cenário musical, ser "não descolada" é quase um pecado capital. A lógica é a seguinte: se milhões de pessoas se empolgam com um artista que canta músicas pop, esse artista não deve ser autêntico — pois, para os críticos de música, uma grande popularidade torna impossível que apenas alguns seletos "possam reivindicar propriedade" desse artista.

Assim, seu status de "azarona" na resenha do *NYT* foi dado pelo fato de ser enormemente popular. No mundo da apreciação musical "séria", seu valor cultural é determinado por pessoas cuja autoestima está ligada ao tipo de música que se permitem ouvir. O *Salon* argumentava que os verdadeiros azarões eram os músicos vindos de contextos empobrecidos ou aqueles que, mesmo lançando música e fazendo turnês regularmente, não conseguiam viver disso. Mas um artista não precisa ser alternativo e viver em dificuldades para ser considerado um azarão. Pode-se argumentar que até o ABBA foi um azarão nos primeiros vinte anos de carreira, quando vendia milhões de discos, mas sua genialidade musical era vista por muitos como mero "pop açucarado". Felizmente, hoje o brilhantismo pop do ABBA é amplamente reconhecido.

O *Times* citou um verso do single de 2012 *We Are Never Ever Getting Back Together*, em que Taylor acusa um ex-namorado de

4 "Plutocratas" são pessoas que possuem grande poder ou influência devido à sua riqueza. O termo vem da palavra "plutocracia", que se refere a um sistema de governo ou sociedade na qual o poder é dominado pelos mais ricos. Em uma plutocracia, são os indivíduos ou grupos com grande acúmulo de dinheiro e recursos que têm controle sobre decisões políticas e econômicas, muitas vezes influenciando as políticas em benefício próprio.

elitismo musical. A letra menciona que o ex, cuja identidade ela nunca revelou (embora rumores apontem para Jake Gyllenhaal), preferia ouvir um álbum indie *hipster* em vez das músicas da própria namorada. O comportamento dele deve soar familiar para quem conhece algum fã dedicado de bandas obscuras — é quase obrigatório para esse tipo de pessoa desprezar o pop, embora ocasionalmente faça exceções para alguns artistas bem avaliados pela crítica. (Um exemplo disso é Girls Aloud, cuja excelência até os fãs mais radicais que evitam pop admitiam).

"Foi um relacionamento em que me senti muito criticada e inferior", Taylor disse ao *Guardian*. "Ele ouvia essas bandas que ninguém conhecia... mas assim que outra pessoa começava a gostar delas, ele abandonava. Eu achava isso uma forma estranha de ser fã de música. E não conseguia entender por que ele nunca dizia nada de bom sobre as músicas que eu escrevia." Seu principal motivo para escrever *Never Ever* foi "enlouquecê-lo", pois ele ouviria a música sem parar no rádio, e, se isso não fosse irritante o suficiente, a faixa era o completo oposto do "tipo de música com a qual ele tentava me fazer sentir inferior", disse ela ao *USA Today*.

A vingança foi dela. A música, escrita em vinte e cinco minutos por ela e pelos produtores suecos Max Martin e Shellback, vendeu 6 milhões de cópias nos EUA e foi o primeiro single de Taylor a alcançar o número 1 na parada *Hot 100* da *Billboard*.

Tentando colocar Taylor em seu lugar, o artigo do *Salon* também mencionou que ela "ganhou um Lexus conversível" durante o segundo ano do ensino médio, aparentemente insinuando que foi um presente de seus pais ricos. Era um SC430, que custava U$ 65.355 em 2006 — um símbolo de status caro, mas não foi um presente. Taylor comprou o carro com seu próprio dinheiro, fruto de seu trabalho na música. A história por trás dessa compra é, na verdade, comovente e destaca sua vulnerabilidade. Ela foi alvo de *bullying* na escola por um grupo de garotas que invejavam seu sucesso crescente na música, mas, ao mesmo tempo, desprezavam isso por ser música country, que na época era considerada fora de moda. "Muitas meninas achavam que eu era estranha", ela contou à *Women's Health*. "Na verdade, a palavra que elas usavam era 'irritante'. Eu me sentava à mesa delas no almoço, e elas mudavam para outra." Elas diziam que ela tinha cabelo crespo e riam quando ela aparecia na escola com os dedos enfaixados por praticar no violão de doze cordas.

Essas meninas eram obcecadas por *Meninas Malvadas*, o filme de 2004 sobre os grupinhos sociais no ensino médio; em especial, se identificavam com as "Plásticas", o grupo popular superficial e cruel. (Taylor também é uma grande fã do filme, que saiu quando ela tinha quatorze anos, e consegue citar longos trechos de diálogos.) A líder das "Plásticas", Regina George, tinha um SC430, então Taylor comprou o mesmo carro "como uma forma de rebelião contra esse tipo de garota".

Ela se emocionou ao conversar com o *Guardian* sobre essa fase da vida. As meninas nunca a convidaram para festas nem demonstraram interesse em conhecê-la; para ela, elas eram definidas pelo materialismo e pelas fofocas. "[Elas eram] obcecadas com aquele carro e com aquela garota, com o que as 'Plásticas' vestem e como falam... E, em vez de ir a festas, eu estava compondo músicas e fazendo shows e ganhando esses pagamentos pequenos, que foram se acumulando, e agora posso comprar um carro — e adivinhem qual eu vou comprar? Aquele que a garota que vocês idolatram tem." Elas a rejeitaram, então Taylor deu o troco onde mais doía.

Há um posfácio para toda essa história: alguns anos depois, durante um show, várias dessas mesmas meninas apareceram usando camisetas da Taylor, querendo reencontrar a ex-colega agora famosa. Taylor percebeu que elas nem se lembravam do *bullying* e decidiu seguir em frente, deixando para trás qualquer amargura. Mais tarde, em um chat ao vivo em 2008, ela refletiu filosoficamente sobre sua falta de popularidade na escola. "Todas as pessoas de sucesso que conheci não eram populares no ensino médio. Não conheci uma só pessoa de sucesso que fosse popular na escola. É quase como um símbolo de honra, quando você se forma, poder dizer que não era descolado na escola."

Taylor canta desde os três anos, mas talvez a predisposição genética tenha desempenhado um papel em seu talento também — sua avó materna, Marjorie Finlay, era cantora de ópera. Marjorie faleceu em 2003, deixando Taylor com arrependimentos por não ter tido mais oportunidades de conhecê-la. Taylor a homenageou no álbum *Evermore* de 2020; a canção *Marjorie*, suavemente cantada sobre uma base eletrônica delicada, transmitiu de forma comovente a culpa de Taylor e a sensação de que sua avó, de certa forma, ainda estava com ela. Um trecho da voz soprano coloratura de sua avó encerra a canção de maneira assombrosa. Marjorie recebeu crédito no álbum e no vídeo: "Vocais de apoio: Marjorie Finlay."

Ainda jovem, Taylor também se tornou uma escritora entusiasmada. Uma vez, uma professora do ensino fundamental pediu que a turma escrevesse uma redação de duas frases; a dela preencheu duas páginas. A professora disse a seus pais que nunca tinha conhecido uma criança como ela.

Apesar de seu interesse em ser corretora de ações, logo ficou claro que Taylor seria algum tipo de artista. Surpreendentemente, foi a atuação, e não a música, que primeiro a cativou. Ela fez aulas de atuação em Nova York e participou das peças *Bye Bye Birdie*, *Annie*, *Grease* e *A Noviça Rebelde* na Berks Youth Theatre Academy.

Nessa época, ela já vivia em Wyomissing, uma pequena e próspera cidade (ou "bairro", como é classificada) no sudeste da Pensilvânia. Os Swifts se mudaram para lá no final de 1997, pouco antes do oitavo aniversário de Taylor. Até então, a família vivia na Pine Ridge Farm — uma fazenda de árvores de Natal de onze acres em Cumru Township, perto da cidade de Reading. Seu pai havia comprado o lugar de um cliente antes de conhecer Andrea e administrava a fazenda como um hobby, além de seu trabalho diurno na *Merrill Lynch*. Era um hobby sério — ele acordava quatro horas antes do trabalho para cuidar dos campos em seu trator, e, na época do Natal, vendia as árvores.

Taylor nasceu em 13 de dezembro de 1989, na cidade vizinha de West Reading, e passou seus primeiros anos na fazenda. A paisagem ao redor é de uma beleza extraordinária — uma região de cavalos, e os Swifts tinham sete. Taylor participava de competições de hipismo quando morava lá e contou à *Rolling Stone* em 2009: "Eu tive uma infância muito mágica." Desde os cinco anos, ajudava durante a temporada de árvores. Cada membro da família Swift tinha uma tarefa e, como ela era pequena demais para ajudar a colocar os pinheiros-de-Douglas nos tetos dos carros, seu trabalho era limpar os casulos de louva-a-deus dos galhos. Uma vez, ela se esqueceu, e as consequências foram macabras: "Eles eclodiram na casa dessas pessoas. E havia centenas de milhares deles", contou a Jay Leno.

Seu quarto ficava no andar superior, em um dos cantos da aconchegante casa da fazenda. Toda noite, como um indicativo de seu futuro interesse musical, Taylor insistia em ouvir três histórias e cantar cinco músicas antes de dormir, geralmente de filmes da Disney. Parece uma vida idílica, impressão reforçada por uma foto que ela postou no Instagram em dezembro de 2019. Nela, com cerca de um ano de idade, aparece entre os pais na fazenda. Ela está aconchegada entre uma Andrea sorridente e Scott, ao lado de uma placa de madeira em que estava escrito "Pine Ridge", e os três, junto com o dobermann da família, formam uma imagem harmoniosa da vida familiar.

Ela tirou a foto do álbum de família para promover uma nova música, *Christmas Tree Farm*, que compôs, gravou e lançou na primeira semana de dezembro daquele ano. A letra calorosa e nostálgica pinta uma imagem de fitas festivas e passeios de trenó, azevinho e cidra — o tipo de Natal em família, no estilo de Norman Rockwell, que Taylor realmente viveu.

O estilo "à la Rockwell" também se aplicava à casa de verão dos Swifts, uma casa branca ao estilo da Nova Inglaterra em Stone Harbor, Nova Jersey, que eles possuíram entre 1992 e 2005. Ficava na costa de Jersey, mas bem distante, em termos geográficos e culturais, da realidade mostrada na série de TV *Jersey Shore*. Atrás da casa havia a baía Sanctuary; na frente, o Santuário de Pássaros Stone Harbor, onde Taylor observava a vida selvagem com binóculos. Lontras dormiam no cais à noite, e um golfinho nadava na bacia aos fundos; além do santuário, estava o Oceano Atlântico. A "pequena cidade portuária" no extremo sul de Nova Jersey foi "onde a maioria das minhas memórias de infância foram formadas", ela disse à *Vogue*. Foram verões mágicos e exerceram um efeito na compositora sonhadora e visual que ela se tornaria. Em alguns desses verões mais tardios, ela tocava pequenos sets acústicos no café Coffee Talk. Uma de suas primeiras músicas não lançadas, *Smokey Black Nights*, capturava a sensação daqueles verões com seus versos nebulosos sobre madeira à deriva, marés e constelações.

A mudança para Wyomissing, onde a família comprou uma casa colonial de cinco quartos, três banheiros e um lavabo, construída em 1929, significou trocar o campo aberto pela vida urbana. Não foi uma troca ruim — a casa, localizada no número 78 do Grandview Boulevard, era uma bela construção branca com persianas pretas, repleta de detalhes da época, como uma despensa de mordomo e lareiras de tijolos. Nessa época, Taylor havia descoberto a música country por meio de um CD de LeAnn Rimes — um momento decisivo que iria definir o rumo de sua vida como cantora. Com apenas seis anos quando descobriu Rimes — a qual tinha apenas treze quando o álbum *Blue* a tornou famosa em 1996 — ela se sentiu imediatamente atraída por suas histórias. Rimes se tornou uma referência, incentivando-a a explorar mais sobre música.

Mais do que isso, Rimes foi a inspiração direta para a decisão de Taylor de se tornar uma artista country. Taylor consegue identificar o momento exato. Quando tinha cerca de sete anos, foi ver Rimes ao vivo em Atlantic City, Nova Jersey — foi seu primeiro show, o que tornou a experiência ainda mais inesquecível — e teve uma epifania. “Eu estava segurando um cartaz enorme na primeira fila com os dizeres ‘Eu amo você, LeAnn’, parecia uma fã obcecada”, contou em uma entrevista de rádio em 2006. Taylor havia escrito cartas para Rimes e, na noite anterior ao show, ela enviou um pacote de desenhos, junto com algumas fotos dela mesma, para o hotel da cantora.

“Eu tinha um cabelo enorme, tipo um ‘penteado afro’ loiro, então ela me reconheceu na plateia”, lembrou Taylor. E ainda melhor — milagrosamente —, Rimes tinha encontrado tempo para ler suas cartas. Ela veio até a beira do palco para apertar as mãos dos fãs e, quando chegou em Taylor, a menina de sete anos perguntou se ela tinha recebido as cartas. Rimes respondeu: “Recebi, sim, Taylor” — um momento de gentileza que mudaria a vida de Taylor. Naquele instante, “tudo fez sentido para mim. Se um dia eu conseguisse fazer uma criança se sentir como ela me fez sentir, então tudo valeria a pena”.

Anos depois, Rimes ainda se lembrava de sua jovem fã de sete anos. “Ela costumava vir com cartazes, tipo ‘Eu te amo, LeAnn’. É incrível ver o quanto ela conquistou”, contou à Virgin Radio, em 2023. Ela nunca trabalhou com Taylor, mas adoraria: “Tenho certeza de que poderíamos fazer isso acontecer.”

A partir daquele momento, o único tipo de música que interessava a Taylor era o country — especificamente, o country feminino. E ela teve sorte, pois os anos 1990 foram uma época fértil para sucessos country que atravessavam barreiras. Rapidamente, Taylor descobriu *This Kiss*, de Faith Hill, *That Don't Impress Me Much*, de Shania Twain, *You Were Mine* das Dixie Chicks (agora conhecidas como The Chicks) e *Wrong Again*, de Martina McBride. Taylor se sentia atraída tanto pelas histórias nas músicas quanto pela força e determinação individual das cantoras.

(McBride retribuiu o carinho em 2013, quando fez um show no Bluebird Café em Nashville com os irmãos Warren. Durante a apresentação, eles tocaram o *single* n.º 1 de Tim McGraw, *Highway Don't Care*, que tinha Taylor nos vocais de apoio. Andrea Swift estava na plateia do *Bluebird* naquela noite, balançando alegremente ao som da música, e levantou-se para cantar o refrão. Depois, McBride postou um vídeo no Facebook: "Ei, Taylor Swift! Você tem a mãe mais legal de todas! Veja ela cantando comigo e com os Warren Brothers!").

Em comparação com seu amor pela música country, atuar nos musicais da Berks Youth Academy não proporcionava a mesma satisfação. Ela ainda fazia aulas de atuação em Nova York — uma viagem de cerca de 210 km de Wyomissing — e começou a fazer testes, sem sucesso, para produções da Broadway. A ideia de seguir a carreira de atriz começava a perder o brilho, especialmente porque ela estava percebendo que sua parte favorita ao trabalhar com a Youth Academy não era estar no palco, mas ir às festas do elenco depois. Havia uma máquina de karaokê e, ao descobrir o prazer de cantar acompanhada pela música, sua mentalidade passou por uma mudança definitiva.

Anos depois, Taylor contou que, quando era criança, cantar karaokê de música country dava a ela mais alegria do que qualquer outra coisa. Foi nessa época também que as pessoas começaram a notar um sotaque country em sua voz. Presumivelmente, isso veio de tanto ouvir artistas como Faith Hill e Dixie Chicks. A Pensilvânia não tinha uma cena country muito forte; além disso, a maior cidade da região sudeste onde Taylor cresceu era a Filadélfia — famosa por soul, rap e rock, mas definitivamente não pelo country. Assim, enquanto falava com um sotaque genérico da Pensilvânia, ela cantava com um sotaque country. "Saía com aquele tom country [porque] era tudo o que eu ouvia", contou ao *Great American Country*.

Alguns anos depois, aos onze anos, ela estava aperfeiçoando seu estilo de karaokê todas as noites de sexta-feira no Pat Garrett Roadhouse, um bar a 32 quilômetros ao norte de Wyomissing. Garrett organizava uma competição semanal, com o prêmio sendo a chance de fazer uma apresentação com sua própria banda. Persistente, Taylor se inscrevia para cantar no Roadhouse semana após semana, até que finalmente venceu o concurso. Garrett, que além de cantor country também era um criador de ovelhas, deixou que ela cantasse duas músicas com seu grupo na Feira de Bloomsburg, um tradicional evento agrícola em Bloomsburg, Pensilvânia, em setembro de 2001. "Senhoras e senhores, temos uma jovem aqui que vai ser uma grande estrela do country um dia", disse ele ao público, mais profético do que imaginava. "Aplausos para Taylor Swift!"

Ainda faltando três meses para completar doze anos, Taylor — com seus longos cabelos loiros, microfone em mãos, totalmente destemida — cantou o sucesso de 1999 de LeAnn Rimes, *Big Deal*, e *Timber, I'm Falling in Love*, de Patty Loveless. Ela estava tao confiante que não importava muito se havia realmente "vivido" as histórias das canções. Na vida real, provavelmente nunca tinha acusado uma rival de amor de se gabar por roubar seu namorado (*Big Deal*), nem caído perdidamente — *Timber!* — por um novo amor. A música country, como ela já sabia, era contar histórias, e não importava se o cantor havia vivido a história na vida real, desde que soubesse transmiti-la de maneira convincente. Mesmo aos onze anos, Taylor fazia isso.

Anos depois, Garrett contou a um entrevistador da CBS News que, embora Taylor "não fosse a melhor cantora" que ele já havia encontrado, ela tinha uma qualidade crucial: determinação. Scott Swift, seu pai, havia mostrado a Garrett um caderno espiral que pertencia a Taylor e continha nada além de sua assinatura, página após página — ela estava praticando seu autógrafo, confiante de que, agora que tinha conseguido se apresentar na Feira de Bloomsburg, estava em direção ao sucesso.

Sobre a voz de Taylor: Garrett poderia estar se referindo ao alcance relativamente estreito e à falta de técnica chamativa. A própria Taylor afirmou que "ser amplamente criticada publicamente pela minha voz" gerou dúvidas sobre sua habilidade; em uma nota acompanhando o lançamento de *Speak Now (Taylor's Version)*, em 2023, ela revelou ter trabalhado intensamente em suas habilidades vocais antes de gravar a versão original de *Speak Now*, em 2010. Na época, já estava cansada dos detratores criticando sua voz e questionando se ela escrevia suas próprias músicas — porque quem já ouviu falar de uma jovem artista feminina criando seu próprio material? Dolly Parton, Lady Gaga e Adele, para citar três entre centenas, poderiam ter refutado esses céticos — todas escreveram, ou às vezes co-escreveram, suas músicas desde o início, e o catálogo de Taylor é notável pelo número de faixas em que recebe o crédito de compositora solo.

Durante o trabalho em *Speak Now*, ela estava determinada a se desafiar e "aprimorar [suas] habilidades como compositora, artista e intérprete". E conseguiu. O ponto importante não é se ela tem uma voz poderosa e melismática, mas o que faz com as cordas vocais com que nasceu. Ela conta uma história convincente e o faz com grande sensibilidade; também compõe melodias marcantes. Isso já é mais que suficiente.

No início dos anos 2000, porém, Scott Swift sabia que sua filha tinha algo especial e pediu conselhos a Garrett, que estava em boa posição para oferecer ajuda. Tendo gravado em Nashville e emplacado várias músicas nas paradas country (os Arctic Monkeys até fizeram um cover de uma de suas canções, *Bad Woman*), ele sabia do que estava falando ao sugerir que Taylor tentasse a sorte na capital da música country. "Três meses depois, ele aparece na minha loja, a Sheepskin Shop, e diz: 'Bem, estamos indo para Nashville.' [Eu disse]: 'Ah, que bom, por quanto tempo?' Imaginando que seriam duas semanas. Ele disse: 'Para o resto de nossas vidas.'"

A conversa de Scott com Garrett aconteceu em 2004, alguns anos depois de Taylor tocar com ele na Feira de Bloomsburg. Ele e os Swifts mantiveram contato, e Taylor nunca esqueceu a fé que Garrett tinha nela. Quando seu álbum de estreia vendeu o primeiro milhão de cópias — que por fim alcançaria sete vezes platina — seus pais o presentearam com um disco de platina. Muito antes disso, porém, em 2003, Taylor gravou um CD de duas músicas para vender em apresentações de karaokê e pequenos shows em feiras — uma cópia autografada custava US$ 5 — e ela fez questão de dar uma cópia a Garrett. Ela escreveu no encarte: "Para minhas pessoas favoritas", e assinou com um T e S bem curvados — o autógrafo que ela vinha praticando.

O CD, produzido por um produtor nova-iorquino chamado Steve "Mr. Mig" Migliore, tinha duas faixas: *Lucky You* e *Smokey Black Nights*. Lucky You foi a primeira canção que ela compôs, aos doze anos, no mesmo dia em que aprendeu G, D, E e A[5] — seus primeiros quatro acordes de violão. Um técnico em informática local, Ronnie Cremer, foi quem lhe ensinou esses acordes — segundo Cremer, que falou com o *New York Daily News* em 2015.

Existem duas versões da história de como Taylor aprendeu a tocar violão: a dela e a de Ronnie Cremer. Ele tinha uma loja de conserto de computadores e tocava guitarra, e Taylor diz que

5 G — Sol, D — Ré, E — Mi e A — Lá.

houve uma "mágica reviravolta do destino" quando ele foi até sua casa para consertar o computador de mesa. Ela já tinha um violão acústico, um presente dos pais quando tinha cerca de nove anos, mas, por vários anos, ele ficou mais como um enfeite, encostado na parede do quarto, porque seus dedos eram pequenos demais para tocá-lo. No documentário de 2010 *Taylor Swift: Journey to Fearless*, ela relembra Ronnie Cremer (pronunciado "Craymer") chegando enquanto ela fazia a lição de casa e perguntando se ela tocava o violão que estava no canto. Ela disse que já tinha tentado, mas não havia conseguido nada. "Ele disse: 'Quer que eu te ensine alguns acordes?'. Eu respondi 'Sim!'." E a partir daquele momento, ela ficou "obcecada em querer tocar o tempo todo. Eu compunha músicas em todo o meu tempo livre depois disso".

Em uma entrevista de 2009 na série musical britânica *The Hot Desk*, Taylor deu uma versão um pouco diferente daquela aula improvisada. Ela disse que Cremer levou um violão quando veio consertar o computador porque ele tinha acabado de sair de um show. Ele perguntou se ela queria aprender alguns acordes, e ela disse que sim. Ele lhe ensinou alguns e deixou o violão com ela por uma semana para que pudesse praticar. Ela compôs sua primeira música, *Lucky You*, naquela mesma noite. Taylor riu: "O computador foi consertado e eu também descobri o que queria fazer pelo resto da vida." Cremer voltou todas as semanas para mostrar novos acordes, e ela progrediu rapidamente.

Depois, houve a própria versão de Ronnie Cremer, compartilhada em meados de 2010. "Eu fui o infame, ou famoso, professor de computador que ensinou Taylor a tocar guitarra", foi como ele se apresentou em uma entrevista em vídeo para o jornal. Ele tinha um pequeno estúdio de gravação dentro de sua loja de informática em Leesport, a cerca de 18 km de Wyomissing, e um dia, por volta de 2001, seu irmão, Kirk — que estava envolvido com a Berks County Youth Academy — apareceu com Taylor, Andrea e Austin Swift.

Taylor queria gravar uma demo e perguntou se Cremer a ajudaria a gravar algumas versões cover. "Depois que a demo foi feita e tudo pareceu funcionar bem e nós ganhamos certa confiança um no outro, eles me pediram para dar aulas a ela." Ele gostava mais de rock do que de country, mas conseguia ensinar a parte técnica da música — teoria, estrutura das canções e projeção. A primeira música que ele ensinou a ela foi *I Want You to Want Me*, do Cheap Trick, que ela mais tarde tocaria em seus shows ao vivo. "Quando ela começou a juntar as músicas, foi quando percebi que ela realmente queria trabalhar."

Nota: Kirk Cremer dirigia um grupo inspirado no *Saturday Night Live* chamado Theatre Kids Live! e, percebendo o potencial, convidou Taylor para fazer parte do grupo. Ele achava que ela tinha uma afinidade natural com a comédia, mas seu principal interesse era a música. Ela não se juntou ao Theatre Kids, mas Kirk trabalhou com ela como treinador vocal, desenvolvendo sua voz clara, mas ainda sem técnica. Ele também cumpriu algumas funções de empresário, como providenciar para que fotos profissionais fossem tiradas para seu portfólio e até mesmo acompanhá-la em algumas audições da Broadway. Embora as tentativas na atuação não tenham dado frutos e a música já fosse sua prioridade, ela manteve o interesse em produções teatrais, comentando ao *Inquirer Entertainment* que "nunca perdi minha paixão pelo teatro". Aqui surge um exercício de "e se?": e se uma das audições tivesse resultado em um papel e a atuação tivesse se tornado seu foco principal? Ela teria pegado aquele violão alguns anos depois?

Embora Ronnie mais tarde tenha feito outros trabalhos de informática para a família Swift, ele afirmava que sua primeira visita foi organizada expressamente para ensinar Taylor a tocar violão. Na época, ela tinha doze anos, e ele trabalhava com ela nas terças e quintas, das 17h às 20h, ganhando 32 dólares por hora. "Sinceramente, eu achava que ela era uma aluna muito boa", disse ele. Depois de um tempo, incorporaram o programa de composição e gravação *Ableton Live* nas aulas. Cremer explicou que o programa era útil para estruturar canções — o verso ficava em um lugar, o refrão em outro — e ela aprendeu rapidamente. Após o lançamento do álbum *Taylor Swift*, Cremer contou que Scott Swift enviou a ele um disco de platina, e a família também o presenteou com um violão de 5 mil dólares.

Enquanto isso, havia aquela primeira música, *Lucky You*, composta na mesma noite em que Cremer lhe ensinou os primeiros acordes. A canção é alegre e otimista, e a letra mostra que, mesmo aos doze anos, Taylor já era uma compositora observadora. A personagem da música, uma garota chamada Lucky, é diferente das outras de sua cidade e adora isso. Ela carrega um pé de coelho e dança de felicidade, considerando-se sortuda por ser quem é. Há muito de Taylor na personagem Lucky. Mais tarde, ela demonstrou uma leve autocrítica, descrevendo-a como "uma música bem [de quem tem] doze anos" e comparando sua voz à de um esquilo, mas ainda assim se orgulhava, dizendo que a música era "muito doce".

Taylor descreve muitos eventos em sua vida como "mágicos", e, para ela, Nashville é um lugar mágico. Como duas de suas cantoras favoritas, Faith Hill e Shania Twain, começaram suas carreiras lá, ela estava desesperada para visitar. Visitar? Ela, na verdade, queria se mudar para lá, mesmo sem nunca ter visto a cidade. Para ela, — embora talvez não para o resto da família — era uma conclusão inevitável que isso aconteceria. "Decidi que me mudaria para Nashville quando tinha cerca de dez anos", contou à *Time*.

Desde pequena, Andrea lhe dizia que ela poderia conseguir tudo o que quisesse, contanto que se esforçasse. E foi exatamente o que ela fez assim que decidiu que precisava viver em Nashville. "Comecei a atormentar meus pais o tempo todo, implorando todos os dias para que nos mudássemos para lá", relatou ao *Daily Telegraph*. Depois de um ano inteiro de súplicas, ela conseguiu meia vitória. Mesmo sendo incrivelmente apoiadores, Scott e Andrea não estavam dispostos a largar tudo por um capricho, mas, durante as férias de primavera de 2001, Andrea levou Taylor, então com onze anos, e o irmão para Nashville para que conhecessem a cidade. Eles chegaram ao aeroporto, alugaram um carro e foram direto para Music Row, onde a indústria da música country opera em galpões e vitrines do século XIX. Andrea esperava no carro enquanto Taylor entrava e saía dos escritórios de editoras e gravadoras, entregando às recepcionistas cópias de um CD demo com covers de músicas de Dolly Parton, LeAnn Rimes e Dixie Chicks. Ela se apresentava — "Meu nome é Taylor e tenho onze anos" — e explicava que estava ali para conseguir um contrato com uma gravadora. Cada visita durava quatro ou cinco minutos, no máximo; após anunciar seu propósito, ela finalizava com confiança: "Podem me ligar."

Ela tinha uma ideia de que sua ousadia seria recompensada com um contrato ali mesmo. Mas isso não aconteceu. "Acho que recebi uma ligação de volta. E ele foi muito gentil, me explicando que 'sabe, não é assim que se faz'", contou ela à *Great American Country*. Porém, a decepção trouxe uma lição importante: todos em Nashville queriam um contrato, e enviar gravações de karaokê evidenciava que ela ainda não estava pronta. Para competir, precisaria compor suas próprias músicas e tocar violão (daí o início das aulas com Cremer na mesma época). Alguns anos depois, programas de talentos como *American Idol* desafiariam essa ideia de que aspirantes a estrelas precisavam de material original — a primeira vencedora do gênero country, Carrie Underwood, conquistou a série de 2005 cantando covers semana após semana. Mas em Nashville, em 2001, originalidade era tão importante quanto talento. Taylor tinha o talento. Agora, iria se dedicar a se tornar cantora e compositora.

Ela fez aulas de violão e praticava quatro horas por dia; dominou o violão de doze cordas e aprendeu a compor. Mostrando o progresso que fez, duas de suas primeiras composições — *The Outside* e *Christmas Must Be Something More*, ambas escritas aos doze anos — eram boas o suficiente para estarem em seu álbum de estreia e em um EP de Natal, respectivamente. Começou a tocar em cafeterias, aprendendo como se apresentar diante de plateias.

No ano seguinte, retornava a Nashville a cada dois meses, "tentando conhecer compositores, tentando colocar um pé na porta", contou à *CMT News*. Outras oportunidades surgiram também. No final do verão de 2002, Taylor venceu dezenas de jovens cantores em uma audição no *US Open Casting Call* — o prêmio era ser a escolhida para cantar *America the Beautiful* para 24 mil fãs de tênis no estádio Arthur Ashe, em Flushing Meadows, Queens, Nova York. Em abril de 2002, ela também cantou o hino nacional, *The Star-Spangled Banner*, em um jogo de basquete entre o Philadelphia 76ers e o Detroit Pistons no First Union Center, na Filadélfia. Quando chegou ao *crescendo*[6] da música — "O'er the land of the free and the home of the brave" — sua voz saiu tão forte que o público explodiu em aplausos. De forma pequena e localizada, ela estava construindo seu perfil. E esse dia foi memorável de outra forma: Jay-Z estava por lá, e, quando ela terminou, ele deu um *high-five* nela, dando a Taylor algo para se orgulhar por todo o ano seguinte.

Um efeito colateral inesperado foi que ela se tornou uma figura singular na escola, e, como qualquer criança sabe, o pior é ser diferente de todo mundo. "Fui muito zoada e ridicularizada e passei por períodos em que eu não tinha amigos", lembrou ela no

6 Refere-se ao momento em que a música aumenta gradualmente em intensidade, volume ou emoção. Em português, pode-se traduzir como "crescendo da música" ou "crescimento da música". É uma parte da canção em que os instrumentos ou a voz se tornam mais fortes e dramáticos, criando uma sensação de clímax. "Crescendo" é um termo musical de origem italiana, usado internacionalmente, inclusive em português, para descrever esse aumento gradual.

documentário *Taylor Swift: Journey to Fearless*. Andrea Swift também se recorda dessa época de forma sombria. Enquanto as outras meninas faziam festas do pijama, o grande desejo de Taylor era subir no palco, e por isso ela era "excluída, afastada". Não ajudou que, depois de sua performance no jogo dos 76ers, o jornal local *Reading Eagle* publicasse uma matéria sobre o evento, descrevendo seu "camarim particular" e os presentes que recebeu do time, incluindo uma bola de basquete e uma camisa autografada por alguns dos jogadores. Quando ela chegou à escola no dia seguinte, a inveja era quase palpável. "Ela se sentava à mesa com a bandeja de almoço e todos se afastavam", disse Andrea.

Ela manteve as visitas a Nashville, que continuavam produzindo os mesmos resultados frustrantes. Quando ocasionalmente conseguia passar pelas recepcionistas e falar com algum executivo de gravadora, era rejeitada repetidas vezes pelo mesmo motivo: crianças não ouviam música country. Apenas mulheres de trinta e cinco anos ouviam. Não havia sentido em assinar com ela, pois suas músicas não seriam tocadas nas rádios country. E assim, a rejeição era sempre a mesma — algo que Taylor se recusava a aceitar. Afinal, ela mesma ouvia música country, não é?

Finalmente, Taylor encontrou alguém que pensava como ela. Em uma das viagens — já tinha treze anos nessa época — conseguiu marcar uma reunião com a equipe de A&R[7] da RCA Records Nashville. Levou seu violão e tocou, segundo ela mesma estima, cerca de vinte músicas. Depois, se apresentou para o presidente da RCA Nashville, Joe Galante, que ficou impressionado o suficiente para lhe oferecer um contrato de desenvolvimento de dois anos. Era setembro de 2003. No documentário *Journey to Fearless*, Taylor explicou o que é um contrato de desenvolvimento:

7 A&R (Artists and Repertoire: em português, Artistas e Repertório) é uma parte crucial da indústria musical, pois conecta os artistas com as gravadoras e é responsável por ajudar no desenvolvimento artístico e comercial de suas carreiras.

"Basicamente, significa 'Acreditamos em você; vamos acompanhar o seu progresso'. Não é algo do tipo 'Você vai gravar um álbum agora'."

Não era o contrato que ela tanto desejava; essencialmente, a RCA esperava que ela provasse seu valor antes de gravar um álbum. Mas era o primeiro sinal real de interesse de Nashville nela — a confirmação de que aquela garota da Pensilvânia talvez realmente estivesse no caminho certo.

CAPÍTULO 3

Lutando para ser ouvida

Taylor continuou escrevendo canções e, junto com Andrea, as levava à RCA quase uma vez por semana, tentando mostrar que estava pronta para gravar um álbum. A cada visita, diziam-lhe que ela estava se aprimorando e que as músicas estavam se aproximando do padrão esperado pela gravadora. Mas nada de "Essas músicas são incríveis! Vamos fazer um disco!".

Quando o primeiro ano terminou, em setembro de 2004, a RCA quis exercer a opção de renovação por mais um ano. Eles continuariam acompanhando e pagando para que ela gravasse demos, mas sem a promessa de realmente lançar um disco. Também queriam que os demos fossem versões cover de músicas. Parecia que a gravadora pretendia esperar pelo menos mais alguns anos antes de se comprometer totalmente. Como Taylor explicou ao *Telegraph*: "[Eles] anunciaram que iam me engavetar e 'monitorar meu progresso' até eu fazer dezoito anos." Ela ficou profundamente desapontada, pois não só havia escrito dezenas de canções que comprovavam sua habilidade durante o primeiro ano, como também estava apavorada de que as histórias sensíveis de suas músicas escritas na adolescência não permanecessem relevantes. Elas tinham uma data de validade: o agora.

Um mês antes do final do primeiro ano, Taylor fez uma observação perspicaz ao *Press of Atlantic City*: "Eu não quero ser uma cantora country adulta. Quero me lançar o mais rápido possível. Uma cantora pop jovem tem quatorze anos. Uma cantora country jovem tem vinte e nove anos." Como qualquer adolescente de quatorze anos, queria aproveitar o momento, pois temia que, se não o fizesse, a oportunidade não voltaria. Ela realmente sentia que não tinha tempo a perder; se não gravasse essas músicas agora, elas deixariam de refletir quem ela era, e ela era absolutamente contra fingir emoções. Na verdade, não apenas era contra isso, como era incapaz de fazer algo assim.

"Então, eu fiz algo que não se faz em Nashville quando você tem uma conexão com uma gravadora", contou Taylor em *Journey to Fearless*. "Eu fui embora. Porque senti que não conseguiria gravar minhas próprias músicas." Seus pais ficaram espantados. Ela não estava apenas se afastando de uma grande gravadora e de um contrato que outras jovens cantoras fariam de tudo para conseguir, mas Scott e Andrea tinham reestruturado suas vidas por causa dela.

A família Swift tinha se mudado para Nashville em abril, cinco meses antes de ela deixar a RCA. Essa mudança foi o maior sinal de compromisso dos pais com as aspirações da filha. Visitar a cidade a cada dois meses era desgastante e, uma vez que ela tinha um contrato com a RCA, morar a 1.200 quilômetros de Nashville a colocava em desvantagem na hora de responder rapidamente quando surgiam oportunidades. Teria Taylor corrido para servir como "a atração oficial" na Corrida de Patinhos de Borracha de Nashville se tivesse que viajar horas para chegar lá?

O evento foi exatamente como parecia: milhares de patinhos de borracha numerados foram lançados no rio Cumberland e flutuaram enquanto Taylor, com quatorze anos, se apresentava em uma embarcação flutuante ancorada na margem do rio, no Riverfront Park. Ela conseguiu o show graças a uma troca que seu pai arranjou: Scott Swift foi convidado a "recolher" 15 mil patinhos — transportá-los em seu barco até o ponto de largada — e concordou com a condição de que Taylor pudesse se apresentar. Scott não pôde assisti-la tocar, conforme escreveu em um e-mail ao empresário de Taylor, Dan Dymtrow; ele estava ocupado "recolhendo 15 mil patinhos do rio". Pelo menos pôde dizer que sua filha tinha conseguido "um evento de grande visibilidade".

Em 2022, o apresentador Graham Norton surpreendeu Taylor ao exibir uma foto do evento, para a alegria do público. A reação dela, porém, ficou aquém de uma alegria desmedida. Observando sua versão adolescente tocando bravamente o violão, acompanhada por outros dois guitarristas, um baterista e um tecladista, ela disse: "Acho que bloqueei grande parte disso." Ironizando, Taylor apontou o banner "conceitual" com seu nome — era só isso, um cartaz com seu nome escrito, apoiado na frente da embarcação flutuante.

A RCA já havia sugerido aos Swifts considerarem a mudança para Nashville, e o conselho começava a fazer sentido. O acordo de desenvolvimento provava que a fé de seus pais nela era justificada — eles eram mais do que apenas "pais orgulhosos", como Andrea afirmou — e morar em Nashville daria a Taylor a chance de perseguir a música em tempo integral. Isto é, descontando as horas de escola, pois ela ainda estudava em período integral. A parte ligeiramente complicada era o trabalho de Scott — ele fazia o trajeto para os escritórios da Merrill Lynch na Filadélfia e em Nova York e, embora a empresa (conhecida apenas como Merrill desde 2019) tivesse presença em Nashville, ele só concordou com a mudança quando ficou claro que poderia continuar a gerenciar com sucesso o serviço de consultoria financeira do Swift Group no Tennessee.

Scott e Andrea não queriam se mudar para a cidade de Nashville em si, onde os colegas de Taylor seriam filhos de músicos e executivos de gravadoras. Ela estava então no oitavo ano — o segundo ano do ensino fundamental II — e, como tudo em sua vida estava mudando tão rapidamente, era essencial que tivesse um senso de normalidade na escola. Eles especialmente não queriam que ela se sentisse intimidada pela riqueza e conexões da jovem realeza de Nashville, enquanto passava suas tardes após a escola escrevendo músicas que poderiam, ou não, transformar o acordo de desenvolvimento em um contrato de gravação.

Eles se mudaram para Hendersonville, quase 30 quilômetros a nordeste de Nashville — a apenas meia hora de Music Row, mas longe o suficiente para ser uma comunidade independente. Compraram uma propriedade à beira do Lago Old Hickory — a mesma margem onde Johnny Cash viveu e não muito longe da casa que Roy Orbison construiu para sua família em 1968. (Em uma publicação no site de 2017, seu filho, Roy Jr., mencionou estar triste com a rápida expansão de Hendersonville, que passou de uma vila de 700 pessoas para "um grande subúrbio de prédios de apartamentos"). A propriedade tinha um píer próprio, e foi isso que conquistou Scott Swift. Antes mesmo de ele e Andrea olharem a casa, já estavam no píer, onde Scott pôde examinar a estrutura.

O que ele esperava encontrar era um local onde pudesse atracar seus preciosos barcos a motor — e ele conseguiu. Scott possuía um barco desde que a família começou a passar os verões em Stone Harbor; em Hendersonville, havia espaço para dois. Eram um 420 Sundancer e um 220 Sundeck, ambos da Sea Ray, fabricante de barcos recreativos a motor. O Sundancer, com 12 metros de comprimento, acomoda até doze pessoas, enquanto o relativamente pequeno Sundeck, com 6,7 metros, acomoda até dez. A família usava regularmente ambos; de fato, Scott convenceu Taylor a tirar uma licença de navegação aos quinze anos. "Tenho licença para pilotar um barco — e estou muito orgulhosa disso", ela contou à revista *People*, em 2009. Talvez fosse apropriado que a primeira capa de revista da carreira dela fosse em uma publicação de náutica: *Sea Ray Living*, que trouxe toda a família Swift na capa da edição de primavera de 2006.

"Conheça Taylor Swift, filha de dezesseis anos dos proprietários de um Sea Ray, Scott e Andrea Swift, e recém-contratada artista de música country", dizia o texto. "Nós crescemos nos barcos da Sea Ray. Aos quatro anos, eu já vivia com um colete salva-vidas", ela relatou à revista. Os proprietários de barcos Sea Ray se viam como um clube, e a empresa incentivava essa identidade ao publicar a *Sea Ray Living* e promover um festival único de música e barcos chamado *Aquapalooza*. A pista está no nome "Aqua" — o evento, que ainda ocorre anualmente, recebeu seu nome do festival de música *Lollapalooza*, mas não poderia ser mais diferente daquela reunião de longa data em Chicago.

O slogan "A maior celebração náutica da Sea Ray" resume a essência do *Aquapalooza*: o evento reúne milhares de barcos e artistas, como o cantor country Alan Jackson, a banda de rock alternativo Everclear e, várias vezes, a própria Taylor. Há vários *Aquapaloozas* ao longo do ano, em locais diferentes — baías, praias, marinas ou lagos — e alguns são apenas encontros aquáticos sem grandes atrações. Os maiores são mais parecidos com a ideia tradicional de festival de música: o público, que inclui até alguns cães intrépidos, come, bebe e assiste às bandas, e tudo isso sem precisar comprar ingresso, pois os encontros são gratuitos. Quando artistas tocam no palco flutuante, muitos fãs nadam até mais perto para ter uma visão melhor, assistindo aos shows em pé na água até a cintura, apoiados em boias flutuantes ou boias de borracha.

Centenas de pessoas fizeram exatamente isso quando Taylor se apresentou em 2006 e 2007 (respectivamente no Lago Fort Loudoun em Knoxville, Tennessee, e em Fairview Beach, Virginia), criando uma cena que ela provavelmente não presenciará em nenhum outro festival. Ao chegar ao evento de 2006, ela gravou um breve clipe para os organizadores: "Oi, meu nome é Taylor Swift, estamos na linda Knoxville, Tennessee, para o *Aquapalooza 2006*.

E eu estou aqui graças à [rádio country de Knoxville] WIVK e à Sea Ray — o melhor barco que você vai ter. Não deixe de assistir ao show." Depois, subiu em um barco a motor e foi levada ao palco flutuante. A data era 22 de julho, um mês após o lançamento de seu single de estreia *Tim McGraw* e três meses antes do lançamento de *Taylor Swift*. Se ela estava ali para plantar uma semente de reconhecimento na mente dos donos de barcos — de que essa jovem era uma estrela em ascensão com um álbum prestes a ser lançado — também parecia estar se divertindo fazendo isso.

A associação de Taylor Swift com Hendersonville agora é celebrada com uma placa na East Main Street, parte de uma série chamada *Tennessee Musical Pathways*, que homenageia artistas eminentes do estado. Embora a placa mostre uma foto dela segurando três prêmios Grammy na cerimônia de 2016 (Álbum do Ano e Melhor Álbum Pop Vocal por *1989* e Melhor Vídeo Musical por *Bad Blood*), seu histórico musical foi apenas parte do motivo pelo qual recebeu essa homenagem. Outra razão foi sua generosidade tanto para a comunidade local quanto para o estado do Tennessee, na forma de grandes doações para projetos que vão desde a reforma do auditório da Henderson High School até a reparação de um parquinho danificado por uma enchente no Rio Cumberland em 2010, além de contribuir para um centro educacional administrado pelo *Country Music Hall of Fame*. Apoiadora dos direitos LGBTQ+, ela também contribuiu para o *Tennessee Equality Project*, uma organização de lobby[8] que defende os direitos de pessoas LGBTQ+ na Assembleia Geral do Tennessee e no governo local em todo o estado.

Na época em que os Swift se mudaram para Hendersonville, Taylor tinha um empresário, Dan Dymtrow, que também trabalhava com Britney Spears. Depois que Taylor cantou no US Open, a diretora de entretenimento do torneio, Kelly Foster, perguntou

8 Uma organização de lobby é uma entidade ou grupo de pessoas que busca influenciar as decisões políticas, legislativas ou governamentais em favor de um determinado interesse ou causa. O termo "lobby" se refere ao esforço organizado para persuadir ou pressionar políticos, autoridades e outras pessoas com poder de decisão, com o objetivo de promover ou proteger interesses específicos.

se poderia enviar a Dymtrow o CD demo da jovem de doze anos. Dymtrow ficou impressionado. Ele conheceu Taylor e seus pais e, após conversar com ela e ouvi-la tocar, ficou "completamente fascinado por sua voz, inteligência, habilidade para compor e confiança", contou ao *Reading Eagle*. "Ela tinha apenas treze anos, mas um talento e uma maturidade muito além de sua idade. Ela possui o conhecimento e a inteligência de uma pessoa de trinta anos, além de uma família e um grupo de amigos extremamente solidários." Em janeiro de 2003, um mês após o décimo terceiro aniversário de Taylor, ele e a família Swift concordaram que ele a representaria.

Ela mencionou Dymtrow na edição de agosto de 2004 da *Vanity Fair*, que dedicou uma página a ela no especial *Estrelas em Ascensão*, patrocinado pela Abercrombie & Fitch. Fotografada com jeans e blusa da A&F, segurando o braço do violão e enxugando as lágrimas com um lenço — porque compor músicas de amor pode ser algo emocional — ela disse no texto: "Depois de cantar o hino nacional [na verdade, foi outra música, *America the Beautiful*] no US Open no ano passado, um grande empresário musical me contratou como cliente." Ela enfatizou seu amor pela música country, especialmente a tradição da narrativa humana e relacionável que esta carrega. "Às vezes, escrevo sobre amores adolescentes, mas atualmente sou uma garota de quatorze anos sem namorado", disse, com uma sinceridade notável. Ela se preocupava com isso — estaria usando "algum tipo de repelente de garotos"? Mas, naquela fase da vida, ter um namorado não era tão importante quanto a música que estava criando — algumas das quais falavam, sim, sobre garotos — porque ela sentia uma urgência de que suas canções alcançassem outras pessoas e as emocionassem.

A matéria na *Vanity Fair* foi um grande acontecimento; o suplemento de dezenove páginas da A&F apresentava Taylor e outros vinte e sete novos rostos considerados potenciais futuras estrelas. Além disso, sua foto foi pendurada nas paredes das lojas da Abercrombie. Nem todos os vinte e oito realizaram as expectativas, mas Olivia Wilde, Michelle Trachtenberg e Nikki Reed, de *Crepúsculo*, se saíram muito bem. E Taylor, é claro, rapidamente se tornou a maior nova estrela da década — embora, em agosto de 2004, ela estivesse apenas animada em ser incluída.

Nove anos depois, porém, ela talvez tenha se sentido de forma diferente em relação à Abercrombie, quando a marca lançou uma camiseta que fazia piada com sua vida amorosa. A estampa dizia que quem usava a peça tinha tido "#mais namorados que t.s.". Embora Taylor não tenha comentado, alguns fãs ficaram indignados com a vergonha implícita e lançaram uma petição no Change.org exigindo que a Abercrombie retirasse o produto. A petição, intitulada "Tirem a camiseta '#mais namorados que t.s.'", tinha uma seção chamada "Por que esta petição é importante", na qual o organizador escreveu: "Porque isso é doloroso para Taylor Swift e para os Swifties em todo o mundo!".

Apenas 305 pessoas a assinaram, mas o poder social dos Swifties vai muito além de números. (Seus únicos verdadeiros rivais como fandom são Army e Monbebe — nomes adotados pelos seguidores dos gigantes do K-pop BTS e Monsta X. Alguns Monbebes já usaram a frase "Temos capacidades limitadas, mas uma determinação ilimitada", da série chinesa *Meteor Garden*, para enfatizar sua lealdade feroz à banda). A petição foi lançada em 18 de junho de 2013. Em poucos dias, as ligações para o departamento de relações públicas da empresa recebiam a seguinte resposta: "Se você está ligando sobre a camiseta de Taylor Swift, observe que ela não está mais disponível."

Taylor havia conseguido o destaque na *Vanity Fair* da A&F quando Dymtrow, ao saber da campanha *Estrelas em Ascensão* da empresa, enviou o material de divulgação dela. Ele recebeu um retorno quase imediato. "Eu só pensava: 'Eu não sou tão descolada assim para isso! Quero dizer, é a Abercrombie & Fitch!'", Taylor contou ao *Nashville City Paper*. De fato, Taylor não se encaixava de maneira óbvia na imagem provocativa e moderna que a marca havia construído para si. A A&F começou como uma loja de roupas *preppy*[9], mas gradualmente conquistou o público não *preppy* ao abrir lojas em shoppings, usar modelos masculinos sem camisa tanto em sua publicidade quanto no próprio espaço de vendas e direcionar o marketing para adolescentes e universitários, transformando a marca em um símbolo de status. Seu moletom com o logo Abercrombie era onipresente.

Em um movimento estratégico, as lojas replicavam uma atmosfera de clube, com luzes fracas e música alta. O *Daily Mail* reclamou: "Por que as lojas de roupas adolescentes insistem em que compremos no escuro?" A resposta era que a Abercrombie (e sua subsidiária, a Hollister) não insistia para que "nós", os leitores do jornal, comprássemos no escuro; os alvos eram seus filhos adolescentes e estilosos. É por isso que Taylor, a fã de country nada "moderna", pensou que não era descolada o suficiente. E a estratégia da Abercrombie funcionou: em certo ponto, adolescentes americanos votaram nela como a sexta marca mais descolada. Mas ela também era "excludente", afirmou o então CEO Mike Jeffries, dizendo à *Salon* em 2006 que as lojas só contratavam pessoas atraentes porque queriam clientes atraentes. "Queremos nos dirigir a pessoas descoladas e bonitas. Não fazemos marketing para ninguém além disso." Ele disse que muitas pessoas — as menos "descoladas" e "bonitas", presumivelmente — "não pertencem [às nossas roupas]. Somos excludentes? Somos."

Se Taylor estava ciente dos comentários, deve tê-los achado irônicos. Dois anos antes, ela havia aparecido no especial *Estrelas em Ascensão*, uma garota que se sentia solitária e excluída na escola e cuja maior ambição era tocar as pessoas com sua música. Ela pensava que não era descolada para participar da campanha da Abercrombie, e ali estava Jeffries, em 2006, dizendo que a marca preferia pessoas "descoladas e bonitas".

9 Uma **loja de roupas** *preppy* se refere a um estabelecimento que oferece um estilo de vestuário associado à moda tradicionalmente ligada a ambientes acadêmicos de elite, como escolas preparatórias (daí o termo *preppy*) e universidades de prestígio, especialmente nos Estados Unidos. Esse estilo é caracterizado por roupas clássicas, bem arrumadas, com um toque de sofisticação casual.

Mas, em 2006, ela já estava a caminho de realizar seu objetivo. Nunca mencionou o comentário "excludente" de Jeffries, mas esse tipo de declaração era contrário a tudo em que ela acreditava. Em 2013, Jeffries emitiu um comunicado declarando a oposição da Abercrombie a "caracterizações depreciativas... com base em raça, gênero, tipo físico ou outras características individuais". Ele deixou a empresa em 2014.

Vale a pena apontar que Taylor sempre foi atraente, mesmo quando achava que não era; a menina de quatorze anos mencionada na história da Abercrombie tinha um atrativo americano clássico, mesmo que ainda não conseguisse ver isso. Ela era o arquétipo da loira de olhos azuis, saudável e de boa índole, o que só ajudou em sua trajetória na música country. Em 2009, ela até desenvolveu sua própria linha de vestidos de verão — a peça perfeita para meninas do interior relaxarem no verão — que foi vendida no Walmart por um preço acessível de US$14.

"Esses são meus tipos favoritos de roupa", disse à *Women's Wear Daily*. "Quando estávamos desenhando as peças, tínhamos muitas ideias com que trabalhar, e no final focamos em criar vestidos que eu realmente usaria. Se eu não me via usando, não me interessava em fazê-los." Esse era mais um ponto a seu favor: embora sua base de fãs fosse composta principalmente de meninas adolescentes, as mães delas também podiam apreciá-la. Além de ser excepcionalmente discreta — uma característica importante numa época em que algumas jovens estrelas assumiam imagens mais sexualizadas —, ela tornou fácil e acessível para as fãs se vestirem como ela. Na prática, ela era a estrela pop dos sonhos dos pais. Na verdade, quase não se viam mais jovens como ela. Quando disse à *Unrated Magazine* em 2007 que nunca havia "traído ninguém, usado drogas ou ficado bêbada", ela parecia quase antiquada, mas era verdade.

Uma de suas primeiras canções foi *The Outside*, composta quando tinha doze anos e era "totalmente excluída na escola. Eu era muito diferente das outras crianças e nunca soube bem o porquê", disse à *Entertainment Weekly*. Havia duas razões óbvias, que ela mesma mencionou em várias ocasiões. Uma era que ela era muito mais alta que a maioria das meninas e até alguns meninos, e as crianças podem ser intolerantes com a diferença física.

Não importava que ela também fosse engraçada, uma boa pessoa e inteligente o suficiente para ser membro da prestigiada National Honor Society (ex-membros incluem Michelle Obama e Meryl Streep); sua altura fazia com que se destacasse. Em segundo lugar, novamente, ela era fã de música country. E não apenas uma fã — ela realmente escrevia músicas country e queria ser cantora desse gênero. Aos olhos de seus colegas, seria igualmente estranho se ela cantasse ópera como sua avó Marjorie.

Os problemas que Taylor enfrentou na Wyomissing Area Junior/Senior High School a acompanharam até a Hendersonville High. Naquela época, o problema da "cantora country" foi ampliado pelo fato de que todos os outros na escola ouviam Alicia Keys, Usher (cujo álbum *Confessions*, que vendeu 8 milhões de cópias, foi o mais vendido de 2004) e *Mr. Brightside*, do The Killers (que, até outubro de 2023, passou um total impressionante de 382 semanas não consecutivas nas paradas de singles do Reino Unido). Enquanto seus colegas estavam sintonizados em seus novos iPods de quarta geração com seus elegantes *click wheels*[10], Taylor estava conectada ao country e "sentia" esse estilo musical mais intensamente do que os outros gêneros "mais jovens". Para os alunos da Hendersonville High, isso a tornava esquisita. A canção *The Outside* é, portanto, uma crítica àqueles que viram sua luta e se recusaram a incluí-la.

Ela, no entanto, não estava completamente sozinha. Em sua primeira semana na escola, fez amizade com Abigail Anderson (hoje Abigail Anderson Berard, após seu casamento em outubro de 2022).

10 "Click wheels" são rodas giratórias usadas em dispositivos eletrônicos, como iPods antigos, para navegar por menus e selecionar opções através de rotação e pressão. O termo ficou popular com os iPods de terceira geração, em que o usuário girava a roda para percorrer listas e pressionava para selecionar. O "click" refere-se ao som produzido ao girar ou pressionar. Esse design intuitivo foi importante para a interação com dispositivos pequenos, mas hoje é menos comum. Foi um marco no design de interação nos anos 2000.

Abigail nadava competitivamente, queria ser jornalista e, em Taylor, encontrou uma amiga igualmente ambiciosa, mas incompreendida. É uma amizade para toda a vida; em 2017, Taylor foi madrinha de casamento de Abigail e compôs *Fifteen* sobre ela, abordando com compaixão a tristeza de Abigail quando um relacionamento no nono ano não deu certo. (A música apareceu em *Fearless*; lançada como single em 2009, foi certificada como dupla platina em 2014, indicando 2 milhões de cópias vendidas. Uma regravação de *Taylor's Version* da faixa foi lançada em abril de 2021). Taylor contou à CMT Radio: "Estávamos no nono ano, e cantar sobre isso ainda mexe comigo toda vez."

Não é surpreendente que isso a faça chorar. É uma das canções mais pessoais de Taylor, mencionando Abigail pelo nome e contando com sua participação no videoclipe. (No IMDb[II], Abigail foi creditada como "Melhor Amiga de Taylor" por seu papel no clipe). A letra documenta o primeiro encontro das duas, quando Taylor se sentou ao lado de uma garota ruiva chamada Abigail na sala de aula e imediatamente se deu bem com ela, até compartilhando a aversão mútua pelas "meninas populares" da escola. A desolação de Abigail após o rompimento com o namorado também é abordada na canção.

Para a própria Abigail, é uma música com forte significado. Embora seu coração tenha sido partido por esse garoto, um amigo em comum delas chamado Trevor Martin, ela acabou fazendo as pazes com ele e retomando a amizade. Alguns anos após o término, enquanto os sentimentos ainda eram intensos, Trevor a incluiu em um álbum fotográfico que fez para um projeto escolar, colando três fotos digitais dele e de Abigail em uma página intitulada *Minha Primeira Namorada*. O jovem casal, posando em um campo

II O IMDb (Internet Movie Database) é um site de banco de dados on-line dedicado a informações sobre filmes, programas de TV, vídeos, atores, diretores e outros profissionais da indústria do entretenimento. Fundado em 1990, o IMDb oferece uma vasta coleção de dados, incluindo sinopses, elenco, avaliações de usuários, trailers, curiosidades, datas de lançamento e muito mais. O site é uma das fontes mais populares e confiáveis para pesquisa sobre filmes e séries, e permite que os usuários façam avaliações e comentários. Em 1998, o IMDb foi adquirido pela Amazon, tornando-se uma plataforma ainda mais integrada ao mundo do entretenimento digital.

de flores, parece apaixonado. Porém, ao lado das fotos, Trevor apenas observou que começaram a namorar no primeiro ano e não ficaram juntos por muito tempo: "Eu terminei com ela."

Nos meses após o término, Abigail contou ao *San Francisco Bee* em 2023 que se torturou com perguntas: "Por que hoje? Por que não ontem? Será que é comigo?" Tragicamente, ele morreu em um acidente de *base jump* em 2016; só então ela soube que ele estava lidando com traumas desde que foi abusado por um padre aos dez anos. "Independentemente de quantas pessoas você namore, sempre há aquela que deixa uma marca. E Trevor foi a minha marca", refletiu ela, acrescentando que *Fifteen* realmente captava a sensação de um relacionamento que se revela decisivo.

Taylor estava trabalhando em material para o álbum *Fearless* quando compôs *Fifteen*, mas antes de incluí-la na lista de faixas, pediu a permissão de Abigail para lançá-la publicamente. A canção era tanto sobre Abigail como também dedicada a ela, então ela tinha a palavra final. Taylor enfatizou que, se Abigail ficasse desconfortável com a ideia de sua vida amorosa ser tema de uma música, tudo bem, e a canção permaneceria como uma melodia só delas. Abigail não hesitou. Ela disse a Taylor que ficaria feliz em compartilhar a música com o mundo; talvez pudesse até ajudar outras pessoas que se encontrassem na mesma situação. Foi uma ótima decisão dar esse consentimento entusiástico — *Fearless* se tornaria um fenômeno: o terceiro álbum mais vendido de 2008 nos Estados Unidos, onde acabou sendo certificado como diamante (dez milhões de cópias vendidas) e vencedor do Grammy de Álbum do Ano, tornando Taylor a artista mais jovem a receber o prêmio até Billie Eilish, uma década depois.

Abigail tem 440 mil seguidores no Instagram, em que posta fotos de férias, animais de estimação, amigos de seus dias de faculdade na Universidade do Kansas e, ocasionalmente, uma foto com Taylor. O valor que ambas atribuem à amizade se resume a uma postagem de junho de 2016. É uma foto de um cartão escrito à mão por Taylor:

"Meu coração esquisito ama o seu coração esquisito." Na legenda, Abigail escreveu: "Obrigada por me entender. Sempre."

Além da campanha da Abercrombie, a segunda metade de 2004 trouxe mais um grande avanço. *The Outside*, que apareceria em seu álbum de estreia *Taylor Swift* em 2006, foi tocada pela primeira vez em um evento público de grande visibilidade, o que trouxe bastante atenção a Taylor. A faixa foi escolhida para integrar um álbum intitulado *Chicks with Attitude*, que era distribuído gratuitamente na compra de maquiagens da Maybelline. Esse foi um grande marco. Adolescentes em toda a América usavam produtos da Maybelline, então milhões de pessoas ouviriam sua música. A canção estava entre as treze faixas do CD; outros artistas incluíam a banda sueca de pop alternativo The Cardigans e a poderosa cantora de blues Beth Hart. *Chicks with Attitude* também foi o nome de uma turnê de dezoito datas pelo verão americano, com Liz Phair e The Cardigans como atrações principais. Taylor não estava na turnê, mas fez parte do álbum e contou ao *Press of Atlantic City* como ficou sabendo que havia sido incluída. Estava comendo no Taco Bell, quando Dan Dymtrow ligou para dar a notícia de que *The Outside* havia sido selecionada, e ela ficou eufórica. Contou ao jornal: "Comecei a gritar. Todo mundo olhou para mim como se eu fosse louca."

Como muitas de suas melhores canções, *The Outside* foi composta rapidamente. Taylor estava em casa em uma noite chuvosa de inverno, em 2002, sentindo como se seus amigos a tivessem esquecido, então pegou seu violão e compôs uma música a respeito disso. Era puro country-pop, com uma leve cadência e temperada com violino e violão acústico.

Ser rotulada como uma *Chick with Attitude* não a prejudicou nem um pouco, especialmente porque ela tinha o talento musical para sustentar a fama. Nessa altura, já havia escrito 100 músicas, e estava claro que ela era uma estrela em formação. O próximo degrau da escada estava prestes a ser alcançado.

CAPÍTULO 4

Pagando suas dívidas

Em outubro de 2004, Taylor teve uma reunião com Arturo Buenahora Jr., Diretor Sênior de criação e produção da Sony Music Publishing. Embora nunca tivesse considerado contratar uma compositora tão jovem, ao ouvi-la tocar, todas as suas reservas desapareceram. "Ela é uma excelente compositora e uma boa violonista", disse ele ao jornal local de Hendersonville, *The Star News*. "Se alguém consegue ser tão bom tão cedo, é assustador pensar no quão boa ela será no futuro. Alguém como Taylor Swift não aparece no seu escritório todos os dias; e, quando aparece, é melhor você fazer o seu melhor para trabalhar com essa pessoa." O contrato foi redigido em 1º de novembro e assinado por Taylor e seus pais em 20 de janeiro de 2005. Com as questões legais resolvidas, ela se tornou oficialmente uma compositora profissional, com a responsabilidade principal de compor músicas que poderia gravar ela mesma ou vender para outros artistas.

Uma tentativa de vender *Teardrops on My Guitar* — coescrita com Liz Rose, que se tornaria uma parceira de composição muito importante — para as Dixie Chicks não teve sucesso, mesmo depois de Taylor mudar a letra para torná-la menos pessoal. A música falava sobre um colega de escola por quem ela tinha uma paixão não correspondida, e seu nome, Drew, aparecia ao longo da canção. Na demo gravada para as Chicks, ela mudou o nome para "you" ("você"), mas o trio ainda assim a rejeitou. Foi uma bênção disfarçada: Taylor gravou a música ela mesma, incluiu-a em seu álbum de estreia e lançou-a como seu segundo single em fevereiro de 2007. Seu arranjo com violão, mandolin e violino, aliado à voz melancólica de Taylor, levou a música ao segundo lugar na *Hot Country Songs* e proporcionou seu primeiro sucesso no *pop crossover*, chegando ao 13º lugar na *Billboard Hot 100*. A canção ganhou três prêmios da indústria, incluindo o troféu de Música do Ano no BMI Country Awards. Embora tudo isso pudesse ter acontecido se as Dixie Chicks tivessem comprado a música — não haveria nada impedindo Taylor de também gravá-la e lançá-la — o fato de elas terem recusado deu à canção uma oportunidade clara de sucesso por conta própria, livre de associações com outros artistas.

Algumas músicas foram, de fato, compradas por outros artistas. *This Is Really Happening*, coescrita com o compositor de Nashville Blu Sanders por volta de novembro de 2004, foi gravada por Britni Hoover em seu álbum *Country Strong*. Sanders ficou francamente impressionado com o talento de sua jovem coautora. "As pessoas gostam de criticar artistas jovens e bem-sucedidos, mas Taylor era genuína", disse ele em *Taylor Swift: The Rise of the Nashville Teen*, em 2012.

A cantora australiana Shea Fisher comprou uma canção antiga de Taylor, *Being with My Baby* (Fisher mudou o título para *Bein' with My Baby*). Ela foi lançada em seu álbum de 2009, *Shea*. Naquela época, a música já tinha cinco anos, e Taylor estava a caminho do sucesso global, mas a letra mostra que seu toque poético e delicado já estava presente desde o início. Vaga-lumes, estrelas, caminhos tranquilos — a imagem criada por suas palavras derruba qualquer noção de que jovens de quatorze anos são incapazes de escrever canções cheias de significado. Ela escreveu a música com Brett Beavers, compositor e artista do Texas, cujo irmão mais novo, Jim Beavers, também compositor de sucesso, compôs uma música com Taylor. A experiência de Jim mostra os desafios que jovens compositores podem enfrentar.

Em 2019, Jim Beavers relembrou ao apresentador Bobby Bones, do podcast *Bobby Cast*, sobre o tempo que passou compondo com Taylor. Ela chegou à sala de composição às 15h30, sendo levada diretamente da escola por Andrea, que se acomodou em outra sala enquanto Taylor trabalhava. Beavers disse que aprendeu uma "grande lição" ao escrever com ela. Ele estava na casa dos trinta, se via como um veterano de sua arte e foi colocado para compor com a jovem iniciante. "Lembro-me de pensar: 'O que estou fazendo em uma sala com uma garota de quatorze anos?'" Ele supôs que não teriam nada em comum e admitiu que chegou com uma "atitude ruim" em relação à colaboração. Taylor logo o colocou em seu lugar. Ela já sabia o que queria que a música expressasse, e quando Beavers interveio, dizendo "Bem, você sabe, um escritor experiente como eu poderia dizer isso [de uma forma diferente]", Taylor não aceitou. Polidamente, mas com firmeza, ela lhe disse que o que *ele* poderia dizer não era o que *ela* diria.

A impressão de Jim sobre essa sessão foi que ele havia conhecido uma artista que sabia exatamente quem ela era, o que queria expressar e para onde estava indo. A partir daquele dia, essas características — "visão e foco" — passaram a ser as primeiras coisas que ele procurava ao trabalhar com novos artistas. Ele afirmou que o talento é algo comum, mas que os artistas que se conectam com o público têm algo intangível: "Eles sabem por que vão se conectar."

Isso é quase como um sexto sentido, aliado à capacidade de fazer os ouvintes sentirem que o artista está cantando algo significativo diretamente para eles. Há uma sensação de afinidade com o cantor, algo que não pode ser ensinado nem comprado, e é por isso que alguns vencedores de concursos de talentos na TV têm dificuldade em manter o ímpeto após o brilho inicial.

Os dois tiveram uma segunda sessão de composição, mas não conseguiram finalizar a música em que estavam trabalhando. Beavers nem se lembra de qual era o título da canção e se culpa pela colaboração não ter dado certo. Sentiu que não estavam se conectando — não estava "comprando a ideia dela", como ele mesmo disse — e achava que ela provavelmente percebeu isso. E foi isso. No entanto, há uma nota adicional. Anos depois, eles se encontraram novamente no *brunch* anual de Natal da Sony Publishing, evento que reúne centenas de funcionários e compositores. Naquele momento, sua jovem coautora havia se tornado a "Taylor Swift", como ele disse, fazendo aspas figurativas em torno do nome dela. Todo ano, prêmios são dados ao compositor e ao artista/compositor que tenham feito o trabalho mais destacado nos últimos 12 meses. Naquele ano em particular, Beavers foi nomeado Compositor do Ano, e Taylor, Artista/Compositora. Eles se sentaram à mesma mesa e trocaram cumprimentos. Depois, Taylor foi receber seu prêmio. Beavers se lembrou do discurso dela: "[A *Sony* sempre foi minha família; vocês acreditaram em mim quando ninguém mais acreditava. Eu cresci tanto — lembro-me de quando eu comecei, compondo músicas com pessoas como [aqui ela olhou diretamente para Beavers] Jim Beavers]." Ela falou isso de maneira bem-humorada, e foi assim que ele a entendeu.

Naquela época, Taylor já podia rir disso, mas foi uma luta ser aceita por alguns membros da comunidade de compositores de Nashville. Ela estava bem ciente de que teria que trabalhar mais e se preparar melhor do que um compositor mais velho. "Eu sabia que, sendo uma garota de quatorze anos, qualquer um — compreensivelmente — pensaria: 'Eu vou ter que escrever uma música para uma criança hoje'", disse à *American Songwriter*, em 2011. Cobrir todas as bases antecipadamente sempre foi seu forte, então, quando ela chegava às sessões, já havia feito o trabalho de casa. Chegava a cada uma delas com dez ou quinze músicas quase prontas, ou com ideias bem desenvolvidas — melodias ou refrões acabados. Ela se recusava a dar a qualquer pessoa uma desculpa para julgá-la pela sua idade ou gênero. "Eu só queria garantir que todos soubessem que eu estava levando isso a sério." Estando na posição privilegiada de ter um contrato com uma grande editora musical, e estava pronta para se esforçar tanto quanto qualquer outra pessoa.

Ela via as sessões quase como estágios, absorvendo conhecimento de todos com quem trabalhava. Todos, incluindo aqueles que não acreditavam nela ou que zombavam de suas ideias. Mesmo esse tipo de sessão era útil, ela disse, porque "você pode fazer uma anotação mental: 'Nunca faça isso com outra pessoa.'" Ela se recusava a se ver em desvantagem. Se tem algo do qual ela se orgulhava, era de nunca dizer: "Eu sou merecedora, mereço mais respeito."

E às vezes, nesses primeiros dias, desenvolvia uma relação de trabalho com alguém que simplesmente "a entendia". Quando isso acontecia, ela produzia algumas de suas músicas mais marcantes. Liz Rose foi a primeira coautora com quem ela teve essa conexão instintiva, o que é evidente nos créditos de composição de *Taylor Swift* — das onze faixas da edição padrão, o nome de Rose aparece em sete. Juntas, criaram grandes sucessos iniciais como *Tim McGraw* e *Teardrops on My Guitar* e, mais tarde, os hits *All Too Well*, *You Belong With Me* e *White Horse*. Elas ganharam um prêmio conjunto — Melhor Música Country, por *White Horse* — no Grammy de 2010, e Taylor ganhou como Melhor Performance Vocal Feminina Country pela mesma música. (Também naquele ano, ela venceu na categoria Álbum do Ano com *Fearless*, sendo a pessoa mais jovem até então a conquistar o prêmio mais prestigioso do Grammy, além de Melhor Álbum Country).

À primeira vista, Taylor e Rose, natural do Texas, parecem uma parceria improvável: quando se conheceram, em 2005, Taylor tinha quinze anos e Rose, quarenta e oito, com uma filha da mesma idade de Taylor (Hayley Rose Maurer, que trabalha para uma organização de síndrome de Down; a filha mais velha, Caitlin Rose, é uma aclamada cantora e compositora americana). Ela não tocava nenhum instrumento e nem cantava — algo raro para uma compositora — e só começou a escrever aos 37 anos. Elas se encontraram em uma sessão informal de compositores em Nashville, uma reunião em bares ou cafés onde compositores se apresentam para uma pequena audiência. Apesar de não ser cantora, Rose cantou duas músicas naquela noite, e Taylor gostou tanto do material de Rose que perguntou se ela consideraria uma parceria. Rose aceitou, mas não estava preparada para a amplitude das habilidades de Taylor. Ao final da primeira sessão, Rose saiu da sala se perguntando por que Taylor queria uma coautora. "Ela realmente não precisava de mim", disse ao *Washington Post* em junho de 2016, no décimo aniversário do encontro.

Elas desenvolveram uma rotina, encontrando-se uma vez por semana depois da escola no escritório de Rose. (Rose pensava nessas sessões como o "trabalho depois da escola" de Taylor.) Taylor se sentava ao piano ou pegava um violão, e as duas discutiam ideias. A maioria das músicas, como a primeira composição delas, *Tim McGraw*, surgiu de acontecimentos do cotidiano de Taylor — a música veio à mente dela durante a aula de matemática, contou à

Rose quando chegou um dia. Ela já sabia o que queria dizer e que a música se chamaria *Tim McGraw*. Rose estava cética: uma música chamada *Tim McGraw*? O que McGraw, um dos nomes mais venerados da música country nos Estados Unidos, acharia disso? Ela tinha motivos para se sentir insegura. Havia coescrito *All We Ever Find* para o álbum triplo platina de 2002 de McGraw, *Tim McGraw and the Dancehall Doctors*.

Mas, quando Taylor gravou a música e ela foi tocada para McGraw por seu agente de reservas, ele não apenas gostou como ainda quis que sua esposa, Faith Hill, também a ouvisse. Tendo dito isso, ele também ficou surpreso por uma jovem artista usar seu nome em uma canção. Revelou ao *Apple Music Essentials*, em 2021: "Eu pensei: 'Cheguei a esse ponto da minha vida em que estão escrevendo músicas sobre mim? Isso significa que eu passei do ponto?'" Ele tinha acabado de fazer 39 anos quando *Tim McGraw* foi lançada, mas deve ter sido um tanto chocante pensar que seu nome estava associado à música de uma garota de quatorze anos.

Rose aprendeu a nunca subestimar Taylor. Em uma participação no podcast *Nashville Off the Record*, em 2022, ela relembrou a sessão de *Tim McGraw*. "Eu garanto a você, aquela garota... Aposto que naquele momento [de escrever a música] ela se via saindo do palco e cantando isso para o Tim em um show de premiação. Isso é o quanto ela é brilhante." Taylor era tão confiante e criativa que Rose se via mais como uma "editora" na parceria do que coautora. Ela se perguntava se estava diminuindo sua contribuição, que era tão vital quanto a de Taylor, mas concluiu que editar era "realmente o que eu faço [com ela]". Grande parte da colaboração delas envolvia, como Rose contou à *Y Entertainment*, em 2014, "mudar aquilo ali e dizer: 'E se a gente disser assim?' Eu me lembro de vezes em que tentava sugerir uma ideia para uma nova música: 'O que você acha de escrevermos sobre isso?' E ela simplesmente respondia: 'É, eu acho que não. Vá e escreva sobre isso com outra pessoa.'".

Ou elas podiam discutir sobre uma única palavra, como aconteceu com *You Belong With Me*. A protagonista da música anseia pelo garoto lindo da casa ao lado, que, claro, está namorando a garota mais popular da escola. No segundo verso, a personagem principal revela tristemente que é terça-feira à noite e ela está em casa — e Rose focou logo em "terça-feira". Por que não fazer ser sexta ou sábado para enfatizar a solidão de estar em casa enquanto a pessoa que ela ama está saindo com a namorada? Mas Taylor não quis nem ouvir falar disso. Ficou sendo terça-feira, e a música foi um sucesso. Ela se tornou um hit premiado e foi também a música que a colocou em contato com Kanye West no *MTV Video Music Awards* de 2009.

A favorita de Rose é a última colaboração delas, a faixa de 2012 *All Too Well*, que se acredita ser sobre Jake Gyllenhaal. Ele e Taylor namoraram de outubro a dezembro de 2010, terminando pouco antes do aniversário de 21 anos de Taylor (Gyllenhaal fez 30 anos seis dias depois, em 19 de dezembro). Rose e Taylor não se viam há um tempo porque Taylor havia escrito todo o seu álbum mais recente, *Speak Now* (2010), como uma forma de afirmar aos que duvidavam que ela não precisava de coautores. Quando Rose recebeu um telefonema no início de 2011, não poderia ter sido em um momento pior. Ela estava com uma sinusite e, ao mesmo tempo, organizando sua casa em Nashville, preparando-se para se mudar para Dallas. Quatro carregadores estavam enchendo um trailer, e Rose os supervisionava quando Taylor ligou e perguntou se ela estava livre naquele dia. Ela estava trabalhando em uma música e realmente precisava da ajuda de Liz. Rose entregou as chaves do seu depósito para os carregadores e foi até a casa de Taylor.

Taylor estava se sentindo infeliz após um término difícil e começou a compor a música em um dia em que se sentia "terrível sobre o que estava acontecendo na minha vida pessoal", contou à *Rolling Stone*. Ela não havia escrito uma música em meses, e para uma compositora tão ativa, isso era um indicativo claro de quão infeliz ela estava. Ela e sua banda estavam ensaiando para a turnê *Speak Now*, e Taylor começou a improvisar as palavras que passavam por sua cabeça. A banda começou a tocar junto, improvisando riffs, e foi assim que nasceu *All Too Well*. Taylor continuou a trabalhar na música durante a turnê, desenvolvendo-a entre os shows. Em momentos como esse, era um grande alívio ter a composição como uma válvula de escape; ela despejou seu coração partido na música, verso após verso. Quem quer que tenha partido seu coração, havia cavado fundo em sua alma, e a ligação indiferente do término a deixou arrasada.

Quando concluiu a música, que já sabia que era especial, ela estava beirando os dez minutos de duração e teria que ser encurtada se fosse lançada no próximo álbum, *Red*. Outro problema era que a canção continha o uso da palavra com "F", algo que ia totalmente contra sua imagem e não poderia aparecer na música (foi reintegrada na versão *Taylor's Version* de 2021). O problema é que havia significado em cada palavra da música, em cada linha, em cada verso. O talento de Taylor para compor de maneira descritiva e quase novelística atingiu seu ápice em *All Too Well*. A música se parecia mais com uma entrada de diário ou uma carta do que com uma canção, e era fácil imaginá-la como uma carta manuscrita, lançada com raiva em um envelope e enviada para a pessoa que a tratou como se fosse descartável.

A música está cheia de pensamentos e expressões raramente encontradas em canções: ela se lembrava do rapaz contando histórias autodepreciativas para o pai dela, relembrava o momento em que dançaram na cozinha escura e evocava uma conversa com uma atriz que ela não conhecia. Não há como identificar a atriz, mas ela se aproximou de Taylor enquanto ela chorava no banheiro de uma festa e perguntou o que havia de errado. Cada palavra de *All Too Well* soa verdadeira, incluindo uma delicada alfinetada sobre o futuro romântico do ex: Taylor previu que, à medida que ele envelhecesse, suas namoradas não envelheceriam; cada uma delas seria cada vez mais jovem.

A música é intensa; muitos Swifties a consideram a favorita. No famoso clube noturno Swiftogeddon, no Reino Unido, que toca apenas as músicas de Taylor, a versão completa de dez minutos é, de acordo com o *Guardian*, "o ápice da noite", apesar de ser "uma música muito longa, sem um *drop* óbvio e sem um refrão evidente". Compartilhando da mesma angústia, os Swifties se abraçam e se unem em uma tristeza alegre. Se serve de consolo, em 2022, Gyllenhaal disse à *Esquire* que nunca ouviu *Red* — não especificando se era a versão original ou a *Taylor's Version*. Mas ele abordou o fato de que a regravação de *All Too Well* o fez alvo da ira dos Swifties, com tantos fãs deixando comentários depreciativos que ele desativou os comentários no Instagram. "A resposta [dos Swifties] não tem nada a ver comigo. É sobre o relacionamento dela com seus fãs", disse ele, acrescentando que os artistas têm "a responsabilidade" de garantir que os apoiadores sejam civilizados e empáticos, mesmo quando sentem que o artista foi tratado de forma injusta por outra pessoa.

No início de 2011, sentada no estúdio com sua faixa longa demais, Taylor sabia que precisava de mais uma opinião. Foi quando ligou para Liz Rose. Chegando com seu caderno, Rose deixou Taylor falar, anotando o que ela achava serem os aspectos mais relevantes da história do término. Taylor deu a ela "muita informação" e cantou a música, e Rose começou a trabalhar para enxugá-la.

Ela se lembrava de que a música tinha entre dez e vinte minutos de duração e disse ao *Dallas Observer* que a ajudou a "diminuí-la e a trabalhar nas partes brilhantes".

Foi um tempo bem gasto. *All Too Well* foi a primeira faixa que Taylor compôs para *Red* e se tornou uma das mais aclamadas de sua carreira, com a *Rolling Stone* citando-a como "uma obra-prima no formato de balada de término". Quando a versão completa de dez minutos, *Taylor's Version*, foi lançada em 2021, recebeu ainda mais elogios, com a *Variety* desejando que ela escrevesse mais vinte versos e criasse um álbum inteiro baseado na canção.

Assim, as primeiras colaborações que a Sony Publishing preparou para ela deram muitos frutos, apesar dos ocasionais choques de personalidade. A única caixa que ainda estava desmarcada era a do contrato com a gravadora — o Santo Graal. Ela havia se mudado para Nashville, estava em desenvolvimento, conseguiu um contrato de publicação e era a mais jovem compositora profissional de Music Row. Tendo feito a preparação, estava mais do que pronta para passar a ser uma artista contratada, que era a única maneira, nos anos antes de se tornar comum o lançamento independente de músicas, de realmente ganhar força. Ela precisava de uma gravadora para fazer pressão em seu nome, ou continuaria sendo uma artista de baixo escalão competindo com outras mil.

Olhando para os primeiros anos, durante uma entrevista de 2015 à *GQ*, ela revelou que tinha um tipo de Plano B. Se a mudança para Nashville nunca tivesse acontecido e ela não tivesse se tornado uma musicista profissional, teria continuado a compor canções, mas seu foco teria mudado. Teria ido para a universidade e, depois, ingressado em uma profissão como marketing — "uma forma de negócio onde palavras e ideias estão em primeiro plano". Mas isso não aconteceu. Em 2004, trabalhando incansavelmente para se tornar uma artista contratada, ela se sentia tranquila pelo fato de que sua carreira estava seguindo de uma forma constante, embora lenta, em direção a um contrato de gravação. Ela já tinha os outros blocos de construção necessários — o contrato de publicação, o antigo contrato de desenvolvimento — então o dia em que assinasse seu nome em um contrato com uma gravadora parecia estar logo ali, não?

CAPÍTULO 5

Assinando o contrato

Tinha que ser, e foi. Um dos primeiros coautores de Taylor, Robert Ellis Orrall, ficou impressionado com o talento dela e organizou uma apresentação no Bluebird Café, um espaço de noventa lugares com um som que favorecia especialmente a música acústica. Localizado de forma improvável em um centro comercial a vários quilômetros do centro de Nashville, seu ambiente desmente a importância que tem para a música country. O *Washington Post* o chamou de "um espaço sagrado", e ele foi retratado como tal na famosa série de TV *Nashville*, do ano de 2010. Assim como o clube punk CBGB, de Nova York, nos anos 1970, o Bluebird é minúsculo, sempre lotado e com uma influência bem maior que seu tamanho. Vince Gill, Keith Urban e Lady Antebellum (conhecido desde 2020 como Lady A) se apresentaram lá no início da carreira, e Taylor estava prestes a se tornar outra artista que, eventualmente, poderia agradecer ao Bluebird por fazer as estrelas se alinharem.

O local tem uma tradição de apresentações no estilo *in-the-round*, em que os músicos tocam em um espaço no centro da sala, rodeados pela plateia. Orrall organizou o show exclusivo de Taylor para o dia 4 de novembro de 2004, às 21h. Nas semanas anteriores, ele e os Swifts deixaram cópias do *press kit* de Taylor nas gravadoras de toda a cidade. O kit, recheado de artigos de jornal e uma foto de estúdio, não era caseiro, mas tinha um charme rústico: estava dentro de um envelope transparente com o nome de Taylor, cercado por corações e estrelas prateados, colados em papel roxo. Parecia, talvez de forma deliberada, como se a própria Taylor o tivesse feito em seu quarto. Embora muitas vezes se sentisse limitada pela sua idade, às vezes não era nada mal lembrar à indústria de que ela era um novo talento, ainda não endurecido pelos golpes do mercado musical.

O interesse das gravadoras foi despertado e membros do A&R de várias grandes gravadoras compareceram ao show. Pelo menos uma foto dessa noite existe. O lugar está lotado e não há palco. Taylor está sentada em uma cadeira de madeira, com o violão nas mãos; o violonista adicional, Michael Peterson, está a alguns metros de distância; e Orrall está à sua esquerda, em frente a um microfone. Um terceiro músico, Aaron Brotherton, está fora da imagem. Atrás de Orrall estão seus pais, que viajaram de Boston para ver o show que seu filho havia organizado. Andrea Swift está sentada em uma mesa na parede de trás, com uma expressão benevolente ocultando o que deve ter sido um grande nervosismo, dada a importância daquela apresentação.

Mas é a figura mais discreta na foto que está prestes a assumir a maior importância na vida profissional de Taylor. Ele está no canto inferior esquerdo da foto, de costas para a câmera, com a cabeça apoiada na mão como se dissesse: "Vamos logo com isso." Ele é Scott Borchetta, que em breve oferecerá a Taylor um contrato de gravação. Ele havia sido gerente de promoções da DreamWorks Nashville, que se fundiu com a Universal Music Group em 2003.

Tendo desfrutado de bastante liberdade na DreamWorks, onde foi incentivado a aprender os aspectos de publicidade e A&R do trabalho, após a fusão com a UMG ele se viu restrito ao cargo de promoções. Cada vez mais insatisfeito, finalmente disse ao presidente da UMG Nashville, Luke Lewis, que não se sentia mais desafiado. Lewis tentou persuadi-lo a ficar, mas Borchetta já havia ido embora, pelo menos em sua mente.

O que Borchetta queria era sua própria gravadora, dirigida do seu jeito. Ele começou a escrever um prospecto, que chamou de "minha dissertação de mestrado". O documento acabou com 120 páginas, expondo sua visão para uma nova gravadora e explicando por que investidores deveriam se interessar. Ele levou o plano tão a sério que fez reuniões de alto nível sobre o financiamento. Ainda estava na Universal na época, mas seu plano para a gravadora estava pronto — poderia seguir em frente em setembro de 2005, quando seu contrato com a empresa terminasse.

Em outubro de 2004, Dan Dymtrow enviou a Borchetta um pacote com a música e o *press kit* de Taylor. Dymtrow ligou para saber o que Borchetta achava e ele respondeu: "Acho que é muito bom." Dymtrow e Taylor estavam planejando uma rodada de reuniões com gravadoras para a terça-feira seguinte, 2 de novembro, e queriam que Borchetta os encontrasse. Ele marcou o encontro para 19h, quando todo o resto do escritório da Universal já teria ido embora — sem necessidade de ninguém na Universal saber que havia marcado uma reunião com uma artista que ele achava que poderia ser ideal para sua nova gravadora. Que, por sinal, ele chamaria de Big Machine Records, embora só tenha revelado o nome a Taylor depois que ela decidiu assinar com ele. *Big Machine* era uma música da banda de hard rock americana Velvet Revolver, e o nome o atraiu porque, apesar de a gravadora ainda nem existir, queria que ela anunciasse sua presença de forma ousada. "É ousado e disruptivo, e não soa corporativo", disse à *Billboard*.

Também era uma brincadeira, porque, quando começasse, a gravadora seria tudo, menos uma "máquina gigante".

Sua reação a Taylor quando se encontraram na terça-feira seguinte? "Fiquei encantado. Ela era uma pessoa fascinante, mesmo aos quatorze anos. Tinha um desejo incrível de que as pessoas gostassem dela e a conhecessem." É difícil resumir o que torna alguns artistas o que se chama de "pacote completo", mas Borchetta acreditava ter encontrado isso em Taylor. Fez anotações durante a reunião de 2004 e ainda as tinha em 2016, quando foi novamente entrevistado pela *Billboard* no décimo aniversário do lançamento de *Taylor Swift*. Ele leu as anotações para o entrevistador. Aqui está um exemplo: "Essa poderia ser sua Mick Jagger... Taylor conquista o Japão... capa da *Rolling Stone*, apresentadora do *Saturday Night Live*." Sua presciência durante aquela reunião foi quase tão impressionante quanto a de Brian Epstein quando ele assistiu a um show pop no almoço em um pequeno clube de Liverpool em novembro de 1961 e decidiu que essa nova banda, The Beatles, tinha algo de especial...

"Eu estou nisso a minha vida inteira, então quando você vê esse algo especial... meu trabalho é tentar ajudar as pessoas a alcançar o seu potencial máximo, e ela tinha tanto talento bruto que [era potencialmente] uma artista realmente grande", disse Borchetta a Larry King em setembro de 2016. Ele quase literalmente crescera ao redor de grandes talentos. Seu pai, Mike, tinha sido um promotor de discos para grandes gravadoras em Los Angeles, e o jovem Scott se acostumou a ver os Beach Boys passando por sua casa.

Quando apareceu no programa de King, Borchetta poderia ter apontado para o desempenho de *1989* nas paradas como prova de sua perspicácia: naquela semana, o álbum estava em seu 97º lugar na *Billboard* Top 200. Ele passaria mais de 300 semanas na lista.

O único problema na reunião de 2 de novembro, que ocorreu no escritório da Universal, foi que Taylor pensou que Borchetta queria contratá-la para a Universal. Obviamente, ela estava radiante de empolgação. Um contrato com uma das grandes gravadoras de Nashville! Uma semana depois, ele encontrou Scott e Andrea e colocou as cartas na mesa. Se Taylor quisesse assinar com a Universal, Borchetta a apresentaria ao departamento de A&R e aos outros executivos da gravadora. A única condição era que ele não estaria lá. "Eu estou saindo para lançar minha própria gravadora. Não sei qual será o nome, não tenho investidores ainda, não sei quem vai distribuir", lembrou ter dito em uma entrevista em vídeo de 2011. "Mas eu lhes prometo uma coisa. Se vocês esperarem, prometo um contrato. Eles me olharam como se eu fosse louco [e] disseram tchau."

Dez dias depois, foi Taylor quem ligou. "Eu só quero que você saiba que tomei uma decisão, e estou esperando por você." Ela tinha se convencido pelo entusiasmo de Borchetta pela sua música, mas também por saber que seria o foco principal em sua pequena gravadora. Embora ainda estivesse vinculado à Universal pelos próximos dez meses, Borchetta ficou imensamente grato pela confiança dela. Mas logo após a conversa, seus "incríveis" chefes na Universal, Luke Lewis e James Stroud, deram-lhe uma oportunidade. Eles o manteriam sob contrato até setembro de 2005, mas ele poderia sair seis meses antes, em março, para iniciar a Big Machine.

Quando Borchetta inicialmente apresentou sua ideia de gravadora para os investidores em potencial, não faltou entusiasmo, mas quando ele deu seguimento em março, teve dificuldades para transformar promessas em dinheiro real. Para complementar o que conseguiu levantar deles, colocou seu próprio dinheiro, assim como o astro da música country Toby Keith.

De acordo com a *Forbes* em 2013, Keith, um dos maiores nomes do country, investiu US$ 400 mil por uma participação de cerca de 10%, além de criar uma "empresa irmã", a Show Dog, que compartilhava funcionários e espaço com a Big Machine. As duas gravadoras seguiram caminhos separados no início de 2006, mas Keith manteve seu investimento. Em 2016, ele disse ao *Chicago Tribune* que poderia viver com sua parte dos *royalties* que Taylor gerava para a Big Machine pelo resto da vida. "Sem dúvida... Um monte de gente poderia viver disso", afirmou. Scott Swift também comprou uma participação no empreendimento de Borchetta. De acordo com o *Music Business Worldwide*, ele pagou US$ 500.416,66 em primeiro de janeiro de 2006 por 916.666 ações ordinárias e preferenciais da empresa. Isso representou 3% do valor da Big Machine.

Os cantores Jack Ingram e Danielle Peck foram os primeiros artistas a assinar com a gravadora — o single de Ingram, *Wherever You Are*, deu à Big Machine seu primeiro N.º 1 em 2007 — mas foi Taylor quem Borchetta esperava causar o maior impacto. Em 2011, ele relembrou as reações das pessoas da indústria quando as apresentou a ela. Invariavelmente, dizia que as pessoas pareciam pensar: "Então, esse é o seu futuro? Você tem uma artista country de quinze anos, né? Mandou bem, Scott!". O ceticismo só alimentou sua determinação.

De volta ao Bluebird Café, em 4 de novembro, porém, Borchetta era apenas um entre muitas partes interessadas. A audiência estava cheia de A&Rs que haviam recebido o *press kit*, e a atmosfera estava carregada. Taylor Swift, com quatorze anos e onze meses, parecia estar à beira de algo significativo. Os primeiros quatro dias de novembro viram uma explosão de atividade que sinalizou que sua estrela finalmente, indiscutivelmente, estava em ascensão. O contrato de publicação da Sony havia sido redigido em 1º de novembro (os Swifts o assinariam em 20 de janeiro de 2005), a reunião com Borchetta aconteceu em 2 de novembro, e dois dias depois a apresentação no Bluebird deu à indústria, muitos dos quais nunca a viram se apresentar, uma amostra do que ela poderia fazer ao vivo. Borchetta, especialmente, estava prestando atenção. Embora tivesse ficado "encantado" com ela em sua reunião, ele estava buscando a confirmação de que Taylor era uma intérprete assertiva ao vivo.

O *setlist* da noite foi breve: *Writing Songs About You*, *Me and Britany* e *Beautiful Eyes*. Apenas a última foi lançada, em um EP de 2008 com o mesmo nome. As duas primeiras datam dos primeiros dias de composição de Taylor, e ela gravou ambas, mas ainda permanecem no *Vault*.[12] Os Swifties esperam que as *Taylor's Version* sejam eventualmente feitas, especialmente para *Writing Songs About You*, que foi considerada para inclusão no álbum de estreia. Coescrita com Sarah Buxton e Victoria Shaw, a música foi transmitida por um tempo no MySpace de Buxton, mas não está disponível atualmente on-line. A letra é um clássico desgosto ao estilo Swiftiano, dizendo a um garoto que, até que o supere, ela fará canções sobre ele. Ela quer odiá-lo, mas ele está tornando isso impossível — como pode odiá-lo quando ele parece tão bonito toda vez que ela o vê?

Enquanto isso, uma versão demo de *Me and Britany* (frequentemente escrita incorretamente on-line como *Me and Britney*) está no YouTube; para uma canção que, segundo o que dizem, foi escrita quando tinha doze anos, ela captura habilidosamente a intensidade da amizade entre meninas — a proximidade que leva as melhores amigas a passar cada momento livre juntas e depois conversar por horas ao telefone mais tarde. A faixa é a mais simples possível, com apenas a voz de Taylor e o seu violão. Sua voz vacila em alguns momentos, recontando a proximidade que elas

12 Aqui, mantive o termo V*ault* (cofre, em inglês), que é frequentemente usado no contexto de Taylor Swift para se referir a músicas que ela gravou, mas que ainda não foram lançadas oficialmente.

compartilhavam: limonada nos degraus da varanda, ligações à meia-noite quando uma delas precisava conversar e sabia que havia apenas uma pessoa que entenderia, e a sensação de ciúmes por um garoto que se intrometia entre elas.

Alguns fãs de Taylor acreditam que a sonhadora *Seven*, do *Folklore* de 2020, também seja sobre Britany. A narradora adulta relembra o ano em que ela e sua melhor amiga tinham sete anos e descobriam o mundo dos riachos e do interior da Pensilvânia, e o simples amor que existe entre as crianças que encontram sua alma gêmea. O problema com essa teoria é a narradora admitir que não consegue mais visualizar o rosto da amiga.

Britany era a amiga de Taylor da Pensilvânia, Britany Maack, que permaneceu próxima de Taylor ao longo das décadas. Quão próxima? Em 2016, Taylor revelou no casamento de Maack com Ben LaManna, seu amigo de escola em comum, que Britany havia sido "minha parceira no acampamento de escoteiras, e ela foi minha acompanhante no Grammy". Taylor foi a madrinha de honra da cerimônia, a primeira vez que participou de uma festa de casamento. Essa semana viu uma típica junção da carreira com a vida pessoal de Taylor: o casamento, que aconteceu em Reading, Pensilvânia, foi em 20 de fevereiro, cinco dias depois de Taylor ter estado em Los Angeles, aceitando o prêmio Grammy de Álbum do Ano por *1989*.

Naquela noite, no Bluebird, as três músicas não poderiam ter durado mais que vinte minutos, mas forneceram farta evidência de que Taylor poderia, como colocou Erika Wollam Nichols do Bluebird, em 2019, "realmente dominar o ambiente". Nichols, que agora é a diretora de operações do Bluebird, mas em 2005 era garçonete, estava de serviço na noite em que Taylor se apresentou. "Scott [Borchetta] podia perceber que [as músicas] iam durar com o tempo", contou ela à *People*. E não só isso, Taylor não se incomodou em tocar com três músicos mais velhos. Ela tinha quatorze anos, mas a compostura de uma adulta, o que poderia ser plausivelmente atribuído ao fato de ter a composição como válvula de escape: se encontrasse uma situação desafiadora, ela conseguia abordá-la escrevendo sobre isso.

Ela percebeu Borchetta na plateia, ouvindo com os olhos fechados. "Ele estava ouvindo melhor do que qualquer um na sala", disse ela depois, e isso era quase certamente verdade. Quando ele se encontrou com seus pais uma semana depois, já havia tomado sua decisão sobre as habilidades dela e ofereceu um contrato que expressava sua crença nela. O ponto crucial era que ela teria permissão para escrever suas próprias músicas em todos os álbuns. Não haveria exigência de usar músicas de outros compositores — um ponto absolutamente crítico para Taylor, que havia deixado o contrato de desenvolvimento da RCA por, entre outras coisas, a gravadora querer que ela gravasse versões de outras músicas.

Em *Journey to Fearless*, ela condensou a história do encontro com Borchetta em uma frase: "Ele veio até mim depois do show e disse: 'Eu quero você na minha gravadora e quero que você escreva todas as suas músicas.'" Mais tarde, ele confessou que não tinha escritório nem nome para a gravadora — "ele só tinha um sonho", ela riu.

Poucos dias depois do show no Bluebird, Taylor se sentou com seu diário para tentar entender tudo o que estava acontecendo. "Essa última semana foi LOUCA", escreveu ela. A Capitol Records havia demonstrado interesse, mas não oferecia o contrato que ela queria; a gravadora achava que ela ainda não estava pronta. Pronta para o quê, ela não diz, mas isso não importava. "Então, por outro lado, tem Scott Borchetta, que conhecemos na Universal." Ela gostou dele porque ele havia se apaixonado pelo que ela estava fazendo, o que fez Taylor sentir que estavam exatamente na mesma sintonia. "Eu acho que é esse o caminho que vamos seguir", escreveu, e antes de terminar a entrada no diário com sua "autografia", refletiu que não assinar com a Capitol foi para o melhor, porque ela não queria "ser perdida em uma gravadora grande", como aconteceu com a RCA.

"Perdida" era a última coisa que ela seria.

CAPÍTULO 6

Taylor Swift

De certa forma, o ano seguinte, 2005, só começou de verdade no dia 1º de setembro. Foi nesse dia que a Big Machine foi oficialmente lançada, e Taylor, agora com quinze anos, finalmente se tornou uma artista com um contrato assinado. (Não por coincidência, ela havia criado uma conta no MySpace no dia anterior.) No entanto, até a empresa começar a produzir hits — o que aconteceria no final do ano com *Wherever You Are*, de Jack Ingram —, ela era mais conhecida pela associação com Toby Keith.

A emissora WSMV 4, de Nashville, deixou isso claro em meados de 2005, quando enviou o repórter Terry Bulger ao colégio Hendersonville High para entrevistar Taylor na cafeteria da escola. Enquanto ela tocava uma versão emocionante de *Teardrops on My Guitar*, Bulger explicava que ela havia se mudado para Nashville na esperança de encontrar alguém que gostasse de sua música. "Toby Keith gostou. Tanto que acabou de contratá-la para seu novo selo", disse ele, não exatamente com precisão. Taylor atestou o carisma de Keith: "Quando você está na mesma sala que ele, você sente.

Tem uma energia ali, e você só pensa: 'Meu Deus.' Acho que nunca vou chegar a um ponto em que eu o veja e não pense: 'Meu Deus, esse é o Toby Keith!'". (Keith faleceu em 5 de fevereiro de 2024, após uma batalha de dois anos contra o câncer).

À medida que 2005 avançava, ela e seus pais romperam com seu empresário, Dan Dymtrow. Não foi uma separação amigável; Dymtrow posteriormente processou a família, alegando que haviam rompido o contrato ao não pagar toda a comissão a que ele dizia ter direito. Em 2011, um juiz rejeitou todas as alegações de Dymtrow, exceto uma: "enriquecimento ilícito". Segundo o *New Yorker*, o caso foi resolvido fora dos tribunais.

Depois de julho de 2005, um novo empresário para seu dia a dia foi nomeado: Rick Barker, que gerenciava a operação da Big Machine na Costa Oeste. Ele disse algo que se fixou profundamente na mente de Taylor e influenciou a maneira como ela promoveria *Taylor Swift* quando o álbum fosse lançado no ano seguinte. Ele disse que, se ela quisesse vender 500 mil cópias, teria que conhecer o mesmo número de pessoas. Em outras palavras, conectar-se com os fãs e fazer com que se sentissem especiais para ela era da maior importância. "Ele foi o primeiro a me dizer isso, e isso realmente ficou gravado em mim", contou ela à *Pollstar*. Depois disso, ela passava até quatro horas conhecendo fãs após um show, não saindo até que a última pessoa tivesse recebido seu autógrafo e uma *selfie*. Em 2008, com a rotina de turnês intensas afetando sua vida familiar, Barker se demitiu, mas permaneceu em bons termos com a família Swift.

Em 2014, Barker declarou modestamente à *Pollstar* que não levava o crédito pelo sucesso de Taylor. "Ela me disse: 'Quero ser a maior estrela do mundo.' Sua estratégia era sair e conhecer o máximo de pessoas que pudesse." Conhecer seus fãs se tornou algo natural para ela, mas Taylor ainda tinha dificuldade em compreender seu status elevado — a ideia de que se encontrar com ela poderia transformar o dia de alguém. Em uma entrevista ao CMT após o lançamento de *Taylor Swift*, ela ainda estava perplexa: "As pessoas fazem fila e querem que eu autografe coisas. Ainda não consegui entender que, se eu assinar um pedaço de papel, isso pode significar algo para alguém."

O trabalho principal de 2005, no entanto, foi a criação de *Taylor Swift*. Ela escolheu Nathan Chapman como produtor, um nativo de Nashville que havia produzido algumas demos para ela. Chapman não esperava ter uma carreira na música — embora tocasse guitarra e escrevesse canções, seu objetivo de vida era ser professor de inglês. Mas, durante um verão na França, ele conheceu Stephanie Schlosser, aspirante a cantora e compositora, que viria a ser sua esposa; de volta a Nashville, ele começou a trabalhar como músico de estúdio, tocando banjo e bandolim[13], enquanto Stephanie conseguiu um contrato de publicação com a Jody Williams Music e começou a escrever músicas com Liz Rose. Rose, claro, trabalhava com outra aspirante a compositora: Taylor Swift.

O editor de Stephanie ouviu as demos que Chapman havia gravado para ela, ficou impressionado e pediu que ele produzisse algumas demos para Taylor. As músicas em que ele trabalhou — incluindo *Our Song*, *Picture to Burn* e *Tim McGraw* — saíram exatamente como ela havia imaginado, e Taylor era uma artista exigente, o que diz muito. "Eu sei exatamente onde quero o refrão... que instrumentos quero usar", disse ela pouco antes de as sessões do álbum começarem.

Jody Williams elogiou Chapman ao *The Tennessean*: "Ele tem uma habilidade natural para se conectar com qualquer pessoa criativa que conhece. Existe uma empatia instantânea de 'Vamos cortar o papo furado e fazer música'." Por isso, quando Taylor

13 Um bandolim é um instrumento musical da família dos cordofones, de cordas duplas e formato semelhante a uma pera, podendo ter as costas abauladas ou retas. Tradicionalmente é composto por quatro pares de cordas.

começou a gravar o álbum — a data de início foi 3 de novembro de 2005, segundo Robert Ellis Orrall, que produziria várias faixas do projeto —, ela testou alguns profissionais para o cargo de produtor principal, mas continuava voltando a Chapman. Ela o descreveu à CMT [Country Music Television] como "aquele produtor de demos que trabalhava em um pequeno galpão atrás de uma editora [Sony] com a qual eu estava".

Os outros produtores que a Big Machine tentou unir a ela eram "incríveis", disse Taylor, mas as músicas que produziu com eles não tinham o calor e a plenitude — "a magia", como ela mesma disse — das faixas de Chapman. (A voz dele pode ser ouvida em algumas faixas do álbum finalizado; detectável como um acompanhamento baixo e suave ao vocal dela). Além disso, ele "entendia" exatamente o que ela queria fazer. Como mencionado anteriormente, Taylor compunha canções com uma ideia completamente formada de como elas deveriam soar: onde o bandolim deveria entrar, como a bateria deveria soar, o nível em que o baixo deveria ficar na mixagem. Com Chapman, tudo o que era necessário era uma conversa de dez minutos, "e ele trazia tudo à vida", ela disse ao CMT News. Suas ideias eram tão bem definidas, mesmo em relação às demos, que elas acabaram soando muito próximas do que apareceu no álbum.

A Big Machine ainda estava cautelosa, pois Chapman era novo na produção de álbuns, mas Scott Borchetta finalmente cedeu: "Certo, tente algumas faixas com Nathan." Chapman sabia da hesitação de Scott — no podcast *Bobbycast*, de Bobby Bones, ele se lembrou de uma ligação com Taylor e Borchetta no viva-voz, em que Scott pediu para ele "entrar no estúdio e gravar algumas músicas". Chapman sabia que era praticamente uma audição, pois Scott não estava seguro de que Taylor havia feito a escolha certa. "[Ele estava pensando]: '*Esse* cara? O produtor de demos?'", Chapman contou a Bones com certo humor.

Mas Taylor estava decidida. Chapman recordou: “Eu tinha vinte e oito anos, ela, quatorze ou quinze, e nenhum de nós fazia ideia do que estava acontecendo. Eu certamente não tinha noção do que estava acontecendo. Estava apenas fazendo músicas.” Como ambos estavam aprendendo e nenhum dos dois tinha uma reputação profissional a zelar, podiam ser honestos um com o outro. Se Chapman achasse que a voz dela não estava boa naquele dia, dizia para ela ir para casa, e ela era igualmente direta — ele se lembrava dela dizendo: “Cara, essa faixa está horrível!”

No final das contas, eles se conectaram porque, cada um à sua maneira, era uma exceção. “Ela estava escrevendo essas músicas que eram superdiferentes para a época — [por exemplo] *Tim McGraw* era o título de uma das músicas! — e não se encaixavam em lugar algum”, enquanto ele estava fazendo arranjos e produções que eram “pop com instrumentos do country”, em vez de algo que pudesse ser identificado como o country tradicional. “Mérito do Scott que me deu um orçamento. Ele deu um orçamento ao cara das demos.”

No fim, Chapman produziu todas as faixas da edição padrão de *Taylor Swift* (que a própria Taylor muitas vezes chama de *Self-Titled* [autointitulado]), exceto *The Outside*, que foi coproduzida com Orrall. Este último também produziu várias músicas nas edições *deluxe* e bônus.

Taylor e Chapman foram uma dupla tão produtiva que ele foi o único produtor, além da própria Taylor, em seus segundo e terceiro álbuns, *Fearless* e *Speak Now*, e recebeu créditos em oito das dezesseis faixas da edição padrão do quarto álbum, *Red*. Ele trabalhou em apenas uma faixa no próximo álbum, *1989* — o disco que redefiniu Taylor como artista pop — e não contribuiu para os álbuns seguintes, mas não houve ressentimentos. “Ela não me demitiu, só mudou de gênero musical”, contou a Bobby Bones em 2022.

Taylor passou cerca de quatro meses gravando seu álbum de estreia e via o resultado como um diário transformado em música. Ouvido como um álbum completo, ele captura de forma excepcional a vida de uma garota de dezesseis anos: a rotina diária da escola, os altos e baixos das amizades e dos relacionamentos amorosos, e o tsunami de emoções que, às vezes, a afogava. Indiscutivelmente, a faixa que melhor representa seu estado de espírito é a, às vezes, esquecida *A Place in This World*, composta pouco antes de ela completar quatorze anos. Uma música suave em um ritmo médio, tornada melancólica pelo som do *pedal steel guitar*[14], ela expressa a ambivalência da vida adolescente — ela ainda não sabe quem é ou o que quer; se sente sozinha, mas autossuficiente, feliz e ansiosa ao mesmo tempo. Como qualquer adolescente na história, ela está procurando "um lugar no mundo". A música significava muito para ela. Até decidir que o álbum se chamaria simplesmente *Taylor Swift*, o título provisório era *A Place in This World*, e ela estava "muito feliz por [essa faixa] estar no álbum, porque eu sinto que finalmente descobri".

Agora, o medo de "ficar sem tempo" se tivesse permanecido no desenvolvimento da RCA fazia sentido. Se tivesse esperado até os dezoito anos, o álbum de estreia teria sido outro disco totalmente diferente. Ela sabia, naquela época, que a poesia em sua cabeça teria se perdido — não haveria *Teardrops on My Guitar*, *Picture to Burn* nem *Tim McGraw*.

Especialmente *Tim McGraw*, que a Big Machine decidiu que seria seu primeiro single. Taylor ficou surpresa. Ela achava a música ótima, mas não a considerava ideal para se apresentar ao mundo. Borchetta, no entanto, estava determinado. *Tim McGraw* (que originalmente se chamava *When You Think Tim McGraw*) tinha

14 *Pedal steel* é um instrumento de cordas característico da música country, reconhecido por seu som deslizante e melódico. Ele é tocado com uma barra de aço que desliza sobre as cordas e possui pedais e alavancas que alteram a afinação em tempo real, permitindo transições suaves entre notas e acordes.

que ser a música escolhida. Ela era uma nova cantora, praticamente desconhecida fora de Nashville — então, estrear com uma música chamada *Tim McGraw* seria uma jogada muito astuta, pois despertaria a pergunta: "Quem é essa garota cantando sobre Tim McGraw?" (Nota: em maio de 2012, Borchetta contratou o próprio McGraw para a Big Machine, que àquela altura já era uma gravadora próspera e movimentada).

O lançamento de *Tim McGraw* foi marcado para 19 de junho de 2006. Esse seria o teste: Taylor conquistaria o público comprador de discos e os programadores de rádio, essenciais para sua carreira? A foto usada na capa não poderia ser mais country, e também era fiel à música. Taylor, usando um vestido amarelo e segurando um pequeno buquê de flores amarelas, está encostada no para-choque dianteiro de uma caminhonete *vintage* — talvez um Chevy, como mencionado na música — e a ponta quadrada de uma de suas botas de cowboy está visível. (A versão em vinil de 7 polegadas, ainda lacrada, estava à venda no eBay por 600 dólares enquanto este livro estava sendo escrito).

O novo escritório da Big Machine na 16th Avenue South, onde ainda está localizado hoje, estava quase sem mobília naquela época, e a empresa tinha apenas cerca de dez funcionários. A tinta nas paredes ainda estava fresca. Em 10 de março de 2006, três meses completos antes do dia do lançamento, Taylor, Andrea e Chapman foram ajudar a enviar o CD single para as rádios (as cópias destinadas às estações de rádio continham a versão do álbum e uma edição ligeiramente mais curta para rádio). "Nós sentamos no chão e fizemos isso porque ainda não havia móveis no escritório da gravadora", Taylor lembrou à *Entertainment Weekly*, em 2008, quando não apenas o escritório já estava mobiliado, mas também podia apontar *Taylor Swift* como um grande sucesso e prever, com confiança, que o próximo álbum, *Fearless*, que seria lançado só em 2008, seria igualmente arrasador.

Mas, em 2006, Taylor não sabia o que o futuro reservava e, a cada CD que colocava em um envelope amarelo acolchoado, fazia uma oração para que o destinatário ao menos escutasse a música — gostar dela seria um bônus. Os funcionários das rádios recebiam dezenas de gravações promocionais toda semana, então não era garantido que sua música sequer tocaria no CD player do escritório, muito menos em uma reunião de seleção para a playlist.

A Big Machine estava trabalhando para garantir que o *single* recebesse uma recepção calorosa. Sua campanha contou com a ajuda inestimável do influente canal de TV a cabo Great American Country (agora renomeado para Great American Family), que fez de Taylor o tema de um documentário de vinte e um minutos intitulado *A Place in This World*. Ele foi ao ar em 8 de maio, introduzindo o nome e o rosto de Taylor na consciência dos telespectadores algumas semanas antes do lançamento do single. O documentário foi exibido novamente em 22 de outubro para promover o lançamento do álbum *Taylor Swift*.

Como introdução de novos artistas, o documentário é um exemplo perfeito. A energia natural de Taylor é mostrada sem reservas — ela grita enquanto abraça uma amiga, ri em descrença ao pensar em sua estreia no tapete vermelho no Academy of Country Music Awards e levanta o punho ao se lembrar da primeira vez que ouviu *Tim McGraw* no rádio ("quase saí da estrada").

Mas essas cenas de adolescente são equilibradas com imagens que construíam sua lenda, como apresentações no Grand Ole Opry, poses para fotógrafos em um evento e uma nova música sendo tocada para amigos ao redor de uma fogueira. As expressões absortas de seus amigos dizem muito sobre o distanciamento que começava a surgir entre eles e Taylor. Embora ela mantivesse cuidadosamente as amizades — e até hoje ainda é próxima de amigos do ensino médio, como Abigail Anderson, — era impossível fingir que não estava mudando ou que seus colegas ainda a viam como "apenas Taylor". Seu sonho, ela conta para a câmera, "é olhar para uma multidão de milhares de pessoas e vê-las cantando as minhas músicas. Isso, para mim, seria tudo que sempre esperei".

Tim McGraw foi lançada em 19 de junho. Demorou para alcançar as paradas principais, entrando no 86º lugar do *Hot 100* da *Billboard* apenas em 23 de setembro, mas teve uma recepção mais rápida na lista *Hot Country Songs* — em 1º de julho, estava na posição 60. Sua posição mais alta foi 40 no *Hot 100* e 6 no *Hot Country*. A parada country usava um sistema complexo para medir a "audiência para cada execução da música" e determinar a posição de um disco. Isso significava que, no caso de *Tim McGraw*, o público adorou a canção.

O sucesso da música também foi impulsionado pelo videoclipe, que estreou no *Great American Country* em 22 de julho. Naquele momento, o canal já considerava Taylor uma aposta segura e transformou a primeira exibição em um grande evento, enviando um comunicado de imprensa para anunciar que a estreia seria às 14h30 e que, nos dez dias seguintes, o vídeo só estaria disponível para ser assistido pela GAC.

Embora o *single* também tenha recebido críticas positivas na imprensa, a maioria das resenhas só foi publicada após o lançamento de *Taylor Swift*, em 24 de outubro. O *PopMatters* mencionou a faixa em seu artigo sobre o álbum de estreia: "Uma balada adequadamente sentimental e atmosférica, em ritmo médio, *Tim McGraw* é boa o suficiente para lembrar alguns dos melhores *singles* countries dos últimos anos." A *CMT News* deu sua aprovação sem reservas: "É facilmente a música de amadurecimento mais envolvente e cativante desde *Strawberry Wine*", *single* de 1996 da vocalista country Deana Carter. Algumas críticas surgiram ainda mais tarde, como o tributo da *Rolling Stone* em 2020, elogiando a "majestade" da "sensibilidade de compositora" de Taylor e declarando-a como o 11º melhor *single* de estreia de todos os tempos (não entrou no Top 10 porque foi superada por *Hand in Glove*, dos Smiths).

Taylor havia acabado de terminar o segundo ano do ensino médio na Hendersonville High quando seu *single* foi lançado. Esse seria seu último ano em uma escola tradicional; seus compromissos profissionais estavam aumentando — incluindo uma futura turnê de seis meses em estações de rádio — e frequentar as aulas todos os dias já não era viável. A solução foi o ensino domiciliar, e ela se matriculou na Aaron Academy, uma instituição privada em Gallatin, Tennessee, que oferecia aprendizado credenciado desde o jardim de infância até o ensino médio. A missão da escola, conforme divulgado em seu site, era "auxiliar e incentivar os pais que estão treinando e educando seus filhos e ajudar esses alunos a alcançar os mais altos padrões acadêmicos em educação cristã". Taylor completaria o terceiro e o quarto anos através do programa da Aaron, estudando enquanto viajava, nos aeroportos e em quartos de hotel após os shows. Ela era rápida e eficiente, concluindo o terceiro e o quarto anos em um único ano. Teoricamente, isso a qualificava para receber o diploma em 2007, mas ele chegou (pelo correio) apenas em julho de 2008. Ela disse à *Associated Press*: "A educação sempre esteve à frente das minhas prioridades, então estou muito feliz por ter meu diploma."

Formar-se não foi sua única conquista acadêmica. Quatorze anos depois, houve outra — uma que ela não esperava. Em 18 de maio de 2022, ela se tornou Doutora em Belas-Artes graças a um título honorário concedido pela Universidade de Nova York. Dr. Swift, como agora era chamada, participou da cerimônia de formatura no Yankee Stadium, usando o tradicional capelo e toga pela primeira vez. Ela postou um vídeo no Instagram que mostrava ela se arrumando para o evento, incluindo sapatos de salto de dez centímetros com estampa de leopardo. Mais tarde, discursou para a turma de formandos com desenvoltura e entusiasmo — o que não era surpresa, já que, naquele ponto, falar para multidões em estádios era algo natural para ela. "Oi, eu sou a Taylor. A última vez que estive em um estádio desse tamanho, eu estava dançando de salto e usando um collant brilhante. Esta roupa é muito mais confortável."

Seu discurso tocou de forma eloquente sua trajetória e como suas experiências poderiam ser aplicadas à vida dos formandos: "Parte de crescer tem a ver com pegar e largar... Saber quais coisas manter e quais coisas deixar ir. Você não consegue carregar todas as coisas, todas as mágoas, todas as atualizações sobre seu ex, todas as promoções invejáveis que o valentão da escola conseguiu. Em segundo lugar, aprenda a conviver com o 'constrangimento'. O constrangimento é inevitável ao longo da vida. Eu sou uma grande defensora de não escondermos o nosso entusiasmo pelas coisas. Parece que existe um falso estigma em torno da empolgação. Nunca tenha vergonha de tentar. Falta de esforço é um mito."

E havia mais, cada palavra carregada de otimismo fraternal — aos trinta e dois anos, ela tinha uma década a mais que muitos em sua audiência — e esperança para o futuro. Ela concluiu: "Vamos inspirar... e expirar. E agora sou uma Doutora, então sei como a respiração funciona. Estamos fazendo isso juntos. Então, vamos continuar dançando como se fôssemos a turma de '22'". É difícil imaginar alguém na plateia que não tenha ficado pelo menos um pouco encantado. E se esse não foi o primeiro discurso de formatura incluído no site de letras de músicas, Genius, foi quase o primeiro. Como é comum no Genius, os usuários até destacaram e explicaram partes do discurso. No trecho sobre "conviver com o constrangimento", por exemplo, ela relembrou ter passado todo o ano de 2012 se vestindo como "uma dona de casa dos anos 1950". Em uma anotação útil, um usuário explicou que ela usou vestidos *vintage* durante toda a era do álbum *Red*. Outro usuário comentou: "Isso também poderia ter sido um *Easter egg* para a primeira faixa do seu décimo álbum, *Midnights*, intitulada *Lavender Haze*." (Mais sobre *Easter eggs* ao final deste capítulo).

Em 2006, após terminar o segundo ano do ensino médio, Taylor mergulhou em um período intenso de divulgação. *Tim McGraw* estava começando a ir bem, o álbum estava a caminho, e seu trabalho agora era cruzar o país fazendo shows e visitando estações de rádio. Ela participou do *Aquapalooza* em 22 de julho e intensificou suas postagens no MySpace. Como mencionado anteriormente, nenhum artista country havia reconhecido o potencial das redes sociais até que Taylor transformou isso em uma parte significativa de sua estratégia promocional. Ela sempre respondeu a quantos fãs pôde no site, mas agora redobrou seus esforços, mencionando em cada resposta que seu álbum de estreia estava prestes a ser lançado. Segundo Scott Borchetta, foi o triplo impacto de sua presença on-line, do documentário *A Place in This World* e do videoclipe de *Tim McGraw* que conquistou o rádio. A Big Machine conseguiu abordar as rádios country e apontar o crescimento de Taylor como artista — ela ainda era pequena no cenário, mas, graças aos seus esforços incansáveis, começava a fazer uma pequena onda no oceano.

Taylor precisava desse impulso extra porque a pesquisa das rádios mostrava que os ouvintes não estavam entusiasmados com *Tim McGraw*. As estações baseavam suas análises em várias métricas, incluindo pesquisas com ouvintes e sites que monitoravam o que as estações tocavam, e a resposta era que a música não estava agradando, especialmente entre os ouvintes homens mais velhos. A notícia foi profundamente decepcionante; nos dias antes do *streaming*, o rádio era o meio que apresentava novos artistas aos milhões de ouvintes em casa ou no carro. Apesar de sua popularidade no MySpace, que aumentava diariamente, se ela não estivesse no rádio, seu alcance não iria muito longe.

A razão pela qual os divulgadores da Big Machine persistiram — além do fato de que o MySpace e a atividade de *A Place in This World* estavam tendo impacto, facilitando seu trabalho — era que sabiam que o rádio country estava desesperado por ouvintes mais jovens. Manter um lugar permanente no coração do público tradicional, acima dos 35 anos, não impediria as estações de atrofiar se não começassem a atrair um público jovem para eventualmente substituir a geração mais velha. Na última década, os promotores de festivais de rock manifestaram abertamente a preocupação de que existem poucos jovens claramente preparados para suceder grandes atrações como Coldplay — e o rádio country estava em uma posição semelhante em 2006.

Os divulgadores sabiam disso, assim como Borchetta e Rick Barker. Então, quando algumas estações se recusaram a colocar *Tim McGraw* em sua programação devido aos resultados negativos das pesquisas, Taylor fez um apelo direto aos fãs no MySpace. Ela escreveu: "Gostaria de agradecer a qualquer estação em que vocês estejam ouvindo minha música", e os fãs rapidamente informaram onde estavam ouvindo a canção. Barker e a gravadora foram às estações que tinham tocado a música algumas vezes, mas não a promoveram intensamente por causa da pesquisa negativa. Essas estações foram informadas de que a pesquisa devia estar errada, pois pessoas estavam enviando mensagens para Taylor no MySpace dizendo que ouviram o *single* em determinada estação e adoraram. Portanto, enquanto a pesquisa dizia uma coisa, o feedback real dos ouvintes enviava uma mensagem completamente clara: "A estação XYZ tocou *Tim McGraw* e eu continuarei ouvindo XYZ enquanto continuarem tocando."

Aproveitando o momento, Taylor e Andrea embarcaram em uma turnê nacional pelas rádios. Ao ouvir a palavra "turnê", Taylor imaginou um ônibus de excursão, mas não — havia um carro alugado, com Andrea ao volante e quase espaço suficiente no banco de trás para Taylor tirar um cochilo. Ela era conhecida por chegar às estações com uma fornada de biscoitos caseiros; há filmagens dela na WSIX de Nashville com uma tigela plástica cheia de apetitosos biscoitos de chocolate ao lado de um prato de papel com uma mensagem escrita à mão: "Taylor Swift x. Biscoitos caseiros. Comam."

Elas visitaram estação após estação, e em cada uma Taylor tocava algumas músicas, geralmente na sala de conferências, com alguns DJs como público. Ela também fazia ligações para os fãs, deixando cada ouvinte encantado — sendo a definição de uma "pessoa que gosta de pessoas", Taylor se revela ainda mais quando está falando com fãs. Conhecê-la pessoalmente e vivenciar seu charme e talento de perto fazia os programadores mudarem de ideia. Se Taylor tivesse um lema, seria esse comentário de seu documentário de 2020, *Miss Americana*: "Estou aqui apenas porque trabalho duro e sou gentil com as pessoas." Dessa vez, funcionou: *Tim McGraw* começou a entrar nas listas de reprodução. E assim que a turnê pelas rádios terminou, ela se juntou ao trio country Rascal Flatts como ato de abertura nas últimas nove datas da turnê *Me and My Gang*, que aconteceram entre 19 de outubro e 3 de novembro.

Ela foi avisada apenas dois dias antes para se juntar aos Flatts, pois até o show deles no Madison Square Garden, em 14 de outubro, o ato de abertura era com Eric Church. O rockeiro country, que se denomina como "barulhento e rebelde", achava que ele e o Flatts davam uma "péssima combinação" e, aparentemente, fazia questão de demonstrar isso tocando sempre além do tempo permitido. Ele foi demitido depois de estender sua apresentação por vinte minutos no Garden.

"E Taylor me ligou, porque ela é ótima, e disse: 'Ei, não quero que haja ressentimentos entre nós'", contou Church à *Esquire*, em 2023. "Eu disse: 'Não, está ótimo — eles vão adorar você. Só tenho um pedido: seu primeiro disco de ouro — eu quero ele'." E ele conseguiu. Assim que *Taylor Swift* ganhou um disco de ouro, em fevereiro de 2007, ela presenteou Church com um disco de ouro "em algum ônibus [de turnê]", no qual escreveu: "Para Eric, obrigada por tocar alto e por muito tempo na turnê do Flatts. Eu SINCERAMENTE agradeço." Muito satisfeito, mais tarde ele doou o disco para o Country Music Hall of Fame.

Quando recebeu uma ligação em 17 de outubro de 2006 informando que substituiria Church, ela "gritou mais alto do que consigo lembrar de já ter gritado", confessou em seu diário. No topo dessa entrada, datada de 18 de outubro, ela escreveu: "MEU DEUS, EU ESTOU NA TURNÊ DO RASCAL FLATTS". Logo acima, anotou: "Mediabase: 14 *Billboard*: 17" — as posições que *Tim McGraw* ocupava na parada country da *Billboard* e na parada country compilada pelo serviço de monitoramento de rádios na Mediabase. No meio da turnê, em 24 de outubro, *Taylor Swift* foi lançado. Coincidentemente, o Flatts estava em uma pausa de cinco dias entre shows em Fairborn, Ohio e Austin, Texas, e Taylor pôde promover o álbum e acompanhar as vendas. Na primeira semana, ele vendeu 39 mil cópias e, segundo relatos, ela ficou levemente desapontada, achando que seria o pico de vendas semanais. Mas não: as vendas aumentaram na semana seguinte e continuaram subindo semana após semana. Após o Rascal Flatts, ela abriu para George Strait de janeiro a março de 2007, com Brad Paisley de abril a novembro e com Tim McGraw e Faith Hill em julho, durante uma pausa na turnê de Paisley. Ela também estava escalada para abrir para Kenny Chesney, mas, poucas semanas depois, antes de se juntar à turnê, foi dispensada. O patrocinador era uma empresa de cerveja e, aos dezessete anos, ela era quatro anos jovem demais para participar.

No total, Taylor abriu cinquenta e nove shows naquele período de doze meses e, a cada apresentação de vinte e cinco minutos, ela conquistava cerca de 15 mil novos fãs — ou, pelo menos, 15 mil pessoas que se lembrariam dela na próxima vez que ouvissem *Tim McGraw* no rádio. Não é de se surpreender que ela olhe para essa fase com tanto carinho, dizendo anos depois: "Eu amava isso. Esses foram alguns dos meus momentos favoritos."

Seguindo o conselho de Rick Barker de "conhecer 500 mil pessoas", ela passava horas depois de cada show assinando autógrafos e posando para fotos. Ao mesmo tempo, as vendas de seu álbum de estreia subiam, semana após semana. Ela não esperava por isso — e, se tivesse conseguido espiar o futuro, teria ficado ainda mais surpresa ao ver que *Taylor Swift* alcançaria seu maior volume de vendas em uma única semana em 5 de janeiro de 2008, quatorze meses após o lançamento. O álbum foi comprado 187 mil vezes naquela semana, e essas eram "vendas puras" — significando que o álbum vendeu fisicamente ou por download, em vez de ser apenas transmitido. Taylor achava curioso que, em vez de mostrar o álbum caindo constantemente nas paradas, a cada relatório semanal, as vendas aumentavam. Demorou um pouco até que ela ligasse isso às suas sessões de autógrafos após os shows. Ela havia construído isso sozinha: apenas conhecendo os fãs e demonstrando gratidão pelo apoio deles, recrutou milhares de pessoas para o *Team Swift*, e muitos deles — agora conhecidos como *Swifties* — ainda estariam ao seu lado na *Eras Tour*, quinze anos depois.

A maioria das críticas iniciais vinha da imprensa country, embora o jornal de seu estado natal, o *Philadelphia Inquirer*, também tenha encontrado espaço para uma avaliação de *Taylor Swift* e o tenha aprovado. "Sua voz levemente rouca equilibra-se entre a inocência de coração aberto e a experiência marcada pela vida", observou o jornal, elogiando a ausência de "angústia adolescente melodramática" nas músicas. A *Country Weekly* afirmou que o álbum "se ocupa das preocupações de uma adolescente, com certeza, mas demonstra honestidade, inteligência e idealismo", e o *Palm Beach Post* deu uma nota A pela maneira "contagiante" como evocava "a angústia adolescente".

Nos anos seguintes, uma enxurrada de resenhas "sérias" sobre *Taylor Swift* surgiria; uma vez que ficou claro que ela era realmente uma compositora singular e estaria na indústria por um longo período, publicações que inicialmente não a viam como uma artista duradoura em 2006 reavaliaram o álbum e publicaram ensaios cuidadosos sobre o *debut*. A *Billboard*, por exemplo, afirmou em 2017 que era o melhor de todos os álbuns dela; Taylor estava "em miniatura" nele, e seu futuro e sua importância para o pop já se afirmavam neste disco e em suas músicas vulneráveis e detalhadas. A resenha da *Pitchfork* de 2019 também destacou que "suas letras detalhadas e sua visão de mundo perspicaz estavam lá desde o começo". A revista brincou amigavelmente sobre o sotaque sulista de Taylor em *Picture to Burn* — um sotaque que já havia desaparecido em 2019. O artigo de 2016 da *AllMusic*, por sua vez, elogiou o uso do nome de Tim McGraw como "um marcador na linha do tempo de um relacionamento amoroso" — muitas músicas sobre términos românticos contêm referências semelhantes a pessoas e lugares, mas aqui foi usado como um gancho e "consegue soar como uma ideia original".

Apesar de admitir à *CMT* em dezembro de 2006 que o álbum fazia parecer que ela tinha "tido 500 namorados" — o que não era o caso, ela rapidamente acrescentou para que ninguém pensasse que era verdade —, ela estava profundamente orgulhosa do que havia criado. Parte da validação veio de conversas com outras adolescentes. Em uma apresentação solo acústica no bar Revival em Ontário, em 2007, ela contou ao público que era constantemente abordada nos shows por garotas que diziam que ouvir *Taylor Swift* fazia com que elas se sentissem como se Taylor tivesse arrancado páginas de seus próprios diários. "E ouvir algo assim realmente me faz sentir que fiz algo bom. Me faz perceber que realizei o que queria. Que é, em última análise, [fazer] as pessoas sentirem que não estão sozinhas".

Por volta da época do show no Revival, Taylor encontrou tempo para gravar um EP de Natal, *The Taylor Swift Holiday Collection*, que foi lançado em 14 de outubro de 2007. O disco incluía quatro covers e duas canções originais — *Christmas Must Be Something More*, com uma mensagem abertamente cristã, e *Christmases When You Were Mine*, uma balada clássica sobre a solidão no Natal. Num momento em que estava ocupada compondo para *Fearless* e em turnê com Brad Paisley, esse EP preencheu a lacuna deixada pela falta de material novo desde *Taylor Swift*. Sua única coleção de músicas natalinas até hoje, o EP havia vendido 1 milhão de cópias até 2019.

Quatro *singles* sucederam a *Tim McGraw*. *Teardrops on My Guitar* foi lançado em 20 de fevereiro de 2007, *Our Song* em 10 de setembro, *Picture to Burn* em 3 de fevereiro de 2008 e *Should've Said No* em 19 de maio de 2008. (Nota: a versão original de *Picture to Burn*, que aparecia na edição padrão do álbum de estreia, gerou comentários devido ao uso da palavra *gay*. Ela estava no primeiro verso, e o contexto da canção não deixava claro se a palavra era usada como um fato ou um insulto. A frase foi alterada em um remix para rádio e na edição *deluxe* do álbum).

Should've Said No, que encerrou extraoficialmente a era *Taylor Swift*, surgiu enquanto ela estava no meio da produção de *Fearless*, e seria compreensível se ela estivesse com a cabeça em outro lugar. Mas não estava. Abençoada com uma habilidade de multitarefa acima da média, ela estava totalmente concentrada em dar o melhor de si para *Should've Said No*. A *Country Weekly* destacou a música como uma das melhores do álbum *Taylor Swift*, o que se confirmou em seu desempenho nas paradas: embora tenha alcançado apenas a 33ª posição na *Billboard Hot 100*, a música liderou a parada *Hot Country Songs* — seu segundo número 1, depois de *Our Song*.

Com banjo e violino, mas tão dinâmica quanto uma canção pop, *Should've Said No* abordava novamente o tema do namorado problemático, comum em muitas faixas do álbum de estreia, mas era mais agressiva. O *Chicago Tribune* a descreveu como uma "canção de vingança", e nesse sentido repercutiu em muitos ouvintes. A performance de Taylor dessa música no Academy of Country Music Awards em maio de 2008 enfatizou esse elemento de "vingança". Ela começou a apresentação vestindo jeans e um moletom com capuz levantado, quase escondendo o rosto — uma roupa bem diferente do estilo característico de Taylor. Tocando seu violão, ela soava quase mal-humorada, como se o garoto da música realmente fosse problemático. Com noventa segundos de música, sua roupa é arrancada, revelando um vestido preto, e ela canta o resto da canção como se estivesse liberando uma carga de raiva. Foi uma apresentação forte o suficiente para ser lançada como o videoclipe oficial do *single*.

Se *Taylor Swift* falava de uma garota real e sua vida, também refletia uma de suas peculiaridades: o gosto por mensagens ocultas. Ela brincou com o livreto de letras, codificando cada uma com uma mensagem, e uma semana antes do lançamento do álbum, escreveu no MySpace para avisar os fãs: "Todas as letras das músicas estão em minúsculas, exceto algumas letras maiúsculas aleatórias. Junte todas elas, e talvez você encontre mensagens ocultas sobre a música."

Foi o início de uma tradição adorada tanto pelos Swifties quanto pela própria Taylor. Mais tarde, as letras codificadas foram substituídas por *Easter eggs* — pistas escondidas em tudo, desde videoclipes e adereços no palco até as cores de suas roupas. Quanto mais obscuras, melhor: um exemplo é o cachecol vermelho usado no curta dirigido por Taylor e lançado em novembro de 2021 para acompanhar *All Too Well (Taylor's Version)* — a versão de dez minutos da música, que estava no *Vault* desde que ela compôs para *Red*. Os Swifties interpretaram o cachecol como um símbolo da virgindade de Taylor, mas se estavam certos ou completamente enganados é um mistério; Taylor nunca explica os *Easter eggs*.

As mensagens codificadas no *debut*:

Tim McGraw: "Não pode me dizer nada"

Picture to Burn: "Namore garotos legais"

Teardrops on My Guitar: "Ele nunca saberá"

A Place in This World: "Eu encontrei"

Cold as You: "Hora de deixar para lá"

The Outside: "Você não está sozinho"

Tied Together with a Smile: "Você é amado"

Stay Beautiful: *Shake n' bake* (Provavelmente uma referência ao filme favorito dela, *Ricky Bobby: A Toda Velocidade*, em que isso é usado como bordão)

Should've Said No: "Sam Sam Sam Sam Sam" (Sam foi um namorado do colégio que supostamente traiu Taylor)

Mary's Song (Oh My My My): Às vezes o amor é para sempre"

Our Song: "Viva no amor"

Todos os *singles* do álbum receberam certificação de platina (1 milhão de vendas) ou multiplatina, e o álbum vendeu 7 milhões de cópias apenas nos Estados Unidos. Em agosto de 2023, ele tinha passado 280 semanas não consecutivas na parada de álbuns da *Billboard*. O álbum também rendeu a ela uma indicação ao Grammy de Melhor Artista Revelação em 2008. Ela perdeu para Amy Winehouse, mas qualquer decepção logo seria suavizada. Uma prateleira cheia de Grammys e inúmeros outros prêmios estavam a caminho.

CAPÍTULO 7

Fearless

"Ei, Taylor. Eu estou muito feliz por você, vou deixar você terminar, mas a Beyoncé teve um dos melhores vídeos de todos os tempos! Um dos melhores vídeos de todos os tempos!"

Kanye West deu de ombros e saiu do palco, com uma Taylor Swift atônita e sem palavras olhando para ele. Era 13 de setembro de 2009, ela acabara de ganhar o MTV Video Music Award de Melhor Vídeo Feminino por *You Belong With Me* e, graças à interrupção repentina de West em seu discurso de aceitação, agora todos na América sabiam o seu nome. Quanto à Beyoncé, cujo *Single Ladies (Put a Ring on It)* estava na mesma categoria, ela estava tão surpresa quanto Taylor, apenas dizendo "Oh, Kanye!" com os lábios enquanto assistia da plateia.

Taylor já havia feito história naquela noite ao ser a primeira cantora country a ganhar um VMA. Agora, ela era famosa como a artista cuja vitória foi roubada por Kanye West. Isso a colocou até mesmo na mira do presidente Obama, que chamou West de "idiota". Nos bastidores, Taylor disse aos repórteres: "Eu estava muito animada porque Kanye West estava no palco. Depois, não fiquei tão animada assim. Eu não o conheço e não quero começar nada."

Se esse encontro a tornou uma pessoa famosa, ela já estava indo para esse caminho de qualquer forma, graças ao *Fearless*. Lançado em 11 de novembro de 2008 — *You Belong With Me* era o terceiro *single* — foi um álbum de transição. *Taylor Swift* havia a tornado uma estrela country; *Fearless* a transformou em uma estrela country-pop, com ênfase no "pop". A *AllMusic* até o descreveu como "um dos melhores álbuns pop *mainstream* de 2008" — uma afirmação ousada em um ano que também viu o lançamento de *The Fame,* de Lady Gaga e *I Am... Sasha Fierce,* de Beyoncé.

Comercialmente, *Fearless* fez a indústria da música perceber seu impacto. A *Forbes* informou, em janeiro de 2009, que, graças às vendas combinadas de *Fearless* e *Taylor Swift*, Taylor foi a artista mais vendida de 2008. *Fearless* só havia sido lançado nas últimas sete semanas de 2008, o que tornava seu feito ainda mais impressionante — entre os dois álbuns, ela acumulou 4 milhões de cópias vendidas. Se o álbum de estreia não tivesse continuado a vender ao longo de 2008 e as vendas fossem calculadas apenas com base no desempenho de *Fearless*, Taylor teria acabado em segundo lugar em relação a Lil Wayne, cujo *Tha Carter III* vendeu 2,9 milhões de cópias naquele ano. Mas, no ano seguinte, *Fearless* foi o campeão indiscutível, com outros 3,2 milhões de álbuns vendidos em 2009. Somando as vendas de *Taylor Swift* em 2009 a esse número, ela alcançou um total de 4,6 milhões de álbuns comprados em lojas ou baixados. Talvez por isso, a altamente influente Country Music Association a tenha nomeado *Entertainer of the Year* (Artista do Ano) em sua cerimônia de 2009 — a pessoa mais jovem a ganhar o prêmio principal.

Ela chegou ao MTV Video Music Awards de 2009 em uma carruagem de vidro puxada por cavalos, da qual ela emergiu usando um vestido prata longo e cintilante. Se havia algo que simbolizava que ela agora vivia um conto de fadas, era isso. Ela ainda era a Taylor, ainda dando voz às preocupações das adolescentes — mas agora era inegável que havia avançado. O primeiro single de *Fearless*, *Love Story* — que se tornou um sucesso gigantesco, vendendo 8 milhões de cópias nos EUA até 2015 —, dizia exatamente isso. Se o garoto que ela amava simplesmente fugisse com ela, ela magicamente se tornaria uma princesa. E ali estava ela, uma princesa da vida real, ou pelo menos, vestida como uma. Ela ainda se via como uma cantora country, "sortuda o suficiente por ter [suas músicas] tocadas nas rádios pop", como disse ao *Oakland Press*, mas sua vida agora era diferente.

Na vida real, ela nunca namorou o garoto de *Love Story*, embora quisesse muito, porque sua família não gostava dele — na verdade, achavam que ele era "esquisito". A situação de amores não correspondidos, com os amantes sendo separados por outras pessoas, a lembrou de Romeu e Julieta, e a ideia se transformou em *Love Story*. No vídeo, ela levou a ideia adiante, se vestindo como Julieta, ao lado do cantor e modelo Justin Gaston, que interpretava Romeu, também vestido a caráter. Embora o visual fosse mais do século XIX, da época da Regência Inglesa, do que do século XIV, de Verona, eles formaram um convincente casal de apaixonados. Enquanto isso, a música em si era incrivelmente pegajosa, apelando tanto para fãs de pop quanto de country. Lançada em 15 de setembro de 2008, ela vendeu como água. Com um *single* tão forte, *Fearless* seguiu o caminho de vendas de *Love Story* quando foi lançado dois meses depois, iniciando a trajetória que gradualmente transformaria Taylor de uma artista country de sucesso para um fenômeno pop.

É importante acrescentar que ela foi cuidadosa em assegurar aos fãs que, apesar das aparências, não era uma princesa. Em *White Horse*, o segundo *single* de *Fearless*, o refrão deixa isso claro.

Na história da música, ela está enfrentando a ideia de ficar sozinha depois de ser decepcionada pelo garoto que ama, mas misturado com a dor do coração, há determinação e até mesmo otimismo. Sabe que pode seguir sozinha e, no final, está se fortalecendo ao se recusar a voltar para ele. No refrão, ela diz a si mesma que *não* é a princesa desse garoto e que *não está* vivendo em um conto de fadas. Isso também pode ser visto como uma mensagem para os fãs. *White Horse* foi lançado em 8 de dezembro de 2008, quase exatamente nove meses antes de ela ganhar aquele prêmio de Melhor Vídeo Feminino no MTV Video Music Awards. Era como se a música dissesse: "Em alguns meses, você pode me ver chegando a cerimônias de premiação em uma carruagem de vidro puxada por dois cavalos brancos, mas acredite em mim: aquela jovem cintilante e linda ainda serei eu."

Ainda assim, as composições de Taylor em *Fearless* inclinavam-se de forma inegável para contos de fadas e temas fantasiosos. Ela admitiu isso ao *CMT News*: "Sou completamente fascinada pelas diferenças e comparações entre a vida real e os contos de fadas, porque somos criadas, como meninas, para pensar que somos princesas e que o Príncipe Encantado vai nos resgatar." Enquanto escrevia para *Fearless*, ela até compôs uma música chamada *Today Was a Fairytale*. (A faixa não entrou no álbum, mas, dezoito meses depois, quando foi escalada para seu primeiro filme, a comédia romântica *Idas e Vindas do Amor* (*Valentine's Day*), de 2010, ela lançou a música como *single*, que alcançou o segundo lugar nos Estados Unidos e o primeiro no Canadá. No filme, Taylor interpretou uma estudante do ensino médio que namora um colega de classe, vivido por Taylor Lautner, de 17 anos. Na vida real, os dois chegaram a namorar por volta de setembro a dezembro de 2009, e ele se tornou o tema da música *Back to December*, do álbum *Speak Now*).

No entanto, de todas as músicas de *Fearless*, a que mais a emocionava era uma completamente desconectada do mundo da fantasia.

A balada sonhadora *Fifteen*, inspirada no desgosto amoroso de sua amiga Abigail, era difícil para Taylor cantar — ela sentia tanto a dor de Abigail que chorou no estúdio de gravação. Sabemos disso porque as mensagens escondidas do álbum incluem uma que foi dedicada à *Fifteen*: "EU CHOREI ENQUANTO ESTAVA GRAVANDO ISSO."

Um dos motivos pelos quais o primeiro *single* de *Fearless*, *Love Story*, a colocou no caminho do estrelato foi o seu som. Era menos country do que os *singles* do seu primeiro álbum: os bandolins e dobros[15] estavam menos presentes, enquanto as guitarras e baterias ganhavam mais destaque na mixagem. Isso provavelmente foi ideia de Taylor. Ela agora coproduzia ao lado de Nathan Chapman, e estava claro que seus interesses a estavam levando para um caminho diferente do traçado em *Taylor Swift*, seu álbum de estreia.

Ela começou a escrever *Fearless* enquanto fazia a abertura dos shows de Brad Paisley na primavera de 2007. Chegando cedo aos locais dos shows, frequentemente tinha tempo livre e se trancava em uma sala vazia — muitas vezes um vestiário — nos bastidores. A primeira música significativa que escreveu, e que determinaria a direção de todo o álbum, foi a faixa título. Logo no início do processo, decidiu que evitaria escrever sobre sua realidade naquele momento, que era feita de quartos de hotel e ônibus de turnê. "Eu comprava álbuns quando era mais jovem e havia músicas sobre esse tipo de coisa, mas eu não conseguia me identificar com elas", contou ao *Oakland Press*. Assim, quando a ideia de *Fearless* surgiu em sua mente, ela imediatamente percebeu seu potencial. "Esta é uma música sobre a coragem de se apaixonar", explicou no site da Big Machine. Era uma música de amor, mas escrita sem ninguém

15 Dobro é uma marca registrada da Gibson Guitar Corporation, que se refere a um modelo específico de guitarra ressonadora, um violão com cordas de aço e com um cone metálico dentro de sua caixa de ressonância. Muitas vezes, o nome Dobro é utilizado para designar qualquer guitarra ressonadora, mesmo as que não sejam da marca Gibson.
Seu som é bem particular e traz para o violão de cordas de aço algumas características semelhantes ao som de um banjo.

específico em mente — ela estava solteira, viajando de cidade em cidade e "nem sequer estava começando a sair com alguém". Sem um namorado, recentemente se pegou pensando em primeiros encontros e, a partir disso, imaginou como seria o melhor deles. "Então, essa música é sobre o melhor primeiro encontro que eu ainda não tive."

A partir daí, mergulhou em sua vida interior, imaginando seu próximo relacionamento, mas também observando os relacionamentos de suas amigas. Nesse sentido, ela era como qualquer garota de 16 anos, fascinada pelos dramas que aconteciam em sua pequena cidade suburbana. Assim nasceram músicas como *White Horse* e *You Belong With Me*. Ambas seriam vistas — junto com *Love Story* e *Fifteen* — como pilares de *Fearless*: eram as favoritas dos fãs, lançadas como *singles* junto com a faixa-título. Seu plano inicial era guardar *White Horse* para o terceiro álbum, mas os produtores de sua série favorita, *Grey's Anatomy*, queriam usar a faixa no primeiro episódio da quinta temporada, em 25 de setembro de 2008. (Ela amava tanto a série que deu o nome de Meredith Grey, uma das personagens, a uma de suas gatas. Outra foi Olivia Benson, em homenagem à personagem principal de *Law & Order: SVU*, e a terceira virou Benjamin Button, por causa do filme estrelado por Brad Pitt.) Empolgada, Taylor não teve outra escolha senão incluir a música no álbum *Fearless*. Quando o episódio foi ao ar, ela filmou sua reação: assistindo com um grupo de amigos, pulou de alegria, se abraçou e disse que aquele foi "um dos melhores momentos da minha vida".

Conseguir uma música em *Grey's Anatomy*? Sim, as coisas estavam bem diferentes agora. Uma diferença marcante era que, a partir daquele momento, os garotos que inspirariam suas músicas seriam de outro nível. Embora as canções de *Fearless* ainda fossem sobre garotos que ela conheceu na escola ou em Nashville, agora ela estava entrando em contato com atores e músicos famosos —

caras que ela jamais teria conhecido de outra forma. No verão de 2008, no meio da gravação do álbum, Taylor fez alguns shows com os Jonas Brothers, que estavam no auge da fama com seu primeiro álbum número 1, *A Little Bit Longer*. Ela e o irmão do meio, Joe, quatro meses mais velho que ela, namoraram entre julho e outubro, rompendo pouco antes do lançamento de *Fearless*. Em uma entrevista no programa de Ellen DeGeneres logo após o lançamento do álbum, Taylor foi aberta sobre sua decepção com o término do relacionamento, que foi iniciativa de Jonas. "Tem uma [música no *Fearless*] que é sobre aquele cara", disse olhando para uma foto de Jonas e dela projetada na tela do programa. "Aquele cara não faz mais parte da minha vida, infelizmente. Isso dói."

DeGeneres comentou que, mesmo que Taylor não tivesse ficado com o cara, pelo menos poderia escrever uma música sobre ele. "Sim! Consegui uma sessão de gravação de última hora, bem quando [o relacionamento estava acabando]. Minha gravadora me deixou gravar essa música [*Forever & Always*] bem antes de o álbum precisar estar pronto." Taylor achava difícil esquecê-lo, especialmente porque via a foto dele estampada em camisetas por todos os lugares aonde ia. No entanto, terminou o papo com Ellen em um tom esperançoso: sabia que encontraria a pessoa certa e, quando isso acontecesse, "eu nem vou me lembrar do garoto que terminou comigo pelo telefone em vinte e cinco segundos quando eu tinha dezoito anos".

Avance onze anos: em 2019, Taylor e Joe Jonas haviam se reconciliado e se tornado amigos. O relacionamento dele com a atriz Camilla Belle, por quem ele deixou Taylor, já tinha terminado há muito tempo. Ao aparecer novamente no programa de Ellen, em maio de 2019, Taylor admitiu que se arrependia de ter "exposto [Jonas] no seu [programa de 2008]. Foi demais."

Forever & Always foi uma das músicas mais mordazes que Taylor já compôs. Uma faixa que começa no country rock e se transforma em um som pesado de arena rock com guitarras elétricas dominantes — tão intensas que forçam Taylor a praticamente gritar para ser ouvida, furiosa em sua angústia, desmontando cada coisa que Jonas havia dito durante os três meses de namoro. Ele disse que a amava, mas parou de ligar; prometeu estar com ela para todo o sempre, mas agora a fazia sentir-se como uma estranha; ela aparentemente também disse que o amava, mas isso o assustou e o fez fugir. Embora o álbum já estivesse quase pronto para ser entregue à Big Machine, Taylor insistiu que *Forever & Always* fosse incluída no repertório. Nunca foi lançada como *single*, mas ainda assim acumulou 1 milhão de vendas e reproduções até 2018. Joe Jonas, por sua vez, parecia não se importar com a música. Em entrevista à *Seventeen* em junho de 2009, disse: "É lisonjeiro. Sempre é bom ouvir o lado delas da história."

A intimidade da composição de Taylor — por exemplo, sua reinterpretação de *Romeu e Julieta*, que parecia narrar um romance real — faria de *Fearless* o álbum preferido de garotas sensíveis e românticas. Isso era amplificado pela acessibilidade da própria Taylor. Na época, enquanto muitas das maiores estrelas pop femininas eram atrizes interpretando popstars (como Miley Cyrus em *Hannah Montana*) ou figuras altamente sexualizadas alimentando sites de fofoca como o *TMZ* (como Britney Spears e Christina Aguilera), Taylor era um porto seguro para as adolescentes.

Ela não apenas se destacava por não ser uma rebelde, como queria ativamente servir de exemplo. "Estou constantemente cara a cara com as pessoas que compram minha música; olho nos olhos delas todas as noites. E ouço isso o tempo todo... Quando uma mãe vem até mim e diz: 'Obrigada por ser um exemplo para minha filha'", contou ao *Pasadena Star-News* em janeiro de 2008, pouco depois de ser eleita uma *Superstar of Tomorrow* [Super-Estrela do Amanhã] no Young Hollywood Awards. "Eu nunca, jamais, quero decepcionar essas pessoas. Deixo isso guiar minha vida e me orgulho disso. Faço o que posso para viver de forma correta e dar o exemplo. Eu me considero sortuda por estar nessa posição."

Das treze faixas da edição padrão de *Fearless*, Taylor escreveu sete delas sozinha (*Fifteen*, *Love Story*, *Hey Stephen*, *You're Not Sorry*, *Forever & Always*, *The Best Day* e *Change*); quatro delas com Liz Rose (*Fearless*, *White Horse*, *You Belong With Me* e *Tell Me Why* — a primeira também foi coescrita por Hillary Lindsey); uma delas com o cantor country John Rich (*The Way I Loved You*); e uma com a cantora e compositora Colbie Caillat (*Breathe*, que apresenta harmonias deslumbrantes entre as duas). Taylor estava avançando para ter controle total sobre seu processo criativo, algo que alcançaria no álbum seguinte, *Speak Now*, no qual compôs todas as músicas sozinha.

Em seu lançamento, *Fearless* foi direto para o topo da *Billboard*, permanecendo por 11 semanas não consecutivas em primeiro lugar. Curiosamente, durante a segunda semana, o Top 3 inteiro era composto por mulheres que poderiam ser consideradas rivais pop: *Circus* de Britney Spears, em segundo lugar, e *I Am... Sasha Fierce* de Beyoncé, em terceiro lugar.

As críticas foram, em geral, positivas. O crítico de rock Robert Christgau disse ter ficado "comovido" com o fato de *Fearless* ser, essencialmente, um "álbum conceitual" de uma "adolescente impossivelmente forte e talentosa"; a revista *Blender* declarou que Taylor tinha "a personalidade e a presença para fazer essas músicas impactarem tanto quanto joias como *Tim McGraw* e *Our Song*, de seu álbum de estreia". Já o jornal britânico *The Guardian* foi mais contido nos elogios, chamando o álbum de "uma obra que faz algo previsível e pouco inovador, mas o faz de forma incrivelmente bem-sucedida". Ainda assim, concluiu que o sucesso de Taylor no Reino Unido — onde *Fearless* foi seu primeiro lançamento importante — era praticamente garantido: "Às vezes, você se pergunta se o mundo realmente precisa de mais músicas como essa.

A sensação de que a resposta será afirmativa logo o domina". Dez anos depois, Kaitlyn Blythe, do site australiano Junkee, revisitou *Fearless* e afirmou que ele não havia perdido seu poder. O álbum, segundo ela, "captura exatamente como era ser uma adolescente. Tem o brilho da esperança de uma jovem empolgada por finalmente estar entrando na vida adulta".

Com o sucesso estrondoso de *Fearless*, era mais do que hora de uma turnê como atração principal. Taylor havia esperado deliberadamente até estar confiante de que conseguiria lotar arenas — os mesmos espaços onde se apresentou como ato de abertura para Brad Paisley, George Strait e outros. "Nunca quis entrar em uma arena e ter que reduzi-la ao meu tamanho", ela disse. Consciente ou não, essa postura a colocava em uma categoria própria. Era extremamente raro um artista se apresentar em arenas já em sua primeira turnê como atração principal — até mesmo a maior *boy band* dos anos 2010, o One Direction, começou em teatros com capacidade para 4 mil pessoas antes de migrar para lugares maiores.

Na *Fearless Tour*, composta por 118 shows que começaram em 23 de abril de 2009 no Roberts Municipal Stadium, em Evansville, Indiana, apenas uma apresentação foi em um teatro. Esse show foi no Shepherd's Bush Empire, em Londres, onde Taylor teve que adaptar o espetáculo normalmente grandioso. "Provavelmente ajuda o fato de seu estilo ser country-pop, um gênero baseado no princípio de que o show deve continuar, mas é impressionante como ela se entrega com tanto entusiasmo", comentou o *Guardian*.

O palco *era* impressionante porque nenhum custo foi poupado. Havia um castelo, escadarias sinuosas, seis dançarinos, sete músicos, oito trocas de figurino, cinco guitarras — e uma equipe de cento e cinquenta pessoas nos bastidores, encarregadas de mover a turnê de cidade em cidade. Quando a turnê terminou no Gillette Stadium, em Foxborough, Massachusetts, em 5 de junho de 2010, Taylor havia tocado para 1.207.887 pessoas e faturado

US$ 66.246.496. Ótimas notícias para todos os envolvidos, mas Taylor provavelmente ficou ainda mais encantada com as críticas: o *Hollywood Reporter* a declarou 'a nova rainha do country', enquanto o *Los Angeles Times* teve uma visão diferente sobre o seu gênero musical, mas foi igualmente entusiasmado: "Quando ela ficou sob uma cascata d'água para encerrar seu bis, parecia completamente uma estrela pop." A MTV destacou sua prática de caminhar pelo meio da plateia, abraçando o máximo de fãs que conseguia, mas talvez sua maior força tenha sido melhor definida pelo *Phoenix New Times*: "No final do vídeo de abertura, Taylor definiu *Fearless* como 'subir ao palco e dar tudo de si todas as noites'. De fato."

Quando Taylor iniciou o projeto de regravações *Taylor's Version*, ela começou não pelo álbum de estreia, mas por *Fearless*. Trabalhando nele entre novembro de 2020 e fevereiro de 2021, Taylor realizou um experimento: deveria mudar algo em músicas tão queridas? Como os doze anos desde o lançamento haviam afetado seus sentimentos? Será que alguém pagaria por novas versões de faixas tão icônicas como *You Belong With Me*, *Love Story* e *Fifteen*? Logo, ela descobriria se havia feito a escolha certa.

"Quando eu penso no álbum *Fearless* e em tudo no que vocês o transformaram, um sorriso completamente involuntário surge no meu rosto. Essa foi a era musical em que tantas... mãos se tocaram, tantos laços inquebráveis foram formados...", escreveu Taylor nas redes sociais em 11 de fevereiro de 2021. A letra "A" maiúscula na quarta palavra fazia parte de uma mensagem oculta que soletrava *APRIL NINTH* (*NOVE DE ABRIL*), que acabou sendo a data de lançamento do álbum. Ela havia parado de codificar mensagens após o álbum *1989*, substituindo-as por *Easter eggs* (pistas escondidas), mas voltou a usar códigos para os discos *Taylor's Version*.

Em agosto de 2019, Taylor anunciou no *Good Morning America*: "Meu contrato diz que, a partir de novembro de 2020, posso regravar os álbuns de um a cinco." E agora ela estava cumprindo a promessa.

As quatro regravações lançadas até agora mantiveram-se mais ou menos fiéis às originais; a principal diferença está nos vocais, que amadureceram ao longo dos anos, soando menos juvenis e mais encorpados.

Embora *Fearless* tenha sido o segundo álbum de sua carreira, Taylor logo explicaria sua escolha de regravá-lo primeiro. Em uma entrevista divulgada em 12 de fevereiro de 2021 pela Republic Records, gravadora com a qual assinou após o fim de seu contrato com a Big Machine, em 2018, ela revelou: "Decidir qual álbum regravar primeiro foi bem fácil para mim. Sempre me senti atraída por *Fearless*, porque acho que, como álbum, ele representou um verdadeiro amadurecimento. E, quando olho para trás, sinto muito orgulho desse disco. Foi um álbum sobre esperança, lições aprendidas e a efervescência da juventude adolescente e tudo isso. O que poderia ser mais divertido do que revisitar tudo isso?"

Comercialmente, *Fearless (Taylor's Version)* também correspondeu às expectativas. Estreou em primeiro lugar nos Estados Unidos e foi o quinto álbum mais vendido no país em 2021; no Reino Unido, também alcançou o topo das paradas, assim como em vários outros países. Mais uma vez, Taylor seguiu seus instintos e provou estar certa.

CAPÍTULO 8

Speak Now

Sendo Taylor quem é, ela aproveitou os intervalos da turnê de *Fearless* para escrever seu próximo álbum, *Speak Now*, lançado em 25 de outubro de 2010. "Escrever" significava compor todas as músicas sozinha — a primeira vez em que criou um disco sem coautores. Taylor fez questão de que seu nome fosse o único listado nos créditos, como relembrou à *Rolling Stone* em 2019: "Quando eu tinha dezoito anos, diziam: 'Ela não compõe essas músicas de verdade.' Então, meu terceiro álbum, eu compus sozinha como uma resposta a isso."

Ao mesmo tempo, a praticidade frequentemente guiava seu método de trabalho. Embora tenha começado a compor no verão de 2008, a maior parte foi feita em 2009 e 2010, enquanto estava em turnê com *Fearless*. Muitas vezes, ela estava sozinha quando uma ideia surgia — no meio da noite, após um show no interior do país, por exemplo. Em vez de começar uma música e deixá-la inacabada até se encontrar com um coautor, ela simplesmente terminava na hora. Isso aconteceu repetidamente, até que percebeu que poderia criar o álbum inteiro sozinha. Isso não significa que não colaborou com outros compositores — colaborou, mas nenhuma dessas músicas entrou no disco. Como diziam ela e Nathan Chapman, que voltou a ser coprodutor: "Que vença a melhor música." Até hoje, *Speak Now* é seu único álbum completamente escrito por ela.

O álbum acabou sendo um ponto de transição em seus temas. Trabalhado no final dos anos 2000, ele capturou um pouco da mudança de foco típica de uma nova década. Ainda era um disco de música country, embora com uma pitada de pop em sua essência, mas já não falava sobre romances adolescentes. Apesar de ainda ser adolescente — com apenas alguns meses para completar vinte anos quando começou a trabalhar no álbum —, seus namorados já não eram garotos de Hendersonville dirigindo caminhonetes. Agora, os "caras" que ela conhecia tinham carreiras e experiências de vida — assim como ela. Ainda assim, *Speak Now* manteve algumas tradições: foi coproduzido por Nathan Chapman e gravado quase inteiramente em Nashville.

O sentimento de independência foi reforçado na primavera de 2010, quando ela se mudou para um apartamento no centro de Nashville — sua primeira casa própria, ideia que a encantava. Recém-instalada no apartamento de 300 m^2, ela contou a jornalistas sua animação com o fato de ter seus próprios armários, suas próprias gavetas — pequenas coisas que, juntas, significavam que estava no controle de sua vida doméstica. Entre outras conveniências modernas, o apartamento tinha uma escada em espiral que levava a uma estrutura parecida com uma gaiola ou uma casa na árvore, e, na sala de estar, um lago com carpas e lírios. Durante uma transmissão ao vivo no *Ustream* em 20 de julho de 2010, ela descreveu o estilo que buscava como "um navio pirata misturado com *Alice no País das Maravilhas*, uma loja de antiguidades, a casa de uma vidente, uma casa na árvore, uma gaiola, um jardim e um lugar bem descombinado".

A delicada e acústica *Speak Now* inclui *Never Grow Up*, escrita após Taylor passar sua primeira noite no apartamento. A música aborda sua ambivalência em relação à vida adulta. Por mais empolgada que estivesse com seu novo espaço, havia uma amargura por deixar a segurança proporcionada por sua família. A canção explorava a perfeição simples de sua infância em contraste com seu desejo de independência na juventude.

O título original do álbum seria *Enchanted*, nome de uma das faixas. Acredita-se que a canção tenha sido inspirada por Adam Young, do projeto musical Owl City, com base no nome "ADAM" oculto na letra de *Enchanted*. Essa teoria ganhou força quando Young gravou sua própria versão da música. Como sempre, Taylor nunca revelou publicamente quem a inspirou, mas contou ao blog *Our Country*: "Foi sobre um cara que conheci em Nova York e com quem já tinha trocado e-mails, ou algo assim. E, ao conhecê-lo, foi aquela sensação avassaladora de 'Espero muito que você não esteja apaixonado por outra pessoa'." A paixão aparente não se transformou em um relacionamento, mas Young ficou impressionado com o gesto e lançou sua versão no Dia dos Namorados de 2011. Ao longo dos anos, a música permaneceu uma das favoritas de Taylor, a ponto de ser a única faixa de *Speak Now* incluída no setlist da *Eras Tour*, até *Long Live* ser adicionada três meses depois.

Enchanted permaneceu como título provisório até Scott Borchetta, após ouvir o álbum inteiro, observar que ele não se adequava às músicas. O novo disco não tratava de romances colegiais — Taylor havia vivido muito mais desde seu último álbum completo, e sua composição havia evoluído de acordo. Em questão de minutos, ela decidiu que o álbum se chamaria *Speak Now*, inspirado na música de mesmo nome, que havia escrito após uma conversa sincera com uma amiga. O ex-namorado dessa amiga estava prestes a se casar com outra mulher, e a frase tradicionalmente dita em casamentos — *speak now or forever hold your peace* (fale agora ou cale-se para sempre) — veio à mente de Taylor. Ela sentiu que a frase se aplicava à sua própria situação, na medida em que tinha a escolha de se expressar por meio de suas músicas ou permanecer em silêncio, sem nunca se revelar. Desde então, os Swifties especulam se a amiga que inspirou a canção seria Hayley Williams, vocalista do Paramore; as duas eram — e ainda são — muito próximas.

As palavras *speak now* também se ajustavam ao conceito do álbum. "Vivi muitas coisas sobre as quais estava louca para escrever e coisas que eu queria ter dito no momento, mas não disse", explicou Taylor durante uma transmissão no *Ustream*. Nos dois anos anteriores, pessoas novas haviam entrado em sua vida, e ela às vezes se arrependia de não ter dito exatamente o que pensava. "Esse álbum é minha oportunidade de fazer isso. Faixa por faixa, cada música é uma confissão diferente para uma pessoa diferente." No "prólogo" do álbum (as notas escritas no encarte), ela incentivou os fãs a se expressarem também: "Há um momento para o silêncio. Mas se você... souber claramente o que precisa dizer, saberá. Não acho que deva esperar. Acho que deve falar agora."

O termo "confissão" geralmente implica arrependimento ou remorso, o que não se aplica a todas as músicas do álbum. Há uma faixa com esse propósito específico — a reflexiva e inclinada ao rock *Back to December*, marcando uma novidade para Taylor: foi a primeira vez que ela pediu desculpas em uma música. "É sobre uma pessoa que foi incrível comigo... e eu fui muito descuidada com ele", revelou à *E! News*. Embora não tenha revelado a identidade do rapaz, deixou pistas. A mensagem escondida na letra era "TAY", que parecia apontar para Taylor Lautner. Após o término do relacionamento, os dois se tornaram amigos, e ele apareceu no clipe de *I Can See You*, uma faixa *From the Vault* para *Speak Now (Taylor's Version)*. "Ele foi uma força muito positiva na minha vida quando eu estava fazendo o álbum [original] *Speak Now*", ela disse em 2023. (Improvavelmente, quando Taylor Lautner se casou em novembro de 2022, foi com outra Taylor — a enfermeira registrada Taylor Dome.)

As outras faixas, no entanto, não eram confissões. *Mean*, que ganharia os prêmios de Melhor Canção Country e Melhor Performance Solo Country no Grammy de 2012, estava longe de ser uma confissão. A música respondia a críticos que a acusavam de ser uma cantora fraca e, ao que tudo indica, era baseada em uma crítica particularmente mordaz feita pelo analista da indústria Bob Lefsetz. Ele criticou sua apresentação no Grammy de 2010, no qual Taylor recebeu quatro prêmios (Álbum do Ano, Melhor Álbum Country, Melhor Canção Country e Melhor Performance Vocal Feminina Country). Durante a cerimônia, ela cantou *Rhiannon* com Stevie Nicks, autora da música, e — sem meias-palavras — desafinou. Embora Lefsetz tenha admitido que *Fearless* merecia o prêmio de Álbum do Ano, ele focou sua crítica na apresentação ao vivo.

"Quão horrível ela foi? Terrível", escreveu, estendendo-se longamente sobre o 'horror' antes de prever que a carreira dela jamais se recuperaria. Como qualquer Swiftie poderia ter dito, a carreira de Taylor não dependia de vocais poderosos. Ela era adorada por sua habilidade como compositora, sua empatia e o que o site Slant Magazine chamou de "autenticidade de gente como a gente" — e esse tipo de conexão com os fãs não se rompe por uma nota desafinada em uma apresentação na TV. A resposta de Taylor às críticas foi *Mean*, a música mais tradicionalmente country de *Speak Now*. Tradicional? Era uma sátira country completa: no clipe, que se passa em um pátio de fazenda, ela e sua banda pisoteiam ao redor de fardos de feno com o entusiasmo de um banjo tocado com vigor e alegria.

"Você nunca realmente... supera o fato de que certas coisas te machucam", ela disse ao *60 Minutes*. De forma comovente, a letra admite exatamente o quanto ela foi ferida: quando críticos apontam seus "defeitos", eles só estão dizendo algo que ela já sabe — que não é a vocalista mais forte do mercado. Ela diz isso claramente na música: não me diga que não sou a melhor cantora, porque já tenho consciência disso. Felizmente, ela teve o prazer de ver *Mean* ser abraçada como um hino contra o *bullying*. Além disso, poderia apontar para os dois prêmios Grammy — os únicos conquistados por *Speak Now* — na próxima vez que um crítico questionasse suas habilidades.

Better than Revenge, outra música muito comentada, rapidamente se tornou uma das faixas mais controversas que ela escreveu. Acredita-se que seja sobre perder Joe Jonas para Camilla Belle, direcionando sua raiva não a Jonas, mas a Belle. Uma canção furiosa de *power pop* acusa a rival de roubar seu namorado; a controvérsia surgiu em um verso que explicitamente envergonha a vida sexual da rival. Muitos críticos condenaram a música, considerando-a (e, por extensão, Taylor) antifeminista. Embora Taylor se declarasse feminista, alguns críticos não conseguiam conciliar isso com o insulto que ela dirigiu à outra mulher. Mesmo muitos anos depois, *Better than Revenge* ainda era citada ocasionalmente como prova de que Taylor era "antiprogressista". Em 2023, ao regravar *Speak Now (Taylor's Version)*, ela alterou o verso polêmico, trocando a palavra *mattress* por *matches*.[16]

Como quase tudo que Taylor faz, a mudança gerou debates entre os Swifties, alguns dos quais sentiram que isso incentivaria o tráfego de streaming para a versão original — um resultado altamente indesejado, já que quem se beneficiaria seria a Shamrock Holdings, empresa que comprou os *masters* de seus seis primeiros álbuns em 2020 (mais sobre isso no Capítulo 13). Apesar do tom crítico do verso original, muitos fãs o consideram importante em termos de preservação histórica, pois fazia parte da obra original.

16 "Colchão" por "fósforos".

Taylor foi transparente sobre *Innocent*, uma balada country com *pedal steel*, ser sobre Kanye West — mais do que isso, era diretamente dirigida a ele. Após o incidente no VMA, ela levou tempo para processar seus sentimentos e percebeu que compor uma música a ajudaria a superar o ocorrido. *Innocent* estendeu um ramo de oliveira, dizendo a West que seu comportamento explosivo no palco não o definia — ele era uma alma inocente. "Não acrescenta nada de bom se eu começar a me vitimizar e a reclamar das coisas", disse à revista *New York*. Taylor pretendia que a música fosse um gesto de cuidado para com um artista frequentemente volátil, mas alguns consideraram isso mal colocado. O *Slant Magazine* estava entre eles, chamando-a de "um sermão condescendente e paternalista", enquanto o jornalista de música country Chet Flippo opinou: "Às vezes, o perdão é a mais doce vingança, e foi isso que ela alcançou."

Em 12 de setembro de 2010, ela teve a chance de apresentar *Innocent* ao vivo — apropriadamente, no VMA. Quase exatamente um ano depois da cerimônia em que o conflito começou, Taylor fez uma performance breve e impactante da música. Ela não cantou a música pela qual estava indicada no VMA 2010 — *Fifteen*, que concorria a Melhor Clipe Feminino (categoria vencida por *Bad Romance* de Lady Gaga) — talvez decidindo que cantar uma faixa do novo álbum era um melhor uso de seu tempo no palco do que revisitar a já antiga *Fifteen*.

"Tive várias opções ao me preparar para o VMA", ela contou ao *Access Hollywood*. "Eu poderia ter cantado uma música diferente, poderia não ter ido, mas senti que ir ao VMA e cantar sobre como eu me sentia... parecia a escolha certa se eu queria viver minha vida do jeito que escrevi aquele álbum." Descalça e usando um vestido branco simples, ela cantou *Innocent* diante de imagens do encontro com West no ano anterior. Ironia das ironias, West estava prestes a roubar os holofotes novamente, mas desta vez por uma performance arrebatadora de *Runaway*, uma faixa de seu álbum vindouro *My Beautiful Dark Twisted Fantasy*. Ele recebeu a única ovação de pé da noite, e quando o álbum foi lançado, em 22 de novembro, foi quase universalmente declarado uma obra-prima.

A mais conhecida das "confissões não confessionais" de *Speak Now* foi a balada country-rock *Dear John*. Amplamente considerada sobre o cantor e compositor John Mayer, com quem Taylor teve um relacionamento entre dezembro de 2009 e a primavera de 2010, a música despertou uma reação do próprio Mayer. Ele assumiu que era sobre ele, levando a uma resposta ácida de Taylor: "Que presunçoso! Eu nunca revelo sobre quem são minhas músicas." A expressão *Dear John* é usada para designar uma carta (ou e-mail) em que uma mulher termina um relacionamento com um homem, então a música poderia ser sobre qualquer pessoa, insistiu Taylor. Quem quer que fosse o culpado, ele aparentemente a magoou profundamente. A música exala ressentimento. Taylor o acusa de se aproveitar de sua juventude (se foi Mayer, ele tinha 32 anos e ela, 19), de oferecer amor e depois retirá-lo e de "queimar" muitas outras garotas antes de conhecê-la.

Antes de tudo isso, Taylor admirava a música de John Mayer — ele já havia vencido vários Grammys, incluindo o prêmio de Melhor Performance Vocal Pop Masculina em 2003 por *Your Body Is a Wonderland*, e era altamente respeitado por suas habilidades na guitarra. Assim, Taylor ficou animada com o primeiro encontro dos dois, que foi bastante produtivo: Mayer havia escrito uma canção com influência americana, *Half of My Heart*, e achava que Taylor seria uma ótima parceira para o dueto, embora não a conhecesse pessoalmente. Em outra época, ele teria pedido a seu empresário para entrar em contato com o dela para avaliar o interesse. Mas era março de 2009, então ele simplesmente tuitou: "Quero cantar isso com Taylor Swift. Ela seria uma 'Nicks' incrível em contraste com o meu 'Tom' na música", referindo-se ao dueto de Stevie Nicks e

Tom Petty no hit de 1981 *Stop Draggin' My Heart Around*. Ele seguiu o tuíte com uma mensagem direta para Taylor, como revelou em uma entrevista ao iTunes: "[Eu disse:] 'Tenho esta música e acho que você é a pessoa certa para ela.'"

Taylor concordou em participar. Após a sessão, Mayer não economizou nos elogios: ela tinha uma ética de trabalho incrível e, uma vez que se comprometeu, estava determinada a ficar o tempo necessário — horas e horas — para aperfeiçoar a faixa. Impressionado, ele a chamou de "um tanque" — um elogio — e contrastou sua atitude com a de outros músicos com quem havia trabalhado, que ele disse terem "corrido" para terminar o trabalho. *Half of My Heart* foi lançada no álbum *Battle Studies* de Mayer, em novembro de 2009, e tornou-se um *single*, alcançando o 34º lugar na *Billboard Hot 100*.

O relacionamento entre os dois parece ter começado em dezembro, quando apresentaram a música no *Z100 Jingle Ball* no Madison Square Garden. Os microfones estavam lado a lado; havia olhares de soslaio, e Mayer se inclinava para encará-la durante a apresentação. Era evidentemente uma experiência intensa para ambos, o que é compreensível: Mayer era um galã do rock na época, e Taylor exalava charme e frescor. Quando o romance terminou alguns meses depois, Taylor canalizou a dor para *Dear John*, que é até hoje uma das músicas de sua discografia que mais colocou um ex-namorado contra a parede. (Novamente, ela nunca disse que a música é sobre Mayer.) Seu talento para contar histórias brilhou, com versos recheados de farpas. Sua vida uma vez "girava" em torno do homem da música, mas agora ela o via como alguém jogando "um jogo sombrio" — e havia muito mais ácido na letra.

Mayer foi pego de surpresa pela música, como contou à *Rolling Stone* em 2012. Ele sentiu que não havia "feito nada para merecê-la" e ficou "humilhado" por não ter sido avisado de que estaria em *Speak Now*. A música foi considerada por muitos críticos como uma das melhores de Taylor; Chris Willman, do *Our Country*, chegou a chamá-la de "seu grande feito até agora".

The Story of Us também foi sobre a mesma pessoa de *Dear John*, conforme Taylor contou ao *USA Today*. Alguns fãs achavam que *The Story of Us* era sobre Taylor Lautner, mas, se a palavra da cantora não bastasse, havia a mensagem codificada na letra: CMT. A cerimônia do CMT Music Awards de 2010 foi realizada em Nashville, em 9 de junho, e Taylor havia sido indicada nas categorias de Clipe do Ano e Clipe Feminino do Ano (ambos por *You Belong With Me*) e Clipe Colaborativo do Ano (por *Best Days of Your Life*, com Kellie Pickler). Taylor estava lá, assim como Mayer, que se apresentou com Keith Urban na música de Urban, *Hit the Ground Running*.

Musicalmente, as duas músicas — *Dear John* e *The Story of Us* — não poderiam ser mais diferentes: *Dear John* é melancolicamente country, enquanto *The Story of Us* é um *power-pop* pulsante. O que as une é o coração ferido de Taylor. A esse respeito, a mensagem oculta na letra de *Dear John* é "Loved you from the very first day" (*Te amei desde o primeiro dia*), o que dá uma ideia de quanto ela havia investido em um relacionamento que acabou sendo breve. Talvez ela e o sujeito da música tivessem ideias diferentes sobre o que estavam vivendo, com Taylor acreditando que havia mais profundidade do que ele pensava. Isso explicaria o aparente desconcerto de Mayer quando Taylor lançou *Dear John* — ele disse que havia aprendido a ser "responsável" por suas ações nos relacionamentos e, por isso, sentiu que Taylor havia lhe dado um golpe baixo.

Sobre a possível inspiração de Mayer para *The Story of Us*, Taylor revelou ao *USA Today* que a música foi concebida após ela e um ex-namorado serem colocados próximos um do outro em uma premiação. Nenhum dos dois se falou, e Taylor achou agonizante estar no mesmo ambiente. Ela estava desesperada para falar com ele — pelo menos reconhecer sua presença — mas não conseguiu superar os "escudos silenciosos" que ambos haviam erguido. Ao chegar em casa, contou à mãe, que, embora o local estivesse lotado, sentiu como se estivesse sozinha. "Então eu subi correndo para o meu quarto, como ela já me viu fazer muitas vezes. E provavelmente pensou que eu tinha acabado de ter uma ideia para uma música. E eu tive."

Curiosamente, o álbum *Midnights* (2022), vencedor dos Grammys de Álbum do Ano e Álbum Vocal Pop, contém o que pode ser a palavra final sobre esse relacionamento. A edição *3am* inclui a faixa bônus de soft-rock *Would've, Could've, Should've*, coescrita com Aaron Dessner, que revisita intensamente um romance com um homem mais velho que aparentemente ainda a afeta. Mas, mais uma vez, Taylor deixa claro: não presuma que é sobre Mayer. Ela sabia que cada letra em *Midnights* seria minuciosamente analisada em busca de pistas sobre suas "inspirações", mas se irritava com essas tentativas de decifrar seus relacionamentos. Ela já havia abordado o assunto em 2017, no lançamento de *Reputation*, escrevendo em uma revista produzida por ela mesma que muitas pessoas assumiam que seu processo criativo era tão simplista quanto compilar uma lista de características de um ex e transformá-las em música. Para Taylor, essa ideia reduzia sua arte a uma "receita tão binária quanto um teste de paternidade".

The Story of Us foi a última música composta para *Speak Now*. Intuitivamente, Taylor sabia que o álbum estava completo com essa faixa. Lançada como o quarto *single* do disco em abril de 2011 (depois de *Mine*, *Back to December* e *Mean*, e mais tarde seguida por *Sparks Fly* e *Ours*).

A Big Machine se preparou para o lançamento de *Speak Now* em 25 de outubro, enviando 2 milhões de cópias para o varejo, e não apenas para lojas de discos convencionais. Scott Borchetta, ciente de que o sucesso extraordinário de *Fearless* colocaria todos os holofotes em Taylor, baseou-se no "enorme fator de confiança" entre a cantora e seus fãs. Ele também previu demanda em locais como Starbucks (que vendia álbuns desde 1994), Rite Aid e Radio Shack — e estava certo. Ao levar o álbum para onde as pessoas compravam, viu *Speak Now* vender 1.047.000 cópias na primeira semana. Até então, a única artista feminina a ter uma estreia maior foi Britney Spears, cujo *Oops!... I Did It Again* vendeu 1,3 milhão na primeira semana, em 2000. A mídia começou a chamá-la de "uma megastar pop".

Borchetta previu que as vendas de *Speak Now* ultrapassariam 2 milhões até o fim de 2010, e acertou — o álbum atingiu 2,96 milhões. Ele também acreditava que havia uma boa chance de ser o disco mais vendido do ano, apesar de ter saído no final de outubro. Esse feito, no entanto, não se concretizou; Taylor teve que se contentar com a terceira posição, atrás de *Recovery* (Eminem, 3,4 milhões) e *Need You Now* (Lady Antebellum, 3 milhões).

O desempenho dos *singles* de *Speak Now* confirmou que o estrelato verdadeiro estava ao seu alcance, com todos, exceto *The Story of Us*, alcançando o Top 20 nos Estados Unidos. Esta última, uma das mais assumidamente pop do álbum, ficou estacionada na posição 41, possivelmente porque os fãs mais tradicionais de country não se deixaram conquistar.

Aproveitando a oportunidade enquanto estava no auge, Taylor anunciou em 23 de novembro a *Speak Now World Tour*, que a manteve na estrada por 13 meses, de fevereiro de 2011 a março de 2012. Arrecadando 123 milhões de dólares, foi a turnê mais lucrativa de uma artista feminina naquele ano. E, como era de se esperar, enquanto acumulava números impressionantes, Taylor já estava pensando em seu próximo álbum, *Red*. Quando a turnê terminou, ela já havia escrito material suficiente para um novo disco, embora apenas metade das músicas entrasse no projeto final. Também não é preciso dizer que a produtividade de Taylor e sua imensa vontade de trabalhar — seu desejo quase sobre-humano de conquistar — a colocam quase em uma classe própria.

A etapa norte-americana da turnê foi patrocinada pela CoverGirl, que assinou com Taylor em 2010. A campanha foi lançada em janeiro de 2011, e nela Taylor estrelou anúncios para a linha *NatureLuxe*. Os produtos, incluindo a NatureLuxe Mousse Mascara, a Silk Foundation e o batom Lip Perfection, usavam sua leveza e origem natural como ponto de venda (por exemplo, um 'sintético pesado' foi substituído por cera de abelha), e a jovem e vibrante Taylor foi o rosto ideal para a linha.

Ainda em 2011, Taylor fechou um contrato com a gigante de cosméticos Elizabeth Arden — detentora da licença dos perfumes de Britney Spears — para lançar sua primeira fragrância, *Wonderstruck*. Como todo Swiftie sabia, o nome foi inspirado em um verso de *Enchanted*, e o frasco remetia ao tom de roxo que Taylor usava na capa de *Speak Now*. Três pingentes dourados — uma gaiola, um pássaro e uma estrela — pendiam do gargalo do frasco. A embalagem era atraente e, com um preço inicial de apenas 21 dólares, acessível à maioria dos adolescentes. O perfume, descrito pela *Beautinow* como "frutado-floral com notas dominantes de framboesa, flor de macieira e pêssego", fez tanto sucesso que gerou mais quatro fragrâncias: Wonderstruck Enchanted (2012), Taylor (2013), Taylor Made of Starlight (2014) e Incredible Things (2014). A linha foi descontinuada em meados da década de 2010, mas ainda é encontrada no eBay. Atualmente, um frasco do Wonderstruck original, com os pingentes intactos, mas sem a tampa, estava à venda por 699 dólares, mais o frete.

Os ingressos para a turnê de *Speak Now* começavam em 25 dólares — quase uma barganha se comparados aos preços elevados que se tornaram padrão na indústria de shows ao vivo nos anos 2020. (Para comparação, os ingressos mais baratos da *Eras Tour* na América do Norte custavam 49 dólares, enquanto os pacotes VIP podiam chegar a 499 dólares. No Reino Unido, os VIPs eram vendidos em diferentes níveis, com o mais caro custando cerca de 662 libras, incluindo benefícios como um "ingresso com assento reservado inesquecível", itens exclusivos — como uma *tote bag*, um crachá interativo VIP laminado, impressões feitas especialmente para os portadores de ingressos VIP e muito mais. Também havia benefícios na noite do evento: acesso prioritário, uma entrada separada e compras de produtos sem filas antes do show).

A era *Speak Now* também marcou o lançamento do primeiro álbum ao vivo de Taylor: *Speak Now World Tour — Live* foi criado como um souvenir para as pessoas que foram aos shows e como um registro para aqueles que não puderam comparecer. O que ela não podia oferecer a esse último grupo era a sensação da expectativa de uma das experiências mais esperadas das apresentações: o cover surpresa que Taylor incluía no último terço da setlist. Ela mudava a cada noite, e a variedade era notável: entre as escolhas estavam, e estas são apenas três delas, *You Learn*, de Alanis Morissette, *Ghetto Supastar*, de Pras, e a primeira música que Ron Cremer lhe ensinou, *I Want You to Want Me*, do Cheap Trick.

Notavelmente, havia muito poucos covers de músicas country na turnê de *Speak Now*, e os que ela incluiu foram quase todos para agradar ao público de shows no Sul e no Sudoeste dos Estados Unidos — o coração do country. Um exemplo foi sua escolha para o show no KFC Yum! Center, em Louisville, Kentucky: *The Back of Your Hand*, do veterano do country Dwight Yoakam. Fora isso, predominavam o rock, o pop e o R&B.

Em alguns shows, Taylor recebia convidados especiais para cantar um dos sucessos deles. É seguro presumir que, lá em Wyomissing, ela nunca teria imaginado que um dia faria um dueto com Nicki Minaj em *Super Bass* ou com Flo Rida em *Right Round*. Nota: o dueto com Minaj aconteceu em agosto de 2011. Quatro anos depois, as duas tiveram uma troca de palavras no Twitter que mudou a compreensão de Taylor sobre o racismo na indústria musical. Em julho de 2015, Minaj se mostrou surpresa e desapontada por seu brilhante clipe de *Anaconda* e sua colaboração com Beyoncé, *Feeling Myself*, não terem sido indicados à categoria mais importante do MTV Video Music Awards, Vídeo do Ano. Ela recebeu indicações nas categorias de Colaboração, Hip-Hop e Feminino, mas o prêmio de Vídeo do Ano era o que realmente importava, pois, assim como o Oscar de Melhor Filme, era o que recebia a maior atenção da mídia.

Nicki Minaj brincou, perguntando se, por acaso, ela tinha "perdido o prazo [de votação]", e depois escreveu uma série de tweets que deixaram bem claro o seu ponto de vista. Ela acreditava que a contribuição e a influência das mulheres negras na cultura pop eram sistematicamente ignoradas, e a exclusão dela na categoria VOTY (*Video Of The Year*) provava sua afirmação. (Na verdade, Beyoncé havia sido indicada ao VOTY com a música solo '7/11'.) Taylor, que foi indicada por *Bad Blood*, sentiu que Nicki Minaj estava colocando a culpa nela. Ela tuitou: "Eu não fiz nada além de te amar e te apoiar. Não é do seu feitio colocar mulheres umas contra as outras. Talvez algum dos homens tenha tomado o seu lugar." (Kendrick Lamar, Ed Sheeran e Mark Ronson/Bruno Mars também haviam recebido indicações.)

Uma Minaj exasperada respondeu: "Hã? Você não deve estar lendo meus tweets. Não falei nada sobre você. Eu te amo do mesmo jeito. Mas você deveria se manifestar sobre isso." Taylor fez um gesto conciliatório equivocado: "Se eu ganhar, por favor, suba ao palco comigo! Você está convidada para qualquer palco em que eu estiver." A discussão começou a atrair a participação de celebridades, com Ed Sheeran, Bruno Mars e Katy Perry dando opinião. Dois dias depois, uma Taylor envergonhada respondeu: "Achei que estava sendo xingada. Não entendi o ponto, compreendi errado e depois falei algo que não queria. Desculpa, Nicki."

Minaj aceitou graciosamente o pedido de desculpas; Taylor aprendeu uma lição. Sua origem no country havia gerado uma aversão em discutir assuntos polêmicos — a razão pela qual ela nunca, como Minaj pediu, "falou sobre" o racismo na indústria da música — e agora ela entendia melhor a interseção entre misoginia e racismo. (Na cerimônia do VMA, em 30 de agosto de 2015, *Anaconda* venceu o prêmio de Melhor Hip-Hop e *Bad Blood*, o de Vídeo do Ano.)

Em 2011: se a variedade de cantores convidados na turnê mundial de *Speak Now* não fosse uma dica de para onde sua própria música estava indo, seu quarto álbum, *Red*, transmitiria a mensagem de uma forma ainda mais direta: Taylor poderia ter permanecido em sua bolha country, mas para essa artista incansavelmente criativa — e também altamente ambiciosa — ficar estagnada não era uma opção.

CAPÍTULO 9

Red

Ela *poderia* ter continuado com o que já havia dado certo, e isso quase aconteceu. Enquanto escrevia no tempo livre durante a turnê de *Speak Now*, Taylor compôs uma série de músicas que gravou como demos com Nathan Chapman. Scott Borchetta gostou do material e presumiu que aquele seria o novo álbum, praticamente pronto. Mas, durante o processo de gravação, Taylor começou a sentir insatisfação e foi clara ao expressar isso para Borchetta: "Acho que está bom, mas não acho que seja diferente o suficiente", contou em entrevista ao Our Country. Para ela, sendo o álbum de número quatro, era o momento de sair de sua zona de conforto e explorar novos territórios.

O fato é que ela já sabia o que queria fazer: adotar uma abordagem colaborativa para criar um álbum. A experiência de dividir o palco com artistas convidados na turnê de *Speak Now* foi transformadora. "Foi muito divertido trazer outros artistas e deixar o estilo deles influenciar nossa apresentação", disse ao *USA Today*. Essa dinâmica criativa, que tornava cada apresentação única, serviu de inspiração para o conceito de *Red*.

Taylor há muito admirava produtores renomados, como o sueco Max Martin e o americano Jeff Bhasker, ambos responsáveis por sucessos de nomes como Kanye West, Britney Spears, Beyoncé e Drake. "São compositores e produtores que sempre admirei de longe e que me influenciaram, mas nunca tive coragem de entrar em um estúdio com eles", admitiu ao Parade em 2012. Trabalhar com eles, assim como com Gary Lightbody (Snow Patrol) e Ed Sheeran, foi, segundo ela, "uma emoção enorme".

Ed Sheeran, por sua vez, provavelmente sentiu exatamente o mesmo em relação a trabalhar com Taylor, que já era uma artista de grandes arenas quando lançou seu primeiro álbum, +, em 2011. Depois de se conhecerem no verão de 2012 e coescreverem a balada folk-pop *Everything Has Changed* para *Red*, iniciaram uma amizade duradoura. Em entrevista à Apple Music em 2023, Ed Sheeran revelou: "Ontem mesmo conversamos por mais de uma hora. Falamos sobre tudo o que estava em nossas mentes. É quase como terapia, porque é alguém que realmente entende."

Ela também queria envolver Butch Walker, um cantor e compositor que conheceu quando ele fez um cover de *You Belong With Me*, de *Fearless*. Para ele, era apenas uma brincadeira no YouTube, mas ela ouviu e ficou impressionada não apenas com o cover, mas também com suas músicas originais, "orgânicas, mas carregadas de emoção". Taylor o convidou para se apresentar com ela no Grammy de 2010. Ele, de forma modesta, disse que consideraria, desde que pudesse tocar seu *banjolin* — um híbrido de banjo e mandolim. Ela aceitou, e Walker, que nunca tinha ido a uma cerimônia do Grammy antes, se viu acompanhando-a em um medley de *Today Was a Fairytale*, *Rhiannon* e *You Belong With Me*, sendo as duas últimas com a participação de Stevie Nicks. Mais tarde, Taylor deu a Walker uma oportunidade em *Red* — ele produziu *Everything Has Changed*.

Quando ela regravou *Red* em 2021, Walker foi um dos produtores originais que ela convidou de volta — uma conquista para ele, já que nem todos os produtores retornaram. Trabalhando durante um dos lockdowns da covid, todos — Taylor, Ed Sheeran, o vocalista de apoio Gary Lightbody e Walker, que havia tocado a maioria dos instrumentos na gravação de 2012 — contribuíram com suas partes remotamente. Ele não viu nem mesmo falou com Taylor durante o processo.

Em janeiro de 2012, enquanto ela e Borchetta discutiam sobre quais músicas fariam parte de *Red*, Borchetta mudou de ideia sobre o álbum estar "pronto". Ao ouvir a faixa-título, ele achou que a letra e a melodia eram ótimas, mas que o que ela precisava, disse a Taylor, era de "um som pop". Taylor e Chapman a gravaram novamente, e Borchetta ficou ainda menos satisfeito com essa versão. "E então Taylor basicamente disse: 'Tudo bem, você ligaria para o Max?'", ele contou à *Time* em 2014.

Ele ligou para Max. Sua carreira já a havia colocado nos livros de recordes, mas aquela ligação tornaria tudo ainda mais brilhante. Ela renderia seu primeiro número 1 na *Billboard Hot 100* — *We Are Never Ever Getting Back Together*, que venderia um recorde de 623 mil downloads na primeira semana, o maior número já alcançado por uma artista feminina em uma única semana — e um *single* que alcançou o número 2, *I Knew You Were Trouble*, que vendeu 7 milhões de unidades. Essa colaboração adicionou novos elementos ao som dela, levando-a ao limite do pop puro — um limite que ela finalmente ultrapassaria de vez em seu quinto álbum, *1989*.

Ainda assim, *Red* era country o suficiente para render indicações ao Grammy de 2014 nas categorias de Melhor Álbum Country e Melhor Canção Country (por *Begin Again*). Ela também recebeu uma indicação na categoria Melhor Performance de Duo/Grupo Country por *Highway Don't Care*, um single que gravou com Tim McGraw e Keith Urban para o álbum de McGraw de 2013, *Two Lanes of Freedom*. McGraw havia assinado com a Big Machine Records em 2012, então quem melhor para participar de seu primeiro álbum pela gravadora do que a superestrela da Big Machine? No ano anterior, ela havia recebido uma indicação ao Grammy de Duo/Grupo Country por *Safe & Sound*, uma música que gravou com o duo country-folk The Civil Wars. A faixa foi lançada de surpresa no final de 2011 e, embora não tenha vencido o prêmio de Duo/Grupo, conquistou a estatueta de Melhor Canção Composta para Mídia Visual na mesma cerimônia. (A música foi encomendada para a trilha sonora do primeiro filme da franquia de Jogos Vorazes.)

Com base apenas nas indicações ao Grammy, ainda havia muito de country no sangue de Taylor durante o período de 2012 a 2014. E, no entanto... Apesar de *Red* fazer referência ao seu som de Nashville e dos projetos paralelos com McGraw e The Civil Wars, o álbum foi, de fato, uma despedida definitiva do gênero em que ela começou. Notavelmente, ele também foi indicado ao prêmio de Álbum do Ano, uma categoria sem restrição de gênero, em 2014, mas perdeu para *Random Access Memories*, do Daft Punk.

Mas antes: e quanto à *Red*, a música que levou Borchetta a ligar para Martin? No final das contas, *Red* não recebeu tratamento pop. Ela permaneceu na sua linha country, e a versão final conta não apenas com Taylor e Chapman na produção, mas também com outro produtor de Nashville, Dann Huff, que havia coproduzido *Starlight* e *Begin Again*. Ainda assim, Taylor considerava *Red* um ponto de virada; foi a música que, enquanto a compunha, a fez se questionar sobre o que poderia criar se trabalhasse com pessoas além de Chapman.

Ele também deu nome ao álbum, é claro. As músicas eram principalmente sobre "os relacionamentos tumultuados, loucos, insanos, intensos e semi-tóxicos que vivi nos últimos dois anos", ela disse durante um bate-papo virtual no Google+ Hangout, em

13 de agosto de 2012. As emoções provocadas por esses romances oscilaram entre ciúmes, adoração e tudo mais entre esses extremos, e ela enxergava todas como vermelhas. Era a cor do fogo e de sentimentos ardentes, e resumiu um período em que sua vida foi marcada por altos e baixos intensos. Como ênfase, a capa do álbum mostrava seu rosto em sombra, exceto pelos lábios pintados de vermelho. Esse vermelho vibrante tornou-se parte de sua marca no dia a dia; ela ainda usa agora, na *Eras Tour*.

Nem Taylor nem Borchetta poderiam prever o impacto que Max Martin e seu parceiro de composição e produção, Shellback, teriam no som de Taylor, não só em *Red*, mas também no futuro. Martin e Shellback criaram uma marca de eletropop extremamente influente que dominou as paradas musicais nas décadas de 2000 e 2010, e Taylor estava prestes a descobrir o que essa colaboração poderia oferecer. Ela conheceu Martin (nome verdadeiro: Karl Sandberg) e Shellback (nome verdadeiro: Karl Johan Schuster; Martin o chama de Johan) no Conway Recording Studios, em Los Angeles. Durante a reunião, o destino interveio na forma do Maroon 5. A banda, que estava trabalhando com Martin e Shellback no álbum *Overexposed* (2012), estava gravando no estúdio ao lado, e um amigo da banda insistiu em cumprimentar Taylor. Esse amigo, por acaso, carregava uma mensagem de um ex-namorado dela, sugerindo que eles poderiam voltar a ficar juntos.

Depois que ele foi embora, Taylor explicou a Martin que havia tido um relacionamento turbulento com aquele ex em particular, mas de uma coisa ela tinha certeza. “Nós nunca, jamais vamos voltar”, disse a Martin, que relatou a história durante uma entrevista em vídeo ao Polar Music Awards de 2018. Martin contou: “E eu pensei: ‘Isso é bem forte.’ [Ela respondeu:] ‘Não, nós nunca, jamais, jamais vamos voltar.’ E eu disse a ela: ‘Parece o título de uma música.’” Então eles começaram a trabalhar em outra canção, mas, quando retomaram no dia seguinte, Taylor já tinha algumas ideias. Ela pegou o violão e tocou para eles uma melodia, e Martin e Shellback contribuíram. Vinte e cinco minutos depois, tinham uma música: *We Are Never Ever Getting Back Together*.

Naturalmente, quando a música foi lançada em agosto de 2012 como o primeiro single de *Red*, houve uma onda de especulações sobre quem seria a pessoa que ela jurava nunca mais permitir que voltasse ao seu coração. Ela nunca revelou o nome, mas obviamente se divertiu alfinetando-o com a letra mordaz da música e ao contar em entrevistas que esnobe impossível do indie rock ele era. Ele a fazia se sentir insegura sobre sua própria música e seu gosto musical. "Ele era o tipo de cara que dizia algo como: 'Ah, eu fui ver um show no porão e só tinha quatro pessoas lá, mas agora eles estão começando a estourar, então já estou de saco cheio disso'", contou ela à rádio australiana Nova FM. Ela ficou tão afetada pelo desprezo implícito em relação à sua música que chegou a se perguntar se deveria tocar em lugares menores. Mas ela disse que *não queria* — estava extremamente feliz por ter uma grande base de fãs que amava seu trabalho e era infinitamente solidária.

Embora esse relacionamento tenha terminado, como Taylor descreveu à *Vogue* em janeiro de 2012, em um "desastre emocional completo", ela já havia superado boa parte dessa história quando escreveu *We Are Never Ever Getting Back Together*. Apesar de dizer que a mágoa seria "o tema do próximo álbum [*Red*]" — o que se mostrou essencialmente verdadeiro — nos nove meses entre a entrevista e o lançamento de *Red*, em 22 de outubro, Taylor seguiu em frente. O romance problemático já era passado, e ela o deixou suficientemente para trás a ponto de mostrar seu desprezo pelo ex em *Never Ever*. E ainda tinha mais. Codificada na letra, estava uma despedida sucinta: "WHEN I STOPPED CARING WHAT YOU THOUGHT" ("quando parei de me importar com o que você pensava"). Toma essa, amigo.

Previsivelmente, as colaborações de Taylor com Max Martin e Shellback em *Never Ever*, 22 e *I Knew You Were Trouble*. Todas as faixas foram lançadas como *single* e se tornaram as mais comentadas de *Red*.

Os outros *singles* de *Red* foram a faixa-título, *Begin Again*, Everything Has Changed e *The Last Time*. Esta última foi um dueto com Gary Lightbody, líder do Snow Patrol; eles se encontraram em Los Angeles quando Sheeran contou a Taylor que seu amigo Gary estava na cidade — será que tudo bem se ele passasse no estúdio? Isso era típico da maneira casual com que Taylor encontrava músicos que se tornariam colaboradores importantes. A forma como ela e Sheeran se conheceram, dando início a uma amizade longa e inquebrável, foi outro exemplo. Durante a etapa australiana da turnê *Speak Now*, em março de 2012, ela ouviu o *single* dele, *Lego House*, e gostou tanto que escreveu um verso da letra no braço esquerdo antes de seu show em Sydney. Sheeran soube disso, entrou em contato com o empresário dela e combinou de encontrá-la mais tarde naquele ano. Eles se deram tão bem que escreveram uma música juntos, e agora aqui estavam eles.

Quando Sheeran convidou Lightbody para conhecer Taylor, que na época estava "obcecada" pela música do Snow Patrol, ela ficou encantada quando o cantor norte-irlandês sugeriu a ideia de escreverem juntos para *Red*. Taylor descreveu *The Last Time* — uma balada de intensidade crescente, que não é muito diferente de uma faixa do Snow Patrol — como "intensa".

A pedido dela, a faixa foi produzida e coescrita por Jacknife Lee, nascido em Dublin, escolhido porque Taylor admirava o som dramático que ele havia criado com o U2 e a banda de Lightbody. Lee relembrou a sessão em uma entrevista à *Hot Press* em 2018. Taylor foi até o estúdio caseiro dele em Topanga Canyon, perto de Los Angeles e, embora tenha chegado com "seguranças [e um] carro preto enorme", mostrou ser muito acessível e focada no trabalho.

Como de costume, eles compuseram a música rapidamente e sem muita complicação, e ela a cantou no sofá. "Depois jantamos massa e passamos um tempo com meus filhos", contou ele. "Na época, ela estava namorando Harry Styles, então ele foi até Topanga por recomendação dela."

Ela e Styles compuseram "algumas músicas" juntos, mas Lee não revelou quais eram, e é difícil determinar se elas chegaram a ser usadas. Elas não estão nos três álbuns de Styles pós-One Direction. De qualquer forma, "Haylor" — como inevitavelmente foram apelidados nas redes sociais — ficaram juntos por apenas alguns meses. Eles se conheceram em março de 2012 no Nickelodeon Kids' Choice Awards e começaram a namorar em novembro daquele ano, terminando em janeiro de 2013.

Embora as músicas de Martin e Shellback tenham roubado os holofotes, havia muito mais em *Red* do que isso. No entanto, a contribuição deles mereceu toda a atenção que recebeu. *Never Ever* foi sua primeira música abertamente eletropop e se tornou seu primeiro *single* a alcançar o topo das paradas gerais, enquanto *I Knew You Were Trouble* foi a segunda música a liderar as paradas pop — embora na *Mainstream Top 40* e não na *Hot 100*. A faixa chamou a atenção especial dos ouvintes por sua batida de baixo no estilo *dubstep*, que Martin e Shellback adicionaram quando Taylor cantou para eles a linha de baixo que queria na música. Ela confessou saber pouco sobre *dubstep* naquela época — antes de *Trouble*, a única vez que tinha ouvido o estilo foi quando Sheeran, que era fã, mostrou a ela faixas que descobriu em boates do Reino Unido. Mas a intervenção em *dubstep* de Martin e Shellback foi tão ousada que Nora Princiotti, do podcast *Every Single Album: Taylor Swift*, argumentou que isso "mudou o curso da história de Taylor Swift [...] uma batida de *dubstep* vinda dessa mulher que até então estava fundamentada na música country".

De fato. Mas o restante de *Red* também foi sonoramente ousado à sua própria maneira. Antes de entrarmos nesse ponto, é importante dizer que Taylor não queria abandonar a indústria country — a imprensa, as rádios e os fãs que foram leais desde 2006 — e ela mesma ainda não estava pronta para dar o salto definitivo para o pop puro. Assim, *Red* inclui faixas country e country-pop suficientes para evitar acusações de que ela os teria deixado de lado. A Big Machine chegou até a enviar para as rádios country uma versão com banjo e um toque mais rural de *Never Ever*. Os singles de *Speak Now*, *Sparks Fly* e *Ours* haviam liderado a *Hot Country Songs Chart*, enquanto o álbum também alcançou o topo como número 1 no country. Portanto, ela ainda estava entre os maiores nomes do gênero e, com as novas faixas *Red*, *Treacherous* e *Stay Stay Stay*, apostou no tipo de country-pop que poderia muito bem ter sido parte de *Speak Now*.

Em outras partes do álbum, no entanto, *Red* pulsa com mudanças, enquanto Taylor experimenta diferentes estilos musicais. Há, como mencionado, a solene suavidade de *The Last Time*, uma faixa de soft rock. *Holy Ground*, por sua vez, mergulha na energia do *new wave*, em parceria com o produtor Jeff Bhasker, que, na época, também trabalhava em álbuns de artistas como Lana Del Rey e Alicia Keys e no projeto conjunto de Jay-Z e Kanye West, *Watch the Throne*. Já *22*, com sua pegada de *bubblegum pop*, reflete a leveza e a celebração de uma fase especial da vida: seus 22 anos, que ela descreveu como o melhor ano de sua vida. Enquanto isso, o coração emocional de *Red* reside em *All Too Well*, uma balada poderosa que cresce suavemente a partir de uma base acústica.

O álbum termina voltando às suas raízes no country. A décima sexta e última faixa, *Begin Again*, é uma reflexão suave sobre o poder curativo de se reerguer após uma separação difícil e encontrar um novo amor. Para Taylor, o amor costuma ser — ou sempre é? — algo arrebatador. Em entrevista à *Marie Claire*, ela explicou:

"Você troca olhares com alguém do outro lado da sala, e algo acontece, e, *bam*, você está lá." Essa mesma dinâmica é retratada no videoclipe de *Begin Again*, ambientado em Paris. Nele, Taylor, recém-solteira e nostálgica pelo homem que achava que a amava, aparece sentada às margens do Sena e, em seguida, tomando um café, pensativa, em um bar. Um fotógrafo atraente a nota e se junta a ela; na última cena, os dois, impossivelmente belos, caminham pelas ruas de paralelepípedo enquanto Taylor, com um sorriso tímido, se surpreende por estar começando algo novo, justamente quando ainda lamentava o fim de outro relacionamento. Mesmo que ela, às vezes, ame "não com sabedoria, mas com intensidade", é sortuda: sempre pode compor uma música sobre isso.

Ela planejou que *Begin Again* funcionasse como um ponto final, com a faixa de abertura de *Red*, *State of Grace*, servindo como o outro extremo. Ela as escolheu não porque fossem musicalmente semelhantes — porque não são. *State of Grace* flerta com o arena-rock, enquanto *Begin Again* é uma delicada balada country. O ponto em comum está no tema de ambas, que tratam de um relacionamento específico que ela sentiu tê-la "machucado". No entanto, *Begin Again* encerra o álbum com uma nota de esperança e foi escrita em um momento em que ela realmente havia conhecido alguém novo.

Como de costume, Taylor não revelou quem era esse "alguém novo", mas o álbum trouxe algumas pistas. A mensagem codificada na letra de *Everything Has Changed* era "HYANNIS PORT", enquanto em *Starlight* era "FOR ETHEL" (Para Ethel). Apenas americanos de uma certa idade entenderiam o que elas significavam; para aqueles jovens demais para terem ouvido falar de Ethel Kennedy, viúva do senador Robert Kennedy, que foi assassinado, elas ofereciam uma aula de história. O Kennedy Compound em Hyannis Port, Massachusetts, é a casa da Sra. Kennedy até hoje e foi visitado por Taylor no verão de 2012, após ela ter iniciado uma amizade com Rory, filha de Ethel. Taylor já admirava Ethel muito antes de conhecer Rory e havia escrito *Starlight* sobre o romance de Robert e Ethel nos anos 1940. Taylor pediu para conhecer Ethel, e as duas se deram bem. A Sra. Kennedy a convidou para a festa de 4 de julho dos Kennedys em Hyannis Port, onde ela conheceu Conor, neto do senador, então com dezessete anos.

(Em nome da completude, vale mencionar que muitos fãs de Taylor Swift acreditam que o novo romance aludido em *Begin Again* envolvia, na verdade, Will Anderson, vocalista da banda de pop-rock Parachute, e não Conor Kennedy. A evidência a favor dessa teoria é que, no verão de 2012, ele e Taylor tiveram um encontro para tomar café, e os momentos daquele dia — rindo em um café, caminhando até o carro dela — pareciam corresponder à letra de *Begin Again*. Anderson descartou os boatos de um relacionamento. Ele afirmou no programa de rádio de Ralphie Aversa que ele e Taylor eram apenas amigos, nada mais. Mas ele realmente chegou a perguntar a Taylor se *Begin Again* era sobre ele? "A gente não fala muito sobre essas coisas... Falamos sobre assuntos profissionais", disse ele).

Embora o relacionamento com Conor tenha durado poucos meses, Taylor ficou tão encantada com a beleza selvagem de Hyannis Port que, em novembro de 2012, comprou uma casa na região. O *Cape Cod Times* informou que a propriedade de sete quartos à beira-mar foi adquirida por US$ 4,8 milhões por uma empresa chamada Ocean Drive LLC, que aparentemente representava Taylor. Ethel Kennedy acreditava que sim — ela disse ao *Times*: "Estou feliz que todos nós seremos vizinhos." Taylor reformou parte da casa, mas nunca chegou a se mudar. Em fevereiro de 2013, conforme noticiado pela *E! News*, a casa foi vendida por US$ 5,6 milhões.

Mas Taylor ficou encantada com o litoral da Nova Inglaterra e, em abril de 2013, comprou uma casa na área de Watch Hill, em

Westerly, Rhode Island. O fabricante de automóveis Henry Ford e o ator Clark Gable foram antigos moradores de Watch Hill; a mansão de oito quartos pela qual Taylor teria pagado US$ 17 milhões pertencia, no passado, a uma herdeira da fortuna da Standard Oil, Rebekah Harkness. Socialite e patrona da dança, Harkness foi proprietária da casa, que nomeou de *Holiday House*, entre 1948 e 1974, onde organizava festas extravagantes. Informada sobre Harkness pelo corretor de imóveis que lhe mostrou a propriedade, Taylor ficou fascinada. Ela se sentiu especialmente atraída pelas semelhanças que enxergava entre Harkness e ela mesma. Embora Harkness estivesse em um nível muito diferente de notoriedade social — constantemente causando problemas aos vizinhos, limpava sua piscina com champanhe e tinha um grupo de amigas que chamava de *Bitch Pack* — Taylor a admirava. Ela disse à revista *People* em 2021 que admirava Harkness por "assumir seus desejos e sua natureza selvagem".

Em julho de 2013, Taylor deu continuidade à tradição de festas de Harkness ao realizar reuniões de 4 de julho na *Holiday House* (seu nome oficial é High Watch) com seu grupo de amigas, que passou a ser chamado de *Squad* (Esquadrão). E, claro, Taylor escreveu uma música sobre Harkness: *The Last Great American Dynasty*, que apareceu em *Folklore*, o primeiro de seus dois álbuns lançados durante a pandemia em 2020.

A venda da *Holiday House* foi concluída algumas semanas após o início da turnê *Red*, que começou no CenturyLink Center, em Omaha, no dia 13 de março de 2013. Quando terminou, em Cingapura, no dia 12 de junho de 2014, a turnê havia arrecadado US$ 150 milhões, tornando-se a turnê country de maior bilheteria da história. Mais importante ainda, a crítica foi unânime em elogiar o espetáculo de duas horas, que contou com múltiplos palcos, escadarias, passarelas e onze trocas de figurino. Rob Sheffield, da *Rolling Stone*, declarou: "Nenhum outro artista pop consegue alcançá-la neste momento."

A turnê *Red* também ficou marcada por um incidente antes do show no Pepsi Center, em Denver, no dia 2 de junho de 2013. Durante um *meet-and-greet*, Taylor reagiu rápida e decisivamente após ser tocada de forma inapropriada. Enquanto posava para uma foto com funcionários da rádio KYGO, sentiu que David Mueller, um apresentador da emissora, levantou sua saia e a tocou por baixo. Taylor relatou imediatamente o ocorrido à sua mãe, Andrea Swift, e ao segurança. Mueller negou as acusações, mas foi demitido pela rádio dois dias depois. A história poderia ter terminado aí, mas Mueller processou Taylor por difamação em setembro de 2015. Taylor contra-atacou com um processo por assédio. Durante o julgamento, em 2017, ela reiterou sua denúncia: "Ele agarrou minha bunda por baixo da saia. Ficou grudado na minha nádega enquanto eu tentava me afastar", declarou. Enfrentando o advogado de Mueller, disse: "Não vou permitir que você ou seu cliente me façam sentir que isso foi minha culpa." O júri decidiu a favor de Taylor, concedendo-lhe a compensação simbólica de US$ 1 (um dólar americano) — exatamente o que ela havia pedido. Esse único dólar enviou uma poderosa mensagem às mulheres na era do *#MeToo*: Taylor não buscava ganho financeiro, mas queria que suas fãs vissem que ela não deixaria um assédio passar impune.

A turnê de *Red* também foi o ponto de partida de uma rixa que duraria até 2019 e inspiraria a música *Bad Blood*, que se tornou um *single* número 1. Embora Taylor nunca tenha nomeado a outra parte envolvida, acredita-se amplamente que fosse Katy Perry. Em resumo, o desentendimento envolveu dançarinos contratados por Taylor para sua turnê, que deram aviso prévio antes do fim da *Red Tour* para se juntar à turnê de Katy.

Taylor foi discreta sobre os detalhes, mas disse à *Rolling Stone* em setembro de 2014 que *Bad Blood* era sobre uma artista que "tentou contratar várias pessoas da minha equipe pelas minhas costas". Um ano depois, no entanto, contou à *GQ* outra versão: a música, na verdade, era sobre um ex-namorado, não sobre uma cantora. Não queria prejudicá-lo — estavam em bons termos, e ela se sentia protetora —, então usou a narrativa de que a música era sobre uma amiga como estratégia de desvio. Essa foi a (complexa) história por trás de *Bad Blood*, disse ela.

Se a rixa realmente envolveu Katy Perry — e Katy confirmou que sim durante o *Carpool Karaoke* de *The Late Late Show with James Corden* em 2017 —, tudo começou na *Red Tour*, em 2013. Taylor contratou três dançarinos que haviam trabalhado na turnê *California Dreams* de Katy em 2011 e 2012 e que eram próximos dela. Os dançarinos consultaram Katy sobre a oferta, e ela os encorajou a aceitá-la, já que não estava promovendo nenhum álbum naquele momento. Contudo, pediu que incluíssem uma cláusula no contrato permitindo que deixassem a turnê de Taylor com 30 dias de aviso prévio, caso precisassem voltar a trabalhar com ela no futuro.

A *Prismatic World Tour* de Katy Perry, que promovia seu álbum *Prism* de outubro de 2013, começou em 7 de maio de 2014. Enquanto isso, a *Red Tour* estava programada para terminar em 12 de junho. Como a turnê *Red* teve uma pausa em maio, os dançarinos não seriam necessários até 30 de maio, em um show em Xangai. Contudo, nessa mesma data, Katy se apresentaria na O2 Arena, em Londres. No total, apenas sete datas da *Red Tour* conflitaram com a turnê *Prismatic*, mas Katy precisava dos dançarinos nos ensaios meses antes. Um deles, Lockhart Brownlie, contou ao *Examiner* que ele e os outros trabalharam com Taylor nos primeiros seis meses da *Red Tour* antes de saírem para os ensaios com Katy.

Sentindo-se decepcionada por uma mulher que considerava amiga, Taylor ficou profundamente chateada. Como sempre fazia diante de situações difíceis, canalizou seus sentimentos para a música. Assim nasceu *Bad Blood*, escrita em 2013 durante a *Red Tour*, que se tornaria o terceiro *single* número 1 do álbum *1989*, em 2015. (A música é discutida no Capítulo 10.)

Ed Sheeran, que abriu a etapa norte-americana da *Red Tour*, também colheu grandes benefícios. Ele se apresentou para plateias de mais de 15 mil pessoas por noite, um impulso significativo para promover seu talento e o álbum +. Essa foi a última turnê de Taylor classificada como "country" — na próxima, que começou em maio de 2015, o setlist seria dominado por faixas pop do álbum *1989*, com poucas canções antigas sendo incluídas.

Em 2015, ela já era uma potência do pop tão grande que conseguiu garantir a participação de Mick Jagger para um dueto surpresa e cheio de energia de *Satisfaction* no show de 26 de setembro em Nashville. Jagger estava retribuindo um favor: três meses antes, Taylor havia se juntado aos Rolling Stones no palco em Chicago para uma interpretação delicadamente bonita de *As Time Goes By*. Em uma entrevista em vídeo nos bastidores após o dueto, Taylor refletiu: "A maneira como você os vê [os Stones] darem tudo de si em cada apresentação é o que faz os fãs serem leais a eles, e isso teve uma enorme influência na visão que tenho de toda a minha carreira."

Antes disso, no entanto, veio o lançamento de *Red*, em 22 de outubro de 2012. Com receio de vazamentos, Taylor e Scott Borchetta fizeram com que toda a equipe do álbum jurasse segredo sobre as músicas. Durante os ensaios para uma série de apresentações na TV programadas para logo após o lançamento do álbum, Taylor e sua banda ensaiaram apenas as faixas que já tinham sido lançadas como *singles*. Eles evitaram tocar as outras doze músicas, temendo que alguém pudesse ouvi-las e vazá-las.

Isso não aconteceu. *Red* foi lançado conforme o cronograma e rapidamente registrou as maiores vendas na primeira semana de qualquer álbum desde *Encore*, de Eminem, que vendeu 1,5 milhão de cópias em sua semana de estreia, em 2004. Assim como *Speak Now*, o álbum foi vendido em locais pouco convencionais. Além das lojas de discos tradicionais, fãs (ou curiosos) podiam adquiri-lo na Starbucks, no Papa John's Pizza e no Walgreens.

Normalmente, críticos recebem álbuns com antecedência para se familiarizar com eles antes de escreverem suas análises. Mas isso não aconteceu com *Red*. Eles o receberam junto com o público e tiveram que compor suas críticas quase que imediatamente. Alguns entenderam rapidamente o que Taylor estava tentando fazer, como ficou claro nas resenhas: "Não apenas cativante, mas envolvente", disse o *AllMusic*. O *AV Club* opinou que era "magnífico às vezes, mas também complicado". Outros, no entanto, lutaram para compreender a variedade de estilos do álbum. Mas havia tanto para absorver — uma mistura tão grande de estilos — que algumas publicações tiveram dificuldade em compreender o álbum. "Desconexo" foi o veredito da *PopMatters*, enquanto o *Telegraph* oscilou, classificando algumas faixas como excelentes, mas sentindo que o LP, como um todo, era "desconexo" e "excessivo".

Taylor se importou? Improvável.

CAPÍTULO 10

1989

A turnê mundial de *1989*, que ocorreu de 5 de maio de 2015 a 12 de dezembro — um dia antes do aniversário de vinte e seis anos de Taylor Swift — foi, à primeira vista, apenas mais uma excursão pelos grandes estádios e arenas de três continentes. No entanto, arrecadou 250 milhões de dólares e se tornou a turnê mais lucrativa de 2015. Até aí, tudo dentro do esperado para Taylor. Contudo, essa também foi a turnê que consolidou sua posição como figura central na cultura popular dos anos 2010. Os convidados que subiram ao palco durante o momento surpresa da noite refletiam isso: Julia Roberts, Joan Baez, Chris Rock, Serena Williams e Kobe Bryant foram apenas algumas das personalidades que se juntaram a Taylor para cantar ou simplesmente para dançar.

Joan Baez, uma das grandes cantoras de folk dos Estados Unidos, e Julia Roberts, vencedora de três Globos de Ouro e um Oscar, dançaram juntas ao som de *Style*, um dos singles de *1989*, diante de 50 mil fãs no Levi's Stadium, em Santa Clara, Califórnia, no dia 15 de agosto. Foi uma parceria que ninguém poderia prever, mas tais eram o alcance e o carisma de Taylor que isso aconteceu. Julia Roberts, por sua vez, não estava preparada para a intensidade de estar no palco de um show pop — mas, claro, não era qualquer show pop. Posteriormente, ela descreveu à *Extra* a experiência como "um daqueles momentos malucos, fora do corpo".

Esses "momentos malucos, fora do corpo" poderiam muito bem descrever toda a era *1989*. Esse foi o período em que Taylor completou sua transição definitiva para o pop, desafiou de forma contundente a tendência de queda nas vendas de discos na década de 2010 e demonstrou sua força como ativista, enfrentando os serviços de streaming que ofereciam acesso gratuito à música em versões com anúncios, reduzindo drasticamente, como ela escreveu no *Wall Street Journal* em julho de 2014, "o número de vendas pagas de álbuns". A cereja do bolo foi ser nomeada, junto com o então namorado Calvin Harris, o "casal de celebridades mais bem pago" de 2015. A *Forbes* estimou seus ganhos combinados em 146 milhões de dólares, superando o casal mais bem pago de 2014, Beyoncé e Jay-Z. Sozinho, o produtor, compositor e DJ Calvin Harris liderou a lista da *Forbes* dos DJs mais bem pagos do mundo, intitulada Electronic Cash Kings (Reis do Dinheiro Eletrônico) — e dinheiro era o que ele trazia: o ex-comprador de frutas da Marks & Spencer em Dumfries recebia até 1 milhão de dólares para tocar em festas privadas e 400 mil dólares por noite em suas residências em Las Vegas. Esse valor era superado pelos 425 mil dólares por noite de Joel "deadmau5" Zimmerman, mas Zimmerman tinha o inconveniente de precisar usar um capacete gigante com orelhas de rato durante suas apresentações.

Embora os ganhos de Taylor fossem o indicador mais evidente de seu sucesso — um nível de sucesso que dava a ela acesso aos escalões mais altos da indústria musical e além — era o que ela fazia com essa posição que importava. Algumas estrelas pop compram imóveis e carros, o que ela também fazia, mas poucas usavam sua influência de maneiras menos materiais, como ela fazia. Em 4 de novembro de 2014, ela aproveitou sua posição para chamar a atenção da indústria para uma questão que havia se tornado não apenas o "elefante na sala", mas um tigre-dente-de-sabre devorando vorazmente os ganhos dos artistas.

Naquela semana, *1989* estreou no topo das paradas — lançado em 27 de outubro, vendeu 1,28 milhão de cópias em seus primeiros sete dias. Em 4 de novembro, Taylor retirou sua música do Spotify. Seu artigo de opinião no *Wall Street Journal*, publicado três meses antes, de certo modo, preparou o terreno para essa decisão; nele, ela expôs suas opiniões sobre os serviços de streaming e a pirataria e como essas práticas mudaram a percepção pública sobre o valor da música. Se a pergunta era: "A música deveria ser gratuita?", sua resposta foi um veemente: "Claro que não." Ela enfrentava um gigante: o compartilhamento de arquivos e, mais tarde, as plataformas legais de streaming, como o Spotify, ofereciam toda a música que alguém poderia querer sem custo algum. (O Spotify tem uma opção premium sem anúncios, paga pelos usuários, mas sua versão gratuita com anúncios é extremamente popular.)

As vendas de álbuns já sofriam com os downloads digitais, que permitiam aos usuários comprar uma ou duas faixas de um álbum em vez de todo o disco. O streaming tornou possível ouvir o que quisessem sem gastar nada. Uma Taylor desanimada observou os artistas renomados tentarem conter essa sangria, oferecendo suas músicas gratuitamente como parte de promoções ou de parcerias com marcas. Dois meses depois de seu artigo, o U2 fez praticamente isso, distribuindo seu álbum de 2014, *Songs of Innocence*, como um presente para 500 milhões de usuários do iTunes. O álbum foi adicionado às bibliotecas de forma inesperada — e a Apple teve que criar uma ferramenta para removê-lo, após protestos de muitos usuários. No entanto, os músicos que Taylor criticava não estavam "presenteando" álbuns; estavam fechando acordos promocionais para colocar suas músicas nos lares e nos iPods das pessoas em um momento difícil para a música gravada. "Música é arte, e arte é importante e rara", escreveu ela. "Coisas importantes e raras têm valor. Coisas valiosas devem ser pagas. Na minha opinião, a música não deveria ser gratuita." Taylor retornou seu catálogo ao Spotify em 2017, como um agradecimento aos fãs, quando *1989* vendeu sua 10ª milionésima cópia.

Mas, mesmo enquanto Taylor escrevia sobre outros artistas oferecendo acordos promocionais, ela mesma precisava oferecer algo a mais para dar valor agregado aos seus discos e turnês. Ela revelou que o motivo de a turnê de *Red* ter sido recheada de convidados surpresa foi que quase todos na plateia já haviam assistido ao show on-line, então Taylor queria proporcionar algo especial para eles.

Em junho de 2015, ela se manifestou novamente. O novo serviço de streaming Apple Music estava oferecendo aos usuários um teste gratuito de três meses, durante os quais os artistas não receberiam royalties. Em uma carta aberta à Apple, ela apontou a injustiça dessa prática e afirmou que estava disposta a retirar *1989* da plataforma caso a gigante tecnológica não pagasse os artistas. No dia seguinte, a Apple Music reviu sua política de não pagar royalties.

Quando Taylor começou a trabalhar em *1989*, ela tinha uma visão clara para seu quinto álbum. Ou melhor, tinha várias ideias que pretendia que se unissem em um único álbum. Essas ideias envolviam uma mudança completa de cenário e, para isso, ela se mudou para Nova York em abril de 2014 — uma grande mudança após uma década em Nashville, mas que ela já vinha planejando há vários anos. "Eu sonhava em me mudar para Nova York. Estava obcecada por me mudar para Nova York, e então me mudei", contou ao *Good Morning America* em outubro de 2014.

E ela fez isso com estilo. Seus *lofts duplex* em Tribeca — no plural; ela comprou duas propriedades adjacentes por um valor de 19,9 milhões de dólares — eram vastos, arejados e decorados para serem simultaneamente acolhedores e impressionantes. O antigo proprietário, o diretor de *O Senhor dos Anéis*, Peter Jackson, comprou as propriedades em 2008 por 17,3 milhões de dólares, mas não as uniu; praticamente logo depois que Taylor assinou o contrato com Jackson, em fevereiro de 2014, ela planejou reformas que transformariam os dois imóveis em uma única propriedade de dez quartos e dez banheiros. Parte dela foi transformada em um apartamento para sua equipe de segurança.

Como milhões de outros recém-chegados, ela via Nova York como "um lugar de possibilidades e potencial infinitos", e escreveu o *synthpop* elegante *Welcome to New York* — uma visão um tanto romantizada de viver na Big Apple, mas repleta de entusiasmo. É a primeira faixa de *1989*; uma crítica na *PopMatters* a classificou como "um manifesto", e a canção, cheia de maravilha e liberdade, realmente cria o clima para um álbum que Taylor chamou de "uma espécie de renascimento para mim". Foi também um sinal da direção musical das doze faixas seguintes. Uma pista na canção é o sintetizador Juno-106 usado pelo coprodutor Ryan Tedder. É "um teclado bem dos anos 1980", ele contou à *Entertainment Weekly*, porque Taylor lhe deu uma orientação: ela queria uma atmosfera dos anos 1980. Na verdade, ela queria que isso permeasse todo o álbum.

Inspirada pela música pop sonoramente ousada e ainda populista que dominava as paradas no ano de seu nascimento, 1989, Taylor decidiu construir um som que não estivesse tão distante disso. Em uma transmissão ao vivo da ABC News/Yahoo News, em 18 de agosto de 2014, ela explicou o raciocínio por trás do disco: "Estive ouvindo muita música pop do final dos anos 1980 porque adoro o quanto ela era ousada e estava à frente de seu tempo."

Ela via essa música como rebelde e emblemática de uma época em que era possível criar paletas sonoras brilhantes que não eram apenas cativantes, mas futuristas e muitas vezes socialmente progressistas (pense, por exemplo, em The Communards, cujo nome foi inspirado pela revolucionária Comuna de Paris do século XIX, ou o hit de Soho *Hippychick*, que fazia referência à greve dos mineiros de meados dos anos 1980). Taylor via esse período como um tempo de grande potencial: "A ideia de possibilidade infinita foi meio que um tema do último ano da minha vida."

Era como olhar para trás para seguir em frente, o que poderia ter gerado uma discussão sobre a falta de imaginação de basear um disco de 2014 em um som de vinte e cinco anos atrás. Poderia ter gerado esse debate, mas não gerou. Qualquer pessoa que fosse velha o suficiente para lembrar os anos 1980 teria batido o pé de forma nostálgica ao ouvir faixas como *Shake It Off* ou *Blank Space* — sua produção *hiper-glossy*, baseada em sintetizadores, soava confortavelmente familiar, evocando uma era. Poucos viram isso como um motivo para criticar Taylor, porque ela conseguiu fazer tudo isso muito bem. Isso que foi levado em consideração, como escreveu Alexis Petridis, do *Guardian*, em uma crítica de quatro estrelas do álbum: "Seu som é um *reboot* carinhoso do... pop-rock do final dos anos 1980 da MTV."

De qualquer forma, isso não importava. Os Swifties mais jovens, nascidos nos anos 2000, não tinham memórias do passado: para eles, *1989* era uma *vibe* nova e fresca. E suas mães, que gostaram do que ouviram de *1989*, começaram a se tornar fãs também. A era *1989* foi quando os adultos finalmente começaram a perceber a musicalidade de Taylor e começaram a acompanhar suas filhas aos shows, não apenas para ficar de olho nelas, mas também para ouvir a música. Qualquer dúvida dos pais sobre a adequação de Taylor como modelo a ser seguido foi, sem dúvida, descartada pela sua doçura de garota comum: "Cada artista tem seu conjunto de prioridades.

Ser vista como sexy? Não é realmente o meu foco. Mas legal? Eu realmente espero que essa seja a impressão", ela disse ao *Guardian* em uma entrevista que coincidiu com o lançamento, em 19 de agosto, do primeiro single de *1989*, *Shake It Off*.

E ela não foi a única jovem estrela a lançar músicas que tinham uma sensação de "voltar ao futuro". Dua Lipa faria o mesmo em 2020 com seu segundo álbum, *Future Nostalgia*, que também se tornou um grande sucesso em sua carreira. Geralmente considerado um dos melhores álbuns de Taylor, *1989* foi o melhor álbum em todas as pesquisas de crítica. Seu apelo foi resumido de forma elegante pela *Esquire*: ele fundiu as "desilusões à la Taylor Swift [e] a euforia pop" — tão simples e poderoso.

Taylor foi motivada pelas "cores vibrantes, apostas ousadas [e] rebeldia" do pop dos anos 1980, mas seu interesse pela época foi despertado por outra coisa. Todos os dias em que trabalhava em *1989*, ela era consumida pela necessidade de "fazer um estilo de música novo, diferente de tudo que já fiz antes", disse durante a transmissão ao vivo da ABC/Yahoo. Como de costume, Taylor não fazia nada pela metade. O evento, que teve uma plateia presencial de cerca de trinta fãs e uma audiência on-line muito maior, aconteceu no Empire State Building. Tendo seguido seu coração ao se mudar para Nova York, ela agora estava imersa na vida da cidade. E onde mais poderia realizar o evento senão em seu edifício mais icônico? Para introduzir a transmissão ao vivo, ela até se aventurou em uma passarela aberta no 103º andar, logo abaixo da torre do prédio. Era impressionante e, aparentemente, assustador. "Por mais incrível que seja — e dá para ver toda Nova York, está um dia lindo —, para ser honesta, é meio assustador aqui em cima", admitiu. Apesar disso, sua paixão pela nova cidade rendeu a Taylor o título de Embaixadora Oficial de Boas-Vindas ao Turismo de Nova York.

Era importante para Taylor que *1989* soasse "coeso sonoramente", algo que *Red* não foi. Em vez de usar vários produtores como em *Red*, que foi criticado por alguns por não ter uma identidade central — nem totalmente country, nem totalmente pop —, ela decidiu se comprometer inteiramente com o pop. A primeira música que escreveu para o novo álbum, em outubro de 2012, foi um "olá e um adeus": a grande balada sintetizada *This Love*, composta por ela sozinha (seria a única faixa do disco composta exclusivamente por Taylor). Um "olá" ao novo som e um "adeus" a Nathan Chapman, que produziu a faixa, mas encerrou a parceria com Taylor de maneira amigável após essa única música.

Os produtores escolhidos para o restante do álbum foram Max Martin e Shellback, Ryan Tedder, a cantora e compositora britânica Imogen Heap e Jack Antonoff. Este último, vocalista e guitarrista das bandas Bleachers e Fun, já havia escrito uma música com Taylor, *Sweeter Than Fiction*, para o filme *One Chance*, de 2013. Ele trabalhou em apenas duas faixas de *1989* (*I Wish You Would* e *Out of the Woods*), mas desde então se tornou um de seus colaboradores favoritos, compartilhando seu senso de humor e afinidade nas decisões musicais.

O álbum acabou contendo várias músicas que foram grandes sucessos na época e se tornaram obras canônicas. *Shake It Off*, *Blank Space* e *Bad Blood*, todas *singles* número 1, são conhecidas até por quem não saberia dizer o que é um "*Swiftie*"; elas simplesmente dominaram as rádios. Quando o *The New York Times* intitulou sua crítica de *1989* como "Uma despedida ao sotaque", havia uma certa melancolia nas palavras, como se o autor soubesse que Taylor nunca mais voltaria ao som country. Mas, assim como ela percebeu em 2004 que havia um público jovem inexplorado que ouviria música country se um artista de sua geração a cantasse, Taylor agora sabia que não poderia se desenvolver mais como artista se não migrasse para o pop. "Eu nunca fiz esse tipo de mudança antes", disse ela à plateia da transmissão ao vivo da ABC/Yahoo.

"Este é meu primeiro álbum pop oficialmente documentado." Ao anunciar isso de forma direta, ela capturou a atenção da mídia e dos fãs, além de conquistar novos ouvintes que não se interessaram por sua fase country.

Uma das primeiras ações de Taylor ao se preparar para promover *1989* foi cortar o cabelo. Cachos de "garota de Nashville" e franjas românticas: eliminados. Em seu lugar, um corte "lob" urbano e afiado — um *long bob* na altura da clavícula. O visual aparece no clipe de *Shake It Off*, embora o vídeo seja mais famoso por seus inúmeros figurinos e pela trama em que Taylor, de propósito, executa passos de dança ineptos ao lado de dançarinos profissionais de break, balé e *twerking*. A mensagem: é mais importante dançar de coração, mesmo que desajeitadamente, do que ser perfeito. A faixa, coescrita com Max Martin e Shellback, é uma música vibrante e extremamente cativante que confronta diretamente seus críticos — aqueles que analisavam minuciosamente sua vida e a acusavam de ser superficial ou de ter "namorados demais" — e diz "Eu não ligo". Ela estreou em 1º lugar no *Hot 100* — a primeira vez que uma música sua foi direto ao topo — e lá permaneceu por quatro semanas.

O *single* seguinte, *Blank Space* (lançado em 10 de novembro), era um pop dançante, minimalista e sofisticado, no qual Taylor satirizava a imagem de "psicopata romântica" criada pela mídia (palavras dela). A música substituiu *Shake It Off* no 1º lugar do *Hot 100*, tornando-a a primeira mulher a desbancar a si mesma no topo da parada americana, na qual permaneceu por sete semanas.

Em meio a tudo isso, veio o lançamento de *1989*. Não era apenas seu primeiro álbum pop; era o primeiro álbum que ela fez sobre ser famosa. Ainda escrevia sobre a dor de ser abandonada por alguém que amava, como no terceiro *single Style*, que talvez fosse sobre seu romance com Harry Styles — mas o clipe da música era apenas uma homenagem à juventude e à beleza, sem aludir a ninguém em particular. (*Out of the Woods*, uma faixa de *eletrodance* pulsante do álbum, quase certamente era sobre Harry Styles, referindo-se a um acidente com uma moto de neve (*snowmobile*) em dezembro de 2012 que o deixou com vinte pontos no queixo.)

E *Bad Blood*, é claro, tratava de uma rivalidade entre estrelas pop de alto escalão. O videoclipe mostrou o quanto a vida de Taylor havia mudado: nela, sua personagem, Catastrophe, enfrentava sua arqui-inimiga, Arsyn (interpretada por Selena Gomez), com a ajuda de um grupo de mulheres famosas que agora faziam parte de seu círculo social. Foi um clipe estilo *Vingadores*, altamente divertido, que mostrou que uma garota pode contar com suas amigas — especialmente se as amigas forem Lena Dunham, Gigi Hadid, Cara Delevingne e muitas outras grandes figuras. (Soube-se mais tarde que Zendaya, que interpretou Cut Throat, foi convidada porque Taylor — que a conhecia pouco — achava que ela era *cool*.) O único homem no clipe, interpretando Welvin da Great, foi Kendrick Lamar, que fez o rap no remix do *single*.

A rivalidade por trás de *Bad Blood*, aliás, chegou ao fim em 2018, quando Katy Perry enviou a Taylor um ramo de oliveira — não simbólico, mas real. Taylor respondeu no Instagram: "Obrigada, Katy." Os fãs tiveram certeza de que a disputa havia acabado quando Katy Perry apareceu no videoclipe de *You Need to Calm Down*, *single* de 2019 — ela estava vestida de hambúrguer, enquanto Taylor se fantasiou de um pacote de batatas fritas de acompanhamento.

Direto para o 1º lugar, *1989* teria alcançado essa posição mesmo sem promoções como faixas bônus e extras que incentivavam os fãs a comprar o CD físico em vez de baixar o álbum. (Ainda assim, 616 mil pessoas fizeram o download na primeira semana.) Quem optou pelo disco compacto recebeu um conjunto de cinco fotos Polaroid de Taylor, refletindo sua paixão por câmeras instantâneas nos últimos anos. A capa do álbum também era uma Polaroid — uma imagem enevoada e esbranquiçada de seu corpo da cintura para cima, sem mostrar a metade superior de seu rosto.

O álbum ganhou os Grammys de 2016 nas categorias Álbum do Ano — fazendo de Taylor a primeira mulher a ganhar esse prêmio duas vezes — e Melhor Álbum Vocal de Pop, enquanto o marcante videoclipe de *Bad Blood* levou o prêmio de Melhor Videoclipe.

Embora Taylor tenha iniciado a era *1989* como solteira, ela começou a namorar Calvin Harris após ser apresentada a ele por Ellie Goulding no Elle Style Awards, em fevereiro de 2015. Goulding destacou que ambos eram "incríveis e... muito altos". Taylor descreveu o romance como "mágico", e eles ficaram juntos até junho de 2016. Nesse período, escreveram juntos o *single This Is What You Came For*, lançado em abril de 2016 e cantado por Rihanna, que alcançou o 2º lugar nas paradas do Reino Unido. Para evitar que a música fosse ofuscada pela fama do casal, Taylor utilizou o pseudônimo Nils Sjöberg — escolhido, segundo ela, por serem nomes populares na Suécia.

Embora o término tenha sido razoavelmente amigável — "Claramente não era certo, então acabou", disse Harris à *GQ* —, eles brigaram semanas depois, quando a participação de Taylor na música veio à tona. Taylor talvez nunca tivesse revelado que era Nils Sjöberg se Harris não tivesse dado a entender em uma entrevista de rádio que ela não havia contribuído para a criação da faixa. Ele participou do programa *On Air with Ryan Seacrest* em 29 de abril de 2016, dia do lançamento de *This Is What You Came For*, e, ao ser questionado se colaboraria com Taylor Swift, respondeu: "Você sabe, nem falamos sobre isso. Não vejo isso acontecendo, sabe? Ela está prestes a tirar um longo intervalo." (Naquele momento, Taylor havia encerrado o ciclo de promoção de *1989* e vencido o Grammy de Álbum do Ano, e entrou em um raro período de pausa, incerta sobre como dar continuidade ao sucesso.)

Embora ambos tivessem concordado em manter a identidade de Sjöberg em segredo, Taylor teria sentido que Harris foi longe demais, e isso aparentemente precipitou o rompimento dois meses depois. Em julho, um representante de Taylor confirmou à revista *People* que ela havia coescrito a música. Harris interpretou isso como uma provocação e respondeu com uma série de *tweets* que depois apagou. Em um deles, publicado em 13 de julho, ele a elogiou: "Letrista incrível, e ela arrasou como sempre." Porém, em outros, foi menos positivo: "Acho que, se você está feliz no seu novo relacionamento [Taylor começou a namorar o ator inglês Tom Hiddleston logo após terminar com Harris], deveria focar nisso em vez de tentar derrubar seu ex." Dois meses depois, com os *tweets* apagados e a calma restaurada, Harris atribuiu o episódio a um momento de "ceder à pressão", disse à *British GQ*. Os dois eventualmente fizeram as pazes e passaram a se comunicar ocasionalmente por mensagem.

Taylor escreveu sobre o relacionamento no álbum seguinte, *Reputation*? Difícil dizer. Quando foi lançado, em novembro de 2017, era complicado identificar músicas que abordassem diretamente o tema. Houve especulações na mídia sobre a faixa *I Did Something Bad*, no estilo grunge eletrônico, embora seja difícil imaginar suas referências contundentes a playboys e narcisistas descrevendo o tranquilo Harris. *Getaway Car*, um açucarado pop sintetizado, também foi citado por mencionar um evento de gala, que alguns interpretaram como o Met Gala de maio de 2016, um evento de moda em Nova York onde Taylor conheceu Hiddleston. Um *getaway car* (carro de fuga) era o que Taylor supostamente desejava para sair do relacionamento com Harris.

Taylor Swift e Tom Hiddleston rapidamente ganharam o apelido estranho de "Hiddleswift" e passaram o verão de 2016 juntos. O momento mais emblemático do relacionamento aconteceu na casa de Taylor em Rhode Island, durante o feriado de 4 de julho. Eles brincaram nas ondas, sendo o centro das atenções de um grupo que incluía as modelos Gigi Hadid e Karlie Kloss, as atrizes Blake Lively e Ruby Rose e o trio pop Haim. Hiddleston, por acaso, vestia uma camiseta branca com a frase "I Heart TS" e tinha uma tatuagem temporária no bíceps com a letra "T" dentro de um coração (Taylor tinha uma igual). Ele rapidamente sentiu o peso do ridículo nas redes sociais. Alguns acharam a demonstração de adoração — "I Heart TS" — exagerada demais para ser real e assumiram que o relacionamento era encenado (não era); outros acharam engraçado. A editora de artes e entretenimento do *Daily Telegraph*, Anita Singh, tuitou: "Amanhã: Tom Hiddleston aparece em videoclipe de Taylor Swift, vestido como Taylor Swift." Na semana seguinte: "Tom Hiddleston muda seu nome para 'Taylor Swift'."

Quando o *Hollywood Reporter* perguntou se o relacionamento era uma jogada de marketing, Hiddleston não poderia ter soado mais como um típico cavalheiro inglês. "Bem, hum. Qual a melhor forma de dizer isso? Essa ideia é — veja, a verdade é que Taylor Swift e eu estamos juntos, e estamos muito felizes. Obrigado por perguntar. Essa é a verdade. Não é uma jogada de marketing."

Em março de 2017, Tom Hiddleston explicou à *GQ* por que usou a camiseta com as iniciais TS: "Estávamos jogando e eu escorreguei e machuquei as costas. Queria proteger o arranhão do sol e perguntei: 'Alguém tem uma camiseta?' E um dos amigos dela respondeu: 'Tenho esta.'" Todos na festa acharam hilário e encararam como a piada que era. Mas a camiseta acabou se tornando um símbolo do relacionamento deles, e Hiddleston ficou constrangido com as zombarias. Eles começaram a namorar em maio e ainda estavam na fase de se conhecerem melhor; haviam conhecido os pais um do outro, mas estavam longe de pensar em algo mais sério. No final, o relacionamento terminou em setembro — de forma amigável, segundo ambos.

Na primeira metade de 2016, Taylor também esteve envolvida em dois projetos fora do álbum *1989*. Ela coescreveu *I Don't Wanna Live Forever* para a trilha sonora do filme *Cinquenta Tons Mais Escuros* (2017) e cantou a música com Zayn Malik, ex-integrante do One Direction. Essa foi a última música lançada por ela antes do início da era *Reputation*, em dezembro de 2016. Paralelamente, uma canção que havia escrito para *Red*, chamada *Better Man*, foi reaproveitada ao ser enviada ao grupo country Little Big Town, conhecido por suas harmonias. A versão melancólica da banda foi lançada em outubro de 2016 e ganhou o Grammy de Melhor Performance de Duo/Grupo Country em 2018. Quem queria ouvir Taylor cantar a faixa precisou esperar até a regravação de *Red*, em 2021, quando *Better Man* foi incluída como faixa bônus da série *From the Vault*.

Em abril de 2016, estourou o polêmico episódio com Kanye West, que afirmou que Taylor havia dado permissão para que ele a chamasse de "vadia" na música *Famous*. A briga, descrita em detalhes no Capítulo 1, foi desagradável e confusa, terminando com a vingança de Taylor em 2020, quando uma gravação da ligação entre os dois foi divulgada, mostrando que ela não havia consentido. Antes disso, porém, a controvérsia levou à difamação pública de Taylor, com muitos a acusando de mentirosa.

Na época, Taylor já enfrentava o diagnóstico de câncer de mama de sua mãe, recebido em abril de 2015, e agora passava por "uma humilhação pública em massa, com milhões de pessoas dizendo que você estava, entre aspas, 'cancelada'". Ela falou sobre isso à *Vogue* no verão de 2019, já tendo lançado dois álbuns após *1989* (*Reputation*, em 2017, e *Lover*, em 2019). Mas era evidente que as memórias ainda doíam. "[Foi uma] experiência muito isolante... Acho que poucas pessoas conseguem entender como é ter milhões de pessoas te odiando de forma tão barulhenta."

No documentário de *Miss Americana* (2020), Taylor relembrou esse período entre 2016 e 2017, quando se tornou uma espécie de pária, gerando hashtags sarcásticas como *#TaylorSwiftIsOverParty* no Twitter: "Ninguém me viu fisicamente por um ano. Achei que era isso que eles queriam. Isso me despertou da sensação constante de estar lutando pelo respeito das pessoas." Mas isso não era totalmente verdade. Ela não passou o ano completamente reclusa. Ainda tinha uma vida social e, se estava menos visível que o normal, era em parte porque o ciclo promocional de *1989* havia terminado. Não lançou músicas solo entre *New Romantics*, último *single* de *1989*, lançado em fevereiro de 2016, e *Look What You Made Me Do*, primeiro single de *Reputation*, lançado em agosto de 2017.

No outono de 2016, após o romance com Tom Hiddleston, Taylor começou um novo relacionamento com outro ator inglês, Joe Alwyn. Dizem que eles se conheceram em 2 de maio daquele ano, no Met Gala, o evento anual de Nova York conhecido como "o Oscar da moda". Taylor foi coanfitriã com Idris Elba, que depois revelou que houve um momento de leve constrangimento quando ele e Taylor atravessaram a multidão: Kanye West e Kim Kardashian estavam presentes. "E eu pensei: 'Que constrangedor'", disse ele ao *The New York Times* em 2017. Elba não sabia da inimizade entre eles, mas percebeu o clima. Fora isso, afirmou, teve uma ótima noite.

Nos seis anos seguintes, Taylor passou boa parte do tempo livre em Londres, com Joe Alwyn. Determinada a manter os paparazzi longe, Taylor raramente aparecia em público com ele e também reduziu o número de eventos aos quais comparecia sozinha. Quando fazia aparições, geralmente era em compromissos relacionados ao trabalho. No início do relacionamento, em outubro de 2016, Taylor marcou presença na festa de 30 anos de Drake, mas, dali em diante, ela se limitou principalmente a apresentações musicais. Isso incluiu seu único show de 2016, no Grande Prêmio de Fórmula 1 em Austin, no Texas, e um show pré-Super Bowl em Houston, em fevereiro de 2017. Taylor também se tornou menos ativa nas redes sociais — que antes eram seu principal meio de conexão com os fãs — e parou de postar fotos de si mesma. Houve até especulações de que estava usando aviões fretados em vez de seu jato particular para burlar aplicativos de rastreamento de voos.

Apesar de se sentir isolada e ainda abalada pela enxurrada de críticas injustas, Taylor direcionou todo seu estado emocional fragilizado e sua solidão para algo produtivo: a criação do álbum *Reputation*.

CAPÍTULO 11

Reputation

Taylor sempre havia mantido um intervalo de dois anos entre seus álbuns. Antes de cada lançamento, fazia uma série de entrevistas e enchia suas redes sociais com mensagens descontraídas para fãs e amigos. Essa era a Taylor antiga. O período que antecedeu o álbum *Reputation*, em agosto de 2017, marcou uma ruptura clara entre essa versão e uma nova Taylor, quase irreconhecível. A "antiga Taylor" — nomeada assim no primeiro *single* do álbum, *Look What You Made Me Do* — era a melhor amiga que você nunca teve, a garota do apartamento ao lado em Tribeca, a jovem doce e acessível que, por acaso, era globalmente famosa. A nova Taylor não estava mais disposta a aceitar o que viesse.

No dia 18 de agosto, ela fez algo impensável. Suas contas nas redes sociais? Apagadas. Os então 102 milhões de seguidores no Instagram (hoje são 283 milhões) encontraram uma página em branco com a mensagem: "Nenhuma publicação ainda." Seu site oficial exibia apenas uma tela preta. Isso foi em uma sexta-feira. Após deixar os fãs intrigados durante o fim de semana, na segunda-feira, ela postou um vídeo de 15 segundos mostrando apenas o rabo de uma cobra se contorcendo. Na terça, o corpo da cobra apareceu. Na quarta, a cabeça, com língua vibrante e olhos vermelhos penetrantes. Mais tarde, no mesmo dia, suas intenções ficaram claras em um novo post no Instagram: "*Reputation*. O novo álbum de Taylor Swift. 10 de novembro." O nome do álbum, escrito em uma fonte gótica contra um fundo preto, também estampava o novo *single* lançado no dia seguinte, 24 de agosto.

O clipe da música, que estreou em 27 de agosto no MTV Video Music Awards, começa em um cemitério à meia-noite. A câmera se aproxima de uma lápide coberta de hera com a inscrição: "Aqui jaz a reputação de Taylor Swift." Transformada em uma autêntica e assustadora zumbi, Taylor emerge da tumba e cava outra — para si mesma, ou para a versão que foi durante a era *1989*. Cheio de simbolismos, o vídeo exibe joias de cobra, um Grammy e um prêmio da MTV, além de uma gaiola dourada na qual ela está presa. Em uma cena, aparece a "Squad U" (*Squad University*, uma instituição fictícia onde, presumivelmente, atrizes e modelos lindas se formam para entrar no círculo social de Taylor). Em outra, na sala de baile, oito dançarinos vestem tops curtos brilhantes com a inscrição "I Heart TS".

As joias de cobra e a *Squad U* fazem referência sarcástica a aspectos de sua vida que haviam irritado seus detratores nos últimos 18 meses. A existência do *Squad* — ou, pelo menos, o uso casual desse termo pelos seus membros para se identificarem — teve um efeito incendiário para alguns, assim como a hashtag *#SquadGoals* que eles às vezes usavam. Ela foi criticada por isso já em 2015, um ano antes de sua vida ser abalada pela disputa com Kanye West por causa de *Famous*. Falando sobre o caso em entrevista à *Time* após ser nomeada Pessoa do Ano de 2023 pela revista, Taylor disse: "Foi uma armação completamente fabricada, com uma ligação telefônica gravada ilegalmente, que Kim Kardashian editou e publicou para dizer a todos que eu era mentirosa."

Os clipes da cobra que antecederam o anúncio de *Reputation* foram vistos como uma provocação a Kardashian, que, em 17 de julho de 2016, tuitou: "Espera, é sério que hoje é o Dia Nacional da Cobra?!?!? Hoje em dia, há feriados para todo mundo, quer dizer, para tudo!" A mensagem foi acompanhada de 37 emojis de cobra e recebeu quase 350 mil curtidas. (O Dia Mundial — não Nacional — da Cobra realmente existe. É uma "oportunidade anual para celebrar as cobras e aumentar a conscientização sobre sua preservação". Celebrada em 16 — e não 17 — de julho, ela pede ao público que "ajude a acabar com o estigma em torno das cobras".)

No mesmo dia, Kim publicou no Snapchat clipes editados e gravados secretamente de uma ligação entre Taylor e Kanye West — o ponto central da disputa entre Taylor e o casal. A intenção de Kim era provar que Taylor e Kanye realmente haviam conversado por telefone, embora os vídeos não incluíssem nenhuma menção ao termo *bitch* (vadia). Mesmo assim, quando o conteúdo foi ao ar, muitos tomaram aquilo como "prova" de que Taylor havia mentido. Nos meses seguintes, suas redes sociais foram inundadas com emojis de cobra, enviados por apoiadores de Kim e de Kanye, que achavam que ela havia traído o rapper. Como detalhado no primeiro capítulo, Taylor foi finalmente inocentada em 2020, quando uma gravação completa da ligação veio à tona e confirmou sua versão dos fatos.

Até então, tudo o que ela podia fazer era transformar a situação em algo positivo. Durante a *Reputation Stadium Tour*, que aconteceu de 8 de maio a 21 de novembro de 2018, Taylor aproveitou para mostrar ao mundo o quanto estava incomodada. Em um artigo para a *Elle*, em março de 2019, ela escreveu: "Eu tinha que me segurar para não rir toda vez que minha cobra inflável de 19 metros, chamada Karyn, aparecia no palco diante de 60 mil fãs enlouquecidos." Uma lição sobre como lidar com os *haters*: reivindique o símbolo (a cobra) enquanto lembra a eles que você vende 60 mil ingressos por noite. Ao final da turnê, ela pôde celebrar o fato de que a etapa EUA/Canadá quebrou o recorde de maior bilheteria de uma turnê na América do Norte, anteriormente detido pelos Rolling Stones desde 2007. Em 2023 e 2024, ela superaria seu próprio recorde com a bilionária *Eras Tour*, a turnê de maior bilheteria da história.

Retornando a 2016: as postagens de Kim no Snapchat foram a causa imediata de sua "queda", mas a inquietação do público em relação ao *Squad* já havia ocorrido antes disso. Em um artigo de opinião do *Guardian*, publicado em agosto de 2015, a escritora Judnick Maynard acusou o *Squad* de apropriação cultural por pegar sem pensar os termos *squad* e *#SquadGoals* da cultura negra. Os termos já eram usados desde pelo menos o final dos anos 2000: um *squad* era um grupo de amizade e *squad goals* uma chamada empoderadora para o grupo. O subtítulo do artigo acusava o "comportamento privilegiado e presunçoso de prepotentes como Taylor Swift" de ser responsável pelo "embranquecimento" das tendências culturais negras.

Uma palavra sobre o *Squad*: nos anos 2010, Taylor fez da amizade feminina uma parte visível de sua "marca". Ela era, como disse mais de uma vez, uma garota que gosta de outras garotas, e a companhia de mulheres sempre foi importante para ela. Começando por sua mãe, ela contou com as mulheres para orientação e conforto desde a infância. Por volta da época de *Red*, ela começou a socializar com mulheres que conheceu por meio de sua carreira e passou um bom tempo com elas. Modelos, atrizes e musicistas, elas ficaram conhecidas como o *Squad*, com Ed Sheeran sendo o único membro masculino de destaque. A cada 4 de julho de 2013 a 2016, Taylor organizou uma festa para o *Squad* na *Holiday House*. Os encontros se tornaram sinônimo de lindas mulheres jovens, principalmente magras e brancas, se divertindo no Atlântico — inúmeras fotos foram parar nas redes sociais, especialmente da festa de 2016, o ano em que Tom Hiddleston compareceu.

Ed Sheeran, por sua vez, tem motivo para agradecer a Taylor por tê-lo convidado: foi na festa de 2015 que ele se reconectou com Cherry Seaborn, agora sua esposa. Uma amiga de escola, ela estava em Rhode Island naquele fim de semana e Ed Sheeran perguntou a Taylor se ela poderia ir à festa. "O resto é história", disse Ed Sheeran à *People*. Ele e Seaborn nunca haviam perdido completamente o contato, e durante a etapa norte-americana de sua turnê *x* em 2015, quando ela estava trabalhando em Nova York, começaram a se comunicar por mensagens. Mas foi só quando se encontraram novamente na festa de Taylor que os sentimentos se desenvolveram. Eles se casaram em dezembro de 2018.

Vale mencionar aqui que Taylor também é uma forte apoiadora de musicistas femininas mais jovens, dedicando tempo para incentivá-las e orientá-las. Quando Dua Lipa foi fotografada usando uma camiseta de *Speak Now* durante uma passagem de som no palco em Colônia, em 2017, a resposta de Taylor foi imediata e inequívoca. "Estou GRITANDO DE ALEGRIA!!!!!!", ela escreveu no Tumblr. Ela também foi rápida em enviar uma mensagem gentil à Lorde, cantora e compositora, quando o segundo álbum dela, *Melodrama*, de 2017, vendeu menos cópias na primeira semana do que seu *debut*, *Pure Heroine* (não foi uma grande diferença — 109 mil contra 129 mil — mas foi doloroso). "Não acho que as vendas de álbuns na primeira semana definam uma carreira", escreveu Taylor, acrescentando que sempre imaginaria Lorde em um pequeno barco com Annie Lennox, flutuando em um rio de "sonhos etéreos e cerebrais". A cantora mais jovem respondeu: "Eu te amo tanto por isso." (Note bem: embora Lorde e Lennox tenham se conhecido no *Brit Awards* de 2016, não há evidências de que o barco tenha sido mais do que uma figura de linguagem usada por Taylor.)

De forma semelhante, Olivia Rodrigo, que idolatrava tanto Taylor quanto Lorde enquanto encontrava seu próprio caminho como cantora e compositora, tem sido receptora da generosidade de Taylor. Agora considerada uma das estrelas mais talentosas da geração Z, Olivia havia acabado de assinar com a Geffen Records em abril de 2020, quando cantou *Cruel Summer* de Taylor na MTV's Alone Together Jam Session. Uma faixa do álbum *Lover* de 2019, *Cruel Summer*, era uma das favoritas dos Swifties, então quando Olivia postou a apresentação em seu Instagram, os fãs perceberam, e isso chegou até Taylor. Ela postou o clipe de Olivia em seu próprio Instagram e escreveu: "QUE TALENTO. Eu amei isso!!! Obrigada por essa performance linda." Olivia, surpresa, respondeu: "TAYLOR SWIFT É A RAZÃO PELA QUAL EU COMPONHO MÚSICAS E ELA ME POSTOU NO *STORY* DELA E ME DISSE QUE EU ERA TALENTOSA???" No Twitter, ela acrescentou: "Eu nunca vou parar de gritar."

E ainda: o *single* de estreia de Olivia Rodrigo, *drivers license*, alcançou o N.º 3 no iTunes em 9 de janeiro de 2021, logo atrás de duas faixas da edição *deluxe* de *Evermore*, *It's Time to Go* e *Right Where You Left Me*. A resposta de Olivia foi: "Ao lado de Taylor na parada do iTunes dos EUA, estou em uma poça de lágrimas." A resposta de Taylor foi: "Eu digo que é meu bebê e estou muito orgulhosa." Como sua própria mãe, Andrea, usou essas palavras para descrever Taylor e elas se tornaram um jargão dos Swifties, havia uma sensação de Olivia sendo eleita como a herdeira aparente.

Nota técnica: o álbum de estreia de Olivia Rodrigo, *Sour*, deu a Taylor Swift créditos de composição nas músicas *Deja Vu* e *1 Step Forward, 3 Steps Back* — não porque Taylor tenha ativamente escrito as músicas, mas porque Olivia usou os acordes de *New Year's Day* de Taylor na última e interpolou uma seção de *Cruel Summer* na primeira. Compartilhar os créditos com Taylor e os coautores de Taylor, Jack Antonoff e Annie "St. Vincent" Clark, também significava dividir royalties consideráveis.

Por causa do *Squad* e das festas fotogênicas de 4 de julho, que foram postadas no Instagram de Taylor para o público apreciar, ela se viu no centro de muitas críticas da mídia. Ali estava ela, exibindo suas amizades com supermodelos e atrizes, mas ela havia passado seus anos de ensino médio como a garota estranha da turma, constantemente ignorada pelas garotas populares. Os críticos presumiram que sua experiência de ser rejeitada a impediria de entrar em um grupo exclusivo. Ela via isso de maneira diferente. Ainda assombrada pela memória de ter que almoçar sozinha porque ninguém queria se sentar com ela, estava ansiosa para celebrar o fato de agora ter amigas e mostrá-las ao mundo. Não havia "garotas malvadas" entre elas, elas não estavam prejudicando ninguém.

Em 2019, olhando para a reação negativa ao *Squad*, ela se mostrava arrependida. Não esperava a negatividade, disse, porque não havia considerado as implicações visuais. O *Squad* não deveria ser um clube em que os fãs só podiam ver de fora; ela pensava que passar tempo com suas igualmente bem-sucedidas amigas era o equivalente aos *bro packs* dos artistas masculinos — a maneira aprovada pelo patriarcado de os homens se conectarem e se divertirem. O *Squad*, como ela via, era um grupo inclusivo de equivalentes — mulheres no topo de seus respectivos campos.

Em um artigo de março de 2019 para a *Elle*, ela refletiu novamente sobre o *Squad*. "Na minha casa dos 20 anos, me vi cercada de garotas que queriam ser minhas amigas. Então, eu gritei aos quatro ventos, postei fotos e celebrei minha nova aceitação em uma irmandade, sem perceber que outras pessoas ainda poderiam se sentir como eu me sentia quando me sentia tão sozinha."

No mesmo artigo, também revelou o chocante custo de ser uma artista jovem extremamente bem-sucedida. Desde o ataque terrorista na Arena de Manchester em 2017, após um show de Ariana Grande, e o tiroteio em massa durante um show do cantor country Jason Aldean em Las Vegas no mesmo ano, Taylor se preocupava cada vez mais com a segurança dos fãs em suas próprias turnês. Isso estava acompanhado de uma vigilância mais intensa sobre sua própria segurança. Seus endereços de casa haviam sido divulgados on-line, não apenas por "sites e tabloides", como ela disse, mas por publicações tão benignas quanto revistas de decoração de interiores — uma delas havia recentemente revelado que uma casa de 3 milhões de dólares "diretamente em frente" a uma das residências de Taylor estava disponível. O nível percebido de intrusão a havia perturbado, e ela começara a carregar curativos de grau militar feitos para ferimentos de bala ou facadas. De acordo com o fabricante, eles oferecem "um tempo mais rápido para a hemostasia" (coagulação), que estanca o sangramento, e são recomendados para uso por hospitais, equipes de emergência, forças de segurança e militares. Após compartilhar essas informações preocupantes, Taylor enfatizou que acreditava na bondade essencial da humanidade. "Temos que viver corajosamente para realmente nos sentirmos vivos", escreveu.

De volta ao lançamento de *Reputation*, como início de uma nova era de álbum, *Look What You Made Me Do* teve um impacto considerável. Escrito com Jack Antonoff, que também colaborou em outras cinco faixas, era industrial, austero, implacável. Como o *single* principal de *Reputation* (e o mais bem-sucedido, alcançando o N.º 1 nos EUA e no Reino Unido e vendendo 4 milhões de cópias até 2018), ele reorganizou completamente as expectativas do público em relação ao novo LP. Rivalizou com a faixa de abertura do álbum (que se tornou seu segundo single), *...Ready for It?*, pelo título de ser o que há de mais dissonante de *Reputation* em termos sonoros. Eletrônica e experimental, ambas as músicas abriram novos caminhos para ela, e *...Ready for It?* até a tinha fazendo rap (sua fluidez tinha um toque da energia de Nicki Minaj).

Liricamente, no entanto, as duas músicas não poderiam ser mais diferentes. *...Ready for It?*, uma coautoria com Max Martin, Shellback e Ali Payami (foi uma das nove faixas coescritas/produzidas por Martin e Shellback), falava sobre desejo sexual, um assunto que Taylor raramente abordara. Nos seus tempos em Nashville, ela escreveu sobre paixão, anseio e corações partidos, mas seus personagens nunca iam além de beijos no banco da frente de uma caminhonete. O sexo, como retratado em *Fifteen*, de *Fearless*, tirava o poder de uma garota e era um caminho para o desgosto. À medida que foi crescendo, ela introduziu cautelosamente elementos de desejo erótico: *All Too Well* tratava da tristeza de terminar com alguém que a possuía emocionalmente; em *Wildest Dreams* (1989), avançou para um namorado deixando suas roupas espalhadas pelo quarto.

Mas *Reputation* foi o álbum em que Taylor, que completou 28 anos um mês após o seu lançamento, finalmente se entregou ao erotismo. Ela é a agressora sexual em *...Ready for It?*, sonhando com o que ela e um homem farão juntos; *Delicate* é uma das suas grandes músicas descritivas — uma memória suave de um encontro em um bar no East Side de Manhattan que seguiu para um apartamento no West Side e uma noite inteira de amor. Ela, de maneira hesitante, diz a ele que gostaria que ele fosse seu namorado, um momento corajosamente vulnerável que paira no ar porque nunca descobrimos se ele corresponde aos sentimentos dela. *Dress*, por sua vez, é uma canção de desejo direto — uma balada sensual com cadências de R&B que menciona os postes de cama, retirar suas roupas e querer que esse homem seja mais do que apenas um amigo. O vestido do título foi comprado com o propósito expresso de ser retirado — bem, claro.

Apesar da pura carnalidade de muitas das músicas de *Reputation*, ele se tornou conhecido como um "álbum de vingança" simplesmente porque a primeira música que a maioria das pessoas ouviu foi *Look What You Made Me Do*, na qual ela estava implacavelmente determinada a se vingar. (*I Did Something Bad*, a terceira faixa do álbum, também era vingativa — exaltava a destruição de um inimigo, descrevendo-a como "divertida" — mas não foi um *single*, então ficou menos conhecida pelo grande público.) Uma vaia agressiva àqueles que ela sentia terem orquestrado para ela cair em desgraça, *Look What...* foi cantada em um sussurro acusatório que era mais inquietante do que se ela tivesse gritado. Foi um tiro de aviso, alertando os inimigos de que, embora tentassem enterrá-la, ela estava de volta e pronta para acertar as contas.

Mas *Look What...* também foi marcante por motivos além da sua raiva fria. Continha uma interpolação do clássico dance-pop de 1991 de Right Said Fred, *I'm Too Sexy* — uma faixa cujo tom não poderia estar mais distante da música de Taylor, mas acabou se encaixando perfeitamente graças ao seu ritmo imponente (o trio da era disco ficou encantado e tuitou *Thank you @taylorswift13 what a marvellous reinvention!* [Obrigado, @taylorswift13, que reinvenção maravilhosa!]). Mais marcante ainda foi outro momento na faixa — o qual rapidamente se tornou um meme, citado por fãs em todos os lugares e analisado em artigos especializados. Aos dois minutos e cinquenta e seis segundos de *Look What...* Taylor fala ao receptor de um telefone fixo. Tudo o que vemos são seus lábios e a mão direita, esta última pesando devido aos anéis de cobra prateados e com diamantes. Ela informa ao interlocutor que, infelizmente, a versão anterior de Taylor não pode falar no momento. Ou nunca mais, na verdade. Desculpe, mas ela está morta.

Esse interlúdio de nove segundos foi instantaneamente recriado por centenas de fãs, que postaram clipes de si mesmos segurando telefones e dizendo as palavras de Taylor. Debates começaram: ela queria dizer que não era mais a garota gentil e ansiosa para agradar — que agora estava mais dura devido à experiência de ser atacada por estranhos que a chamavam de cobra e diziam que ela deveria desistir da música? Ou estava zombando deles? Ou, como é mais provável, as duas coisas?

Quando foi lançada, *Look What You Made Me Do* foi transmitida 84 milhões de vezes em sua primeira semana e vendeu 350 mil cópias — um número colossal na era do streaming. Tornou-se seu quinto N.º 1 na *Hot 100* dos EUA e seu primeiro topo das paradas no Reino Unido. Abriu o caminho para uma grande primeira semana de *Reputation* quando o álbum foi lançado em 10 de novembro. No primeiro dia, vendeu 700 mil cópias nos EUA; ao final de sua primeira semana, alcançou 1,2 milhão de vendas nos EUA, tornando-a a primeira pessoa a vender mais de 1 milhão de cópias de quatro álbuns na primeira semana (*Speak Now*, *Red* e *1989* foram os outros). Terminou 2017 como o álbum mais vendido do ano e também foi o mais vendido de 2018. Em julho de 2023, suas vendas totais mundiais foram de 3,6 milhões — consideravelmente mais baixas do que os 10,6 milhões de 1989, mas *Reputation* foi um álbum muito mais polêmico.

Alguns críticos consideraram *Reputation* um de seus melhores lançamentos; o Slant, por exemplo, elogiou sua "disposição em se retratar não como vítima, mas como a vilã da sua própria história" — por isso o álbum foi uma "visão fascinantemente espinhosa da mente da princesa reinante do pop". O Pitchfork destacou seus "ganchos à prova de bala e suas viradas pegajosas". A maioria dos outros críticos encontrou elementos para apreciar. Alguns, no entanto, não gostaram: o *Now* achou que a dependência de eletrônicos fazia o álbum soar como se ela tivesse fabricado um lançamento para "a balada", enquanto o *Consequence* se mostrou insatisfeito com o número de R&B/hip-hop, *End Game*, que contou com o célebre rapper Future. Sua participação foi bem recebida, mas o *Consequence* ficou desapontado por Ed Sheeran, o rapper menos renomado, também estar lá, fazendo rimas. (Por uma questão de justiça, Sheeran sempre amou hip-hop e é altamente estimado por muitos rappers, incluindo o amigo próximo Stormzy.)

Taylor não queria que *Reputation* fosse visto como uma declaração de raiva. Ela explicou suas intenções originais em um show secreto em Chicago no dia 27 de junho de 2018. Apenas 200 fãs conseguiram ingressos para o evento, que foi patrocinado pela AT&T (ela firmou um acordo com a gigante das telecomunicações em 2016 para realizar "apresentações e conteúdos especiais"). Os fãs achavam que haviam ganhado ingressos para uma festa, até que as portas se abriram em um pequeno local especialmente decorado com um palco feito sob medida; eles não tinham ideia de que Taylor se apresentaria.

Reputation já estava nas lojas há sete meses e ela estava há seis semanas na *Reputation Stadium Tour*, mas ao agendar um show pequeno durante uma pausa entre os shows em Londres e Louisville, Kentucky, Taylor teve uma dose da interação íntima com os fãs de que tanto gostava. Ela disse ao público que soubera desde o início que o álbum se chamaria *Reputation* e que o havia construído a partir daí. "Houve muitos momentos de 'estou com raiva da minha reputação', [mas outros momentos em que me perguntei,] 'E se minha reputação fizer uma pessoa que eu gosto não querer me conhecer?'."

Apesar da impressão de vingança criada por *Look What You Made Me Do*, Taylor enxergava *Reputation* como "um álbum sobre encontrar o amor em meio a todo o barulho". Ela não mencionou Joe Alwyn no show, mas estava há dezoito meses em um relacionamento com ele. Sua "reputação" não impediu que ele a conhecesse, e à medida que a era *Reputation* chegava ao fim, Taylor estava se sentindo bem.

CAPÍTULO 12

Lover

Taylor disse a um pequeno público convidado no verão de 2019: "Meu último álbum, *Reputation*... eu realmente enxerguei aquele álbum dessa forma. Sempre imagino visuais e estéticas na minha mente sobre o que um álbum representa. *Reputation* era, para mim, um cenário urbano, noturno, sombrio — tipo uma bruxa do pântano total." Ela estava em Nova York, apresentando um evento chamado *Lover's Lounge* — um encontro com fãs transmitido ao vivo pelo *YouTube Originals* em 22 de agosto. Era o dia anterior ao lançamento de *Lover* e, como sempre, Taylor queria compartilhar as novidades pessoalmente. Já se passavam treze anos desde o início de sua carreira — algo que ela fez questão de mencionar durante a transmissão, porque, como todo Swiftie ao redor do mundo sabe, treze é seu número da sorte — e ela ainda via os fãs como amigos. Por isso, se esforçava ao máximo para proporcionar momentos especiais como esse; a noite contou com uma apresentação e a participação especial de Stella McCartney. As duas haviam colaborado em uma linha de roupas, disponível a partir de 23 de agosto e com preços abaixo de 100 dólares por peça.

O *Lover's Lounge* aconteceu em uma sala completamente decorada em tons de rosa: do carpete felpudo e das almofadas de plumas até os pufes usados como assentos para o público, o rosa pastel dominava o ambiente. Complementado por um cenário digital de nuvens cor-de-rosa e lilás flutuando ao fundo, o espaço era tão suave e etéreo quanto a estética de *Reputation* havia sido intensa e sombria.

Embora Taylor tenha chamado *Reputation* de "um álbum sobre encontrar o amor" — uma declaração claramente influenciada por sua felicidade ao lado de Joe Alwyn —, aparentemente, ela revisou essa opinião ao longo do tempo. No *Lover's Lounge*, ela relembrou essa fase como seu período de "bruxa do pântano"; já em dezembro de 2023, descreveu o álbum para a *Time* como "um momento gótico-punk de fúria feminina por ter sido manipulada por toda uma estrutura social". Não está claro se o comentário à *Time* se referia ao álbum em si ou ao segmento da *Eras Tour* dedicado a ele. Ela acrescentou: "Acho que muita gente olha para isso e pensa: 'Cobras incríveis e luzes estroboscópicas'", o que sugere que estava se referindo ao cenário do show e não reescrevendo a história do álbum. De fato, sua performance de *Look What You Made Me Do* na *Eras Tour* condensa quatro minutos de fúria intensa (ainda que temperada com humor, pois seria impossível não sorrir ao ver Karyn, a cobra, fazendo seu retorno triunfal ao palco — desta vez em forma de CGI,[17] em vez dos impressionantes 19 metros da versão inflável, agora acompanhada por quatro cobras menores).

Também é plausível que seus sentimentos em relação a *Reputation* tenham mudado porque ela e Joe Alwyn seguiram caminhos separados no início de 2023, pouco antes do início da *Eras Tour*.

17 **CGI (Computer-Generated Imagery)** refere-se à criação de imagens, animações ou efeitos visuais por meio de computação gráfica. Comumente utilizada em filmes, jogos e animações, a CGI permite a criação de cenas e personagens digitais, além de efeitos especiais, que seriam difíceis ou impossíveis de realizar fisicamente. Esse processo envolve o uso de software especializado para gerar imagens realistas ou fantásticas em 3D ou 2D, e tem revolucionado a indústria cinematográfica, proporcionando visuais impressionantes e realistas em produções de grande escala.

Foi um relacionamento marcante para ela: com seis anos de duração, foi o mais longo que já teve com um namorado e a primeira vez que morou com alguém por um período significativo. Eles passaram juntos a pandemia da covid em Londres, período em que ele coescreveu (sob o pseudônimo de William Bowery) duas músicas que entraram em *Folklore*, de 2020 — *Betty* e *Exile* — e três para *Evermore* — *Champagne Problems*, *Coney Island* e a faixa-título (na qual também tocou piano).

Enquanto o relacionamento ainda acontecia, eles raramente falavam sobre ele, e quando o faziam, era apenas de forma vaga e genérica. Essas menções eram tão esporádicas que a mídia e os Swifties tinham pouco material com que trabalhar. Em outubro de 2018, enquanto promovia o filme *The Favourite* — uma comédia de humor negro na qual interpretava um nobre do século XVIII —, Joe Alwyn disse à *Vogue*: "Acho que conseguimos ser muito discretos, e agora as pessoas entenderam isso..., mas eu realmente prefiro falar sobre trabalho." Taylor, por sua vez, fez alusão ao romance no documentário *Miss Americana*, de 2020: "Eu estava me apaixonando por alguém que tinha uma vida maravilhosamente normal e equilibrada. Decidimos juntos que queríamos manter nosso relacionamento privado."

Mais poder para eles. Aparentemente, levaram uma vida comum em Londres, dividindo o apartamento de Joe Alwyn em Crouch Hill, no norte da cidade, depois alugando um lugar maior em Primrose Hill e gastando principalmente com o sabonete *Pomegranate Noir* da Jo Malone e velas da Le Labo. Sem surpresa, Joe Alwyn inspirou várias músicas em *Lover*, mais notavelmente *London Boy* e *Cornelia Street* (em referência à rua no centro de Manhattan onde Taylor alugou uma casa nos primeiros dias do relacionamento. O local se tornou tão associado ao romance dos dois que, quando terminaram, alguns fãs deixaram buquês de flores nos degraus da entrada).

A separação foi "anunciada" no início de abril de 2023 — não pelo casal, mas pela mídia; alguns veículos citaram uma "fonte" que disse: "No fim das contas, eles não eram a combinação certa um para o outro." Não ser a combinação certa é a causa de praticamente todos os términos, então não havia muito a extrair dessa declaração. Na ausência de esclarecimentos de Taylor e Joe, sites de entretenimento publicaram retrospectivas do relacionamento, sendo a mais reveladora um artigo da *Us Weekly* intitulado "Tudo o que Taylor Swift e Joe Alwyn disseram sobre seu relacionamento privado". Sério? *Tudo?* Notavelmente, o título parecia ser verdadeiro. Em seis anos juntos, Taylor e Joe Alwyn não apenas quase nunca falaram sobre a vida que compartilhavam como raramente se referiram um ao outro pelo nome.

Em vez de falar diretamente sobre o relacionamento, Joe Alwyn preferia fazer alusões. Durante um painel sobre a série *Conversations with Friends*, da Hulu, em 2022, perguntaram a ele sobre interpretar um personagem em um relacionamento aberto, e sua resposta, intrigantemente ambígua, foi: "Acho que as pessoas podem fazer o que quiserem e o que as faz felizes. Eu, obviamente, estou feliz em um relacionamento monogâmico." Sem se deixar levar pelo assunto, ele rapidamente direcionou a conversa de volta para a série. Em outra entrevista sobre *Conversations*, desta vez para o *Extra*, ele revelou que "ela" — Taylor — tinha lido o romance de Sally Rooney que serviu de base para a adaptação e "não poderia ser uma fã maior do projeto".

Taylor, no entanto, ocasionalmente mencionava Joe Alwyn pelo nome. "Joe e eu realmente adoramos músicas tristes. Sempre nos conectamos por meio da música", disse a Zane Lowe, da Apple Music, em 12 de dezembro de 2020, durante uma entrevista sobre o recém-lançado álbum *Evermore*. De fato: cada uma das composições deles para *Folklore* e *Evermore* é mais lenta e outonal — tão apropriada quanto poderia ser para dois álbuns concebidos e gravados durante uma pandemia. Ela também o nomeou e deu uma rara visão de seu caráter durante *Folklore: The Long Pond Studio Sessions*, um filme de concerto transmitido pelo Disney+.

"Houve muita discussão sobre William Bowery e sua identidade, porque ele não é uma pessoa real. Então, William Bowery é o Joe, como sabemos. Ele toca piano lindamente, e está sempre tocando e inventando coisas, meio que criando coisas", ela disse.

Isso, no entanto, foi o mais revelador que ambos chegaram a ser. O relacionamento de Taylor Swift com Travis Kelce (a pronúncia é parecida com "else") tem sido muito mais público, talvez inevitavelmente. Embora nenhuma das partes tenha discutido sua vida como casal, Taylor tem sido uma apoiadora frequente e visível sempre que o Kansas City Chiefs joga, e Travis tem viajado, às vezes milhares de milhas, para assistir aos shows da *Eras Tour*. A reação deles ao se verem após um de seus jogos ou um dos shows dela fala por si só: Taylor, que é bem tátil, encontrou seu par em Travis, e um abraço de Traylor (pelo que a internet considera, eles são Traylor, assim como ela e Harry Styles eram Haylor) pode durar até três minutos. Quando os Chiefs venceram o Super Bowl de 2024, eles se trancaram em um longo abraço no campo que transmitiu sua alegria de estarem juntos.

Novamente, no entanto, ela não fala sobre isso. O mundo nem sabia que estavam namorando até 24 de setembro de 2023, quando Taylor participou de um jogo entre o Kansas City Chiefs e o Chicago Bears no estádio do Chiefs, o Arrowhead Stadium. (Os Chiefs ganharam por 41–10.) Ela estava compartilhando um camarote VIP com a mãe de Travis, Donna, e isso foi interpretado por muitos como a confirmação de que os dois eram um casal.

Acredita-se que eles se conheceram por intermédio de um amigo no verão de 2023, após Travis ter ido ao show dela, também no Arrowhead Stadium, quando a *Eras Tour* passou por Kansas City, em julho. Ele esperava entregar seu número de telefone a ela, mas foi impedido pelo hábito dela de não falar antes ou depois dos shows para preservar sua voz.

Para alguns, a prova irrefutável de que estavam namorando só veio no dia 11 de novembro, quando um vídeo filmado por um fã de 43 segundos do show dela no Estádio River Plate, em Buenos Aires, foi postado on-line. O assento elevado do fã lhes deu uma visão da área logo atrás do palco, e eles filmaram Taylor saindo do palco no final do show. Depois de um último aceno para a multidão, ela correu direto para os braços de Travis, que a aguardava. De braços dados, eles desapareceram nos bastidores, deixando um rastro de poeira estelar no caminho. É difícil exagerar o quanto foi tocante testemunhar a alegria deles ao se reencontrarem — Travis estava com o fim de semana livre de seus compromissos no futebol e passou cerca de treze horas em aviões (supondo que tenha feito o trajeto mais curto, com uma troca em Miami) para alcançá-la.

Ele foi uma escolha incomum para ela; Taylor sempre foi atraída por músicos e atores, enquanto Travis passa sua vida profissional no campo de futebol americano como um *tight end* — uma posição definida pelo *Diario AS* como "responsável por principalmente duas coisas: pegar passes do *quarterback* e bloquear para os *running backs*". Ele é um dos jogadores estrela dos Chiefs e foi uma figura crucial nas vitórias deles nos Super Bowls de 2020 e 2023. O comentarista de esportes americano Pat McAfee o caracteriza como "o maior *tight end* da história [do futebol americano]".

Mas suas origens diferentes podem ser o que os torna perfeitos, diz Tess Bohne, super-Swiftie que tem transmitido ao vivo os shows da *Eras Tour* para 300 mil seguidores no TikTok. "O Travis sendo um *tight end* [faz dele] a pessoa perfeita para Taylor", disse aos seguidores depois que o vídeo de Buenos Aires foi divulgado. Parece que a razão é que *tight ends* podem marcar *touchdowns* — o que oferece praticamente a mesma glória que marcar um gol no futebol britânico — mas também podem dar um passo atrás e deixar o *quarterback* brilhar. "Ele consegue ser número um, mas também sabe quando dar um passo atrás e ser número dois", disse Bohne. Em outras palavras, embora ambos os parceiros sejam alfas, eles não competem entre si graças a um acordo tácito de que, às vezes, será a vez de Travis brilhar, e em outras, será a vez de Taylor.

E, às vezes, os holofotes se voltam para ambos ao mesmo tempo, como nos momentos seguintes à vitória dos Chiefs contra o San Francisco 49ers no Super Bowl LVIII, em 11 de fevereiro de 2024. O jogo foi, segundo a BBC, assistido por 123 milhões de americanos, tornando-se a transmissão de TV mais assistida no país desde a chegada da Apollo 11 à Lua, em 1969. A jornada de Taylor para ver Travis jogar foi minuciosamente acompanhada pela mídia; ela veio direto de um show da *Eras Tour* no Tokyo Dome, fazendo uma viagem de doze horas até Los Angeles em um jato particular, e depois viajou mais 434 quilômetros até o Allegiant Stadium, em Las Vegas. A CNN exibiu um clipe dela se apresentando em Tóquio pouco antes de correr para o Aeroporto de Haneda para o voo; a *Associated Press* anunciou sua chegada no Aeroporto Internacional de Los Angeles às 15h30 de sábado, um dia antes do jogo. Mais tarde, o *CBS News* informou que ela havia chegado com segurança à sua suíte no estádio, acompanhada de Andrea Swift e dos amigos Blake Lively e do rapper Ice Spice. Aplicativos de rastreamento de voo tornaram possível assistir a cada momento do voo de Haneda para o LAX em tempo real, e o *Wall Street Journal* estimou que 20 mil pessoas fizeram exatamente isso.

Voltando ao *Lover*: Taylor começou a escrevê-lo no verão de 2018, durante a *Reputation Stadium Tour*, e em julho foi vista no Electric Lady Studios de Manhattan. (Comissionado e parcialmente financiado por Jimi Hendrix em 1968, o Electric Lady é um estúdio de gravação tão lendário quanto o Abbey Road e foi o local de algumas das gravações mais icônicas do rock e da soul music, incluindo *Fame*, de David Bowie, *Talking Book*, de Stevie Wonder, e o *debut* de Patti Smith, *Horses*.) É provável que ela tenha gravado pelo menos algumas faixas com Jack Antonoff, o principal coprodutor de *Lover*, durante aquele verão, entre os shows da turnê de *Reputation*, mas a maior parte da gravação aconteceu depois que a turnê terminou, em 21 de novembro.

(Nota: entre dezembro de 2018 e abril de 2019, ela também filmou o musical *Cats*, no qual interpretou Bombalurina. As filmagens e as gravações se sobrepuseram por dois meses, criando uma agenda árdua que derrubaria praticamente qualquer outro artista, mas não Taylor, que é energizada por uma agenda de trabalho cheia. *Beautiful Ghosts*, coescrita para o filme com Andrew Lloyd Webber, recebeu indicações ao Grammy e ao Globo de Ouro).

A gravação de *Lover* terminou em 24 de fevereiro de 2019, o que foi sinalizado naquele dia por um post no Instagram. Era uma imagem de palmeiras sob um céu azul desbotado salpicado de estrelas, com uma legenda mostrando sete emojis de palmeiras. Não foi necessário muito esforço para perceber que seu sétimo álbum estava a caminho. Ainda faltavam seis meses para o lançamento, e o *single* principal, *Me!*, só seria lançado em 26 de abril, mas as palmeiras transmitiam uma ideia geral do que estava por vir. As árvores eram como uma limpeza de paladar, apagando o gosto de *Reputation* e sugerindo que a nova era seria leve e feliz. Na transmissão do *Lover's Lounge*, em agosto, Taylor disse exatamente isso. "*Lover* é algo do qual tenho muito orgulho... porque é uma continuação natural de uma história na minha vida, da forma como os eventos se desenrolaram. Mas este álbum teve uma estética muito diurna, muito de campos iluminados pelo sol. Eu compus músicas de um lugar muito mais aberto, livre, romântico e fantasioso."

Fãs altamente observadores provavelmente teriam percebido uma dica precoce em um "vídeo vertical" (que era separado do vídeo "oficial") para o penúltimo single de *Reputation*, *Delicate*. O clipe vertical só podia ser assistido no Spotify, e o mais relevante era o fato de ela ter feito as unhas em uma variedade de tons pastel. Não é fácil de perceber, mas aos dois minutos e cinquenta e seis segundos, elas ficam claramente visíveis quando ela estende os dedos em direção à câmera. Claramente, Taylor queria que fossem notadas, e, quando *Lover* e suas cores aquareladas chegaram, todo mundo entendeu o porquê.

Então, seu sétimo álbum era feliz, adornado com a satisfação que vem do fato de estar apaixonada por alguém que também a ama. Na introdução on-line, ela o chamou de "uma carta de amor ao próprio amor... Somos o que amamos." *Me!* foi seu *single* mais animado em anos, uma explosão de afirmações animadas dirigidas a si mesma, a Joe Alwyn e aos seus fãs. Para Joe Alwyn, a música diz sem desculpas que, apesar de às vezes ser difícil, Taylor ainda era muito digna de ser amada, porque não havia ninguém como ela. Para os fãs, ela aconselha a alegria de serem fiéis a si mesmos, reforçando a mensagem com um refrão de uma palavra: "Me-ee-ee, me-ee-ee!" Ela estende cada "me" por três sílabas, deixando claro que era realmente sobre "ela-a-a". Não havia código oculto; Taylor estava simplesmente prometendo que ser "eu mesma" era o caminho para a realização.

Compartilhando vocais com Brendon Urie, então líder do Panic! At The Disco (que dissolveu a banda em 2023), ela estava em pleno efeito vibrante, um clima enfatizado pelo notável vídeo da música. Começa com uma cobra rosa e branca rastejando por pedras de calçamento em tons pastel, antes de se virar para a câmera e abrir a boca até uma extensão assustadora. Sua língua se move de forma ameaçadora, depois o animal cospe... borboletas pastel. *Reputation* está morto, vida longa ao *Lover*.

O resto do vídeo é um delírio febril de anjos, muralhas de unicórnios, Urie flutuando pelo céu segurando um guarda-chuva aberto... uma imagem fantástica após a outra, até que os dois cantores saem pela direita do palco, enquanto a saia do vestido de baile azul de Taylor se transforma em um líquido iridescente, derramando-se sobre os paralelepípedos atrás dela. A descrição da *Variety* como uma "delícia fantasmagórica" resumiu bem a essência do vídeo.

Fazer dueto com Urie não foi uma decisão impulsiva. Taylor adorava Panic! At The Disco desde seus tempos de escola, quando ela e Abigail Anderson dirigiam por Hendersonville cantando a plenos pulmões a música de 2006 da banda, *I Write Sins Not Tragedies*. (A apreciação delas pela banda pode ter sido impulsionada pelo fato de Urie ser um ícone emo.) Por sua vez, Urie sempre foi fã de Taylor; ele havia dito ao PopCrush já em 2014: "T-Swift, sinceramente, desde o começo eu estava curtindo essa garota. Ela é supertalentosa, uma compositora muito inteligente, muito divertida. Ela parece ser muito legal de trabalhar."

Em janeiro de 2019, ela enviou uma mensagem para ele com uma ideia para uma música. "Eu respondi", ele contou ao apresentador Zach Sang alguns meses depois. "Sou um grande fã, basicamente falei que a amava: 'Eu te amo, te amo há anos.'" Ela disse que ainda não tinha uma *bridge*[18] para a música — ele poderia escrever uma? No dia em que estavam agendados para gravar, ele acordou com uma febre de 40ºC. Já havia composto a *bridge* na cabeça, mas, tonto e febril, estava preocupado de esquecer. Ele gravou a parte em uma nota de voz, correu para o estúdio, e ele e Taylor conseguiram gravar *Me!* ali mesmo. "Ela é tão gentil com relação a tudo", ele relembrou, ainda um pouco deslumbrado. O que mais o impressionou? "A paixão dela por isso. Eu achava que tinha paixão, que era um bom trabalhador, que era ambicioso — ela se dedica

18 No contexto musical, o termo *bridge* (ponte) refere-se a uma seção de uma música que cria um contraste com os versos e o refrão. Geralmente, a *bridge* é usada para adicionar variedade e manter o ouvinte interessado. Ela costuma ter uma melodia, harmonia e/ou ritmo diferentes dos outros elementos da canção, antes de retornar ao refrão ou a outra parte familiar da música. Em muitas músicas populares, a *bridge* ocorre após o segundo refrão e antes da finalização, dando uma sensação de "quebra" ou "transição" para o clímax.

totalmente às suas ideias. Quando ela sente algo, sente aquela ideia e é maravilhoso. A coisa mais legal de presenciar de perto."

O lançamento de *Me!* foi um passo evolutivo importante para Taylor como artista madura, pois foi a primeira música da qual ela possuía os direitos. As críticas, no entanto, foram mistas. Era tão fofa, tão brilhante, tão pastel, que os críticos ou amaram, ou odiaram. Foi chamada de "uma sobremesa boba e melosa de pop Disney" (*The Ringer*) ou "uma canção de liderança totalmente canônica de Taylor" (*Rolling Stone*), com pouco espaço para um meio-termo. Como sua primeira música nova em mais de um ano, estava destinada a ser comercialmente bem-sucedida, e assim foi: ela chegou ao N.º 2 na segunda semana na *Billboard Hot 100*, e se não fosse o fenômeno recordista de Lil Nas X, *Old Town Road*, que acabara de iniciar sua sequência de 19 semanas no topo, *Me!* quase certamente teria sido o sexto single de Taylor a atingir o N.º 1.

Uma música no álbum foi especialmente difícil de escrever. A suave balada ao piano *Soon You'll Get Better* surgiu quando o câncer de mama de Andrea Swift, diagnosticado em 2015, voltou em 2019. As suas ídolas de infância, The Chicks, forneceram harmonias vocais enquanto Taylor cantava suavemente sobre o consultório médico, suas orações e a impossibilidade de enfrentar a vida sem sua mãe. A família já havia lidado com a doença antes; em meados dos anos 2000, Scott Swift teve câncer de próstata e se recuperou relativamente rápido. A doença de Andrea era mais persistente. A decisão de colocar a música no *Lover* foi tomada por toda a família, "e [a música é] algo do qual eu tenho tanto orgulho, mas é realmente difícil... lidar emocionalmente com essa música", disse ela durante sua transmissão ao vivo no *Lover's Lounge* em 22 de agosto.

Querer passar o máximo de tempo possível com sua mãe significava que uma turnê mundial do álbum em estádios estava fora de questão. Ao invés disso, quando ela fosse fazer a turnê de *Lover*, pretendia visitar apenas quatorze cidades — um número razoável, com intervalos entre os shows que permitiriam tempo suficiente para ver Andrea. Por causa do Coronavírus, a turnê nunca aconteceu (o cancelamento é discutido mais adiante neste capítulo).

A maior favorita dos fãs de *Lover* — definida como uma música adorada pelos Swifties mais do que as outras faixas do álbum — foi *Cruel Summer*. Uma música do estilo *new wave* que foi coescrita por Annie "St. Vincent" Clark (Jack Antonoff e Clark aparentemente trabalharam parte da instrumentação para o álbum *Masseduction* de St. Vincent, acharam que não se encaixava e a reaproveitaram para *Cruel Summer*), explorando um território romântico clássico. O tema era sobre um "sonho febril" de uma noite; ela a passou com — aparentemente — alguém que não era seu namorado, mas logo seria, e estava tomada por culpa e confusão. Alguns fãs supuseram — sem confirmação de Taylor — que a música descrevia o conflito de emoções envolvendo Joe Alwyn, com quem ela havia se encontrado e se encantado, e Tom Hiddleston, com quem estava namorando.

Estava previsto que se tornasse um *single* no verão de 2020, para coincidir com a *Lover Fest Tour*. Apesar de o plano ter sido frustrado pela pandemia da covid-19, *Cruel Summer* nunca desapareceu. Seus números de streaming permaneceram estáveis, mesmo depois que a era *Lover* terminou e Taylor lançou seus três álbuns seguintes (*Folklore* e *Evermore* em 2020 e *Midnights* em 2022). Depois, teve um lugar de destaque na setlist da *Eras Tour*, sendo a segunda música tocada todas as noites, e os números subiram novamente. O que Taylor poderia fazer senão finalmente lançá-la como single? Lançada em 13 de junho de 2023, a música alcançou o N.º 1 na *Hot 100* em 23 de outubro.

Depois, houve *Miss Americana & the Heartbreak Prince*, uma faixa de *Lover* que não tinha precedentes no estilo de Taylor. "Essa música é sobre a desilusão com nosso mundo louco de política e desigualdade, ambientada em uma escola fictícia", ela escreveu em uma nota exibida na tela durante o *Love, Taylor: The Lover Enhanced Album* — uma parceria com o Spotify que durou vários dias antes do lançamento de *Lover*. O evento incluiu letras inéditas de *Lover*, áudios e mensagens escritas sobre as músicas, além de algumas de suas músicas de amor favoritas de outros artistas, como *Come See About Me*, de Nicki Minaj, e *Maria*, de Blondie.

Ninguém esperava que Taylor expressasse opiniões políticas. Juntamente com a maioria dos cantores country, ela nunca tocou nesse assunto em seus primeiros anos em Nashville, nem mesmo depois de sua transição para o pop. Era um tema polêmico, e ela já estava acostumada a desviar de perguntas em entrevistas sobre quem apoiava nas eleições presidenciais de 2016 — aquela que levou Donald Trump à Casa Branca — ou como se sentia sobre o movimento *Black Lives Matter* e seus pontos de vista sobre direitos reprodutivos. O mais próximo que ela chegou de se posicionar publicamente foi uma linha em *Welcome to New York* que declarava apoio aos direitos LGBTQ+. *Miss Americana* foi uma correção animada de pop sintetizado para seus anos de quase silêncio.

Embora a "escola secundária metafórica" da letra não permita uma politicagem direta, Taylor usa imagens como um vestido de baile rasgado e um time de futebol perdedor para transmitir suas opiniões. Talvez ela tenha se motivado por um episódio político anterior, antes das eleições de meio de mandato nos Estados Unidos, em 2018, quando deu um pequeno passo ao fazer um longo post no Instagram que começava com: "No passado, fui relutante em expressar publicamente minhas opiniões políticas." O post condenava o racismo sistêmico, a homofobia e a misoginia na América e anunciava que ela votaria nos candidatos democratas para o Senado e a Câmara dos Representantes. Taylor o postou em 7 de outubro, incentivando os jovens americanos a se registrarem para votar até o dia 9 de outubro, quando o registro se encerraria no estado do Tennessee. Dentro de dois dias, 102 mil pessoas se registraram. A resposta de Trump: "Vamos dizer que agora eu gosto cerca de 25% a menos da música de Taylor."

Portanto, *Miss Americana* foi sua primeira mensagem musical de estado da união e também emprestou seu nome a um documentário lançado em janeiro de 2020. Onde *Miss Americana*, a música, fez alusões e insinuações, *Miss Americana*, o documentário da Netflix, foi direto ao ponto e afirmou de maneira veemente. O filme de oitenta e cinco minutos foi uma captura verdadeiramente reveladora de um ano de sua vida, desde a turnê de *Reputation* até a gravação e o lançamento de *Lover*. Sua diretora, Lana Wilson, disse: "Eu vejo o filme como olhar o outro lado de ser a queridinha da América."

Obviamente, a "queridinha da América" havia se fortalecido desde o ataque de Kim/Kanye — ela até sequenciou *Lover* para começar com uma faixa que parece falar diretamente para eles, *I Forgot That You Existed*. De acordo com a letra, ela não se esqueceu de nada, mas alcançou um estado de indiferença e já não pode mais ser machucada por eles. Mas levou um ano fora dos holofotes e muita reflexão para chegar a esse estado zen. O que *Miss Americana* examina é sua evolução — de sua posição de "boa garotinha" até uma fase adulta que lhe deu poder e a tornou destemida ao não ser mais "boa". Ela cresceu aderindo a um "sistema de crenças completo e total" que priorizava "a necessidade de ser vista como boa, [...] a principal coisa que eu sempre tentei ser era [...] uma boa menina". O trailer do filme, que estreou no Festival de Cinema de Sundance em Park City, Utah, em 23 de janeiro de 2020, prometeu que seria "além de tudo que você pensa que sabe". E foi.

Taylor falou pela primeira vez sobre o transtorno alimentar que dominou sua vida durante vários anos enquanto lutava para manter o tamanho 00 (tamanho 2 no Reino Unido)[19] — o tamanho que ela acreditava ser necessário para atender às expectativas

19 O tamanho 00 mencionado é referente aos Estados Unidos, o tamanho 2 mencionado é referente ao Reino Unido e a equivalência no Brasil seria o tamanho 34 aproximadamente.

públicas de uma estrela pop. Era um constante dilema: se ela ganhasse peso suficiente para ter o "bumbum que todo mundo quer", sua barriga não ficaria lisa, e vice-versa. Passou por períodos de jejum, chegando a sentir como se fosse desmaiar no palco. Ela finalmente superou esse impulso, disse, ao aceitar que seu corpo não foi feito para a magreza extrema. Agora usava o tamanho 6 (tamanho 8/10 do Reino Unido[20]) e sentia a diferença nos níveis de energia — conseguia fazer um show sem se sentir esgotada.

Ela também estava determinada a tomar uma postura política em público. Em uma das cenas mais comentadas do filme, ela diz à sua equipe que sente a necessidade de se manifestar sobre suas intenções de voto nas próximas eleições de meio de mandato (conforme mencionado no parágrafo anterior). Seu pai e sua equipe de gestão, que se opunham fortemente ao seu plano, tentam de tudo para dissuadi-la. Um deles alerta que seu público de shows vai diminuir pela metade da noite para o dia. Uma pessoa pergunta se Bob Hope ou Bing Crosby (que morreram em 2003 e 1977, respectivamente) já disseram aos fãs em quem votar. Ela poderia ter respondido com o fato de que Frank Sinatra apoiou publicamente a campanha presidencial de John F. Kennedy, em 1960, chegando a regravar um de seus hits, *High Hopes*, com uma nova letra pró-Kennedy.

A mesma pessoa pergunta se Mick Jagger já fez isso (não; Jagger nunca endossou um candidato específico, mas ele coescreveu *Street-Fighting Man*, um dos mais duradouros hinos antiguerra do Vietnã/pró-revolução da contracultura dos anos 1960). Outra pessoa a adverte de que fazer uma declaração pró-Democrata poderia colocá-la em risco: "Só do ponto de vista da segurança: 'Taylor Swift se posiciona contra Trump.'"

Ela responde com firmeza: "Eu não me importo se escreverem isso!" Diz que gostaria de ter se posicionado contra ele em 2016.

20 O tamanho 6 mencionado é referente aos Estados Unidos, o tamanho 8/10 mencionado é referente ao Reino Unido e a equivalência no Brasil seria o tamanho 36/38 aproximadamente.

O que era mais importante para ela naquele momento, em outubro de 2018, era estar "do lado certo da história". Scott Swift a lembra de que está tão preocupado com a segurança dela e que comprou carros blindados.

Taylor retruca em lágrimas que a candidata republicana do Tennessee para o Senado, uma mulher, havia votado contra a reautorização da Lei Federal de Violência Contra a Mulher, "que basicamente nos protege contra o abuso doméstico e a perseguição". Aponta para si mesma. "Perseguição!" Como alvo de tanta atenção indesejada, essa palavra tem um grande significado para ela. Ela pede desculpas a Scott por fazer isso — em outras palavras, pela postagem no Instagram que estava prestes a publicar — mas ia fazer de qualquer forma.

Miss Americana também aborda temas que já eram de conhecimento público, como o caso de assédio sexual nos bastidores em Denver, em 2013, e a subsequente ação judicial por difamação, e os apresenta de uma nova forma. Taylor revela, por exemplo, que ganhar o processo e receber o $ 1 de indenização, que ela havia pedido, não lhe deu sensação de "vitória". O processo foi "desumanizante"; embora houvesse evidências de que o assédio havia ocorrido — junto com uma fotografia, ela tinha testemunhas — ela teve que reviver o momento no tribunal. (Note bem: para piorar a situação, o réu pagou sua indenização de US$ 1 na forma de uma moeda de ouro com a cabeça e os ombros da mulher nativa americana Sacagawea. Por motivos não explicados, ele chamou a moeda de um "ataque" a Taylor). O caso foi um ponto de inflexão — a partir dali, ela sentiu a necessidade de usar sua plataforma para defender os outros.

As críticas de *Miss Americana* foram amplamente positivas. Alguns, inexplicavelmente, reclamaram que ela não havia inovado, mas muitos outros a consideraram, como fez o *Salt Lake Tribune*, "um olhar revelador sobre Taylor Swift encontrando uma nova voz".

Ao retornar ao lançamento de *Lover* em agosto de 2019, ninguém se surpreendeu quando o álbum estreou em primeiro lugar nos Estados Unidos. Foi o sexto álbum dela a alcançar o topo da parada americana e o quarto no Reino Unido. Extraordinariamente, na semana de lançamento, suas vendas foram maiores do que a soma das vendas dos outros 199 álbuns no *Top 200* americano. Em outras palavras, as compras de *Lover* representaram 27% de todas as vendas de álbuns naquela semana. Embora suas 867 mil vendas na primeira semana tenham sido menores do que o 1,2 milhão de *Reputation*, ainda foram superiores a qualquer outro LP que tenha alcançado uma estreia em 2019. Até dezembro, o álbum havia vendido 1,085 milhão de cópias físicas e digitais, tornando-se o álbum mais vendido de 2019 nos Estados Unidos.

Porém, a era de *Lover* foi marcada por eventos que ofuscaram o álbum em si. Primeiro: a pandemia do Coronavírus, que impossibilitou a realização da turnê do LP. Em setembro de 2019, ela anunciou datas para o *Lover Fest*, que estava programado para acontecer no verão de 2020. Swift faria dezessete shows em quatorze cidades, principalmente na Europa, e planejava adicionar mais datas no Reino Unido às duas já previstas (Hyde Park em Londres e o Festival de Glastonbury). Esse seria seu primeiro show em Glastonbury — uma apresentação muito desejada devido ao prestígio do festival e pelo senso de que um show ali é uma conquista que precisa ser merecida. Em abril de 2020, ela adiou os shows para 2021, e em fevereiro de 2021, sem uma previsão clara de quando a música ao vivo retornaria, cancelou toda a turnê. Ela só voltou a fazer turnês com a *Eras Tour*.

Em segundo lugar: o contrato com a Big Machine chegou ao fim. Ela havia cumprido os termos do acordo, que eram a produção de seis álbuns, e quando as atividades promocionais de *Reputation* terminaram, em novembro de 2018, ela oficialmente se tornou uma artista independente. Assim, *Lover* foi o primeiro álbum dela a ser lançado por uma gravadora diferente da Big Machine. A partir de 19 de novembro, sua nova gravadora passou a ser a Republic Records, uma subsidiária da Universal Music Group.

Quando assinou com a Big Machine aos quinze anos, ela havia, como de costume, cedido os direitos de seus álbuns à gravadora em troca de um adiantamento em dinheiro. Por que faria isso? Porque Scott Borchetta tinha experiência e influência — atributos vitais para uma adolescente que queria começar a carreira. Ela havia passado a maior parte de 2004 pedindo à RCA para avançar em seu contrato de desenvolvimento, no qual ela seria uma artista contratada, autorizada a fazer seu primeiro álbum. Portanto, a oferta de um contrato com a Big Machine, que estipulava que a gravadora lançaria e promoveria seis álbuns em troca dos direitos das gravações *master*, parecia um acordo atraente em 2004. Por mais talentosa que Scott Borchetta achasse que ela era, ele ainda estava arriscando; não havia nenhuma garantia de que a Big Machine recuperaria seu investimento.

O risco acabou sendo o mais astuto que ele já havia tomado. Em agosto de 2018, de acordo com a *Billboard*, suas vendas e reproduções correspondiam a 34% da participação de mercado da Big Machine. No mesmo mês, a *Variety* relatou que sua música representava uma parcela muito maior do que isso — segundo uma fonte próxima à Big Machine, em alguns anos, o percentual chegava a ser mais próximo de 80%.

O que é importante notar aqui é que a Big Machine detinha os direitos das *masters* dos primeiros seis álbuns de Taylor. As *masters* são as gravações originais, e a posse delas é valiosa porque gera uma fonte de renda com vendas e *streams*. No entanto, como Taylor havia escrito as músicas, elas não podiam ser licenciadas sem sua permissão para o uso em outros meios, como filmes ou comerciais. Então, se o proprietário da *master* recebesse um pedido de "sincronização" para usar uma música de Taylor em uma série de TV, ela, como compositora, poderia recusar a permissão. Em dezembro de 2019, ela revelou que sua equipe recebia "uma dúzia" de pedidos de sincronização toda semana — e recusava todos, pois ela só queria que suas gravações fossem usadas se ela fosse a proprietária delas.

Dito isso — é complicado —, qualquer uma de suas músicas poderia ser regravada por outro cantor e a versão cover poderia ser usada na mesma série de TV, desde que obtivessem uma licença do proprietário da composição, que é Taylor. Parece que é mais fácil e barato obter uma licença para um cover do que uma licença para usar a versão original. Um exemplo é *Bad Blood*, que apareceu na série animada da Netflix, *Big Mouth*, em outubro de 2019, cantada por Kina Grannis e CLARA. Houve também uma versão desacelerada e sombria de *Look What You Made Me Do*, creditada a Jack Leopards & The Dolphin Club, que foi exibida na série de TV *Killing Eve* em 24 de maio de 2020. Significativamente, se Taylor não tivesse escrito seu próprio material, ela não teria podido regravá-lo; as *Taylor's Versions* nunca teriam acontecido.

Taylor ficou especialmente empolgada com a inclusão da música em *Killing Eve*, tuitando em 25 de maio: "MUITO EMPOLGADA com esta cover de *lwymmd* em @KillingEve por Jack Leopards & The Dolphin Club!!" Swifties imediatamente começaram a investigar e descobriram pistas que apontavam para Taylor mesma: a música foi produzida por Jack Antonoff e Nils Sjöberg — o pseudônimo que ela usou para coescrever *This Is What You Came For*, de Calvin Harris. A arte da faixa era uma foto manipulada de seu irmão Austin quando criança, e Austin havia usado anteriormente o nome "The Dolphin Club" no Twitter. Um fã, que usava o nome stillhavehope99, comentou no Reddit: "Isso é muito legal. Taylor encontra Johnny Cash. E... que jogada de poder." Mas como isso seria uma jogada de poder? A explicação foi dada pela revista *Paper*: "Por que Taylor começaria uma banda falsa para lançar versões de suas músicas antigas? Para que ela pudesse colocar a música na TV sem que Braun ganhasse um centavo." Em maio de 2020, o empresário musical Scooter Braun havia comprado a Big Machine e isso será abordado no final deste capítulo.

A Big Machine iniciou negociações para renovar seu contrato meses antes do vencimento. A posição de Taylor era clara desde o início: ela só renovaria se os direitos sobre sua música fossem revertidos para ela. Segundo Taylor, a gravadora ofereceu devolver um *master* para cada novo álbum que ela lançasse, até um total de seis álbuns. Diante da perspectiva de ficar presa à gravadora por mais dez anos, ela começou a considerar ofertas de outras empresas. Talvez seja relevante para sua decisão o fato de que, nos últimos anos, Borchetta vinha pensando em vender a Big Machine em Nashville. Seu problema: sem os direitos sobre a música de Taylor, a gravadora perderia grande parte de seu valor.

No final, em 19 de novembro de 2018, a Universal Music Group anunciou: "Taylor Swift, uma das artistas mais criativas e comercialmente bem-sucedidas da história da indústria musical, assinou um contrato global de gravação com a Universal Music Group (UMG), líder mundial em entretenimento baseado em música. O acordo para múltiplos álbuns, com efeito imediato, aprofunda a relação entre Taylor e a UMG [a UMG era a distribuidora da Big Machine] e se fundamenta no enorme sucesso que ela alcançou com a Big Machine Records."

No mesmo dia, Taylor divulgou seu próprio comunicado via Tumblr: "Estou eufórica em anunciar que minha nova casa musical será a Republic Records e a Universal Music Group. Ao longo dos anos, [o presidente da UMG] Sir Lucian Grainge e [o CEO da Republic Records] Monte Lipman têm sido parceiros incríveis. Também é extremamente empolgante saber que, a partir de agora, eu serei dona de todas as minhas gravações *master*."

Seu contrato também incluía um compromisso da UMG de que, caso a empresa vendesse suas ações no Spotify (a plataforma de streaming havia sido listada na Bolsa de Valores de Nova York sob o nome Spotify Technology SA em abril de 2018), parte do dinheiro seria repassada aos seus artistas. “Havia uma condição que significava mais para mim do que qualquer outro ponto do acordo”, ela escreveu. “Pedi que qualquer venda das ações do Spotify resultasse na distribuição do dinheiro para os artistas, de forma não recuperável. Eles generosamente concordaram com isso.”

“Não recuperável” faz uma grande diferença aqui. Taylor persuadiu a UMG a compartilhar qualquer lucro do Spotify, mas muitos artistas contratados devem dinheiro à gravadora porque ainda não arrecadaram o suficiente para pagar seus adiantamentos. A intenção de Taylor era que qualquer valor vindo do Spotify fosse pago diretamente aos artistas, em vez de ser usado para reduzir suas dívidas com a UMG. Hipoteticamente, se um artista devesse 100 mil libras à UMG e sua parte nos lucros do Spotify fosse de 25 mil libras, a gravadora teria o direito de aplicar esse valor na dívida pendente. Isso reduziria a dívida do artista para 75 mil libras, mas ainda assim ele estaria longe de quitá-la. O que a UMG prometeu fazer, graças à Taylor, foi depositar as 25 mil libras diretamente na conta bancária do artista, representando um impulso financeiro muito bem-vindo.

No final de sua declaração, ela acrescentou: “Quero expressar meus sinceros agradecimentos a Scott Borchetta por ter acreditado em mim aos quatorze anos de idade e por ter me guiado por mais de uma década de trabalho, do qual sempre terei muito orgulho.”

Da próxima vez que mencionou Borchetta publicamente, seu tom foi bem menos ameno. Em 30 de junho de 2019, Borchetta e Scooter Braun anunciaram em conjunto que Braun havia comprado a Big Machine. O valor pago por Braun — posteriormente revelado como 330 milhões de dólares — não foi mencionado. “A ideia de Scott e eu trabalharmos juntos não é novidade, temos falado sobre isso desde o início da nossa amizade”, disse Braun.

"Ele construiu uma empresa brilhante, repleta de canções e artistas notáveis. Quem não gostaria de fazer parte disso?"

Borchetta acrescentou: "Scooter e eu sempre estivemos alinhados com a ideia de que 'uma grande visão traz grandes resultados' desde a primeira vez que nos encontramos, em 2010. Desde então, tenho acompanhado enquanto ele constrói uma empresa incrível e diversificada, que complementa perfeitamente o Big Machine Label Group. Nosso espírito de colocar os artistas em primeiro lugar, junto ao nosso portfólio combinado de talentos, executivos e ativos, agora é uma força global a ser reconhecida."

Taylor respondeu com um longo post no Tumblr, no qual declarou, em parte: "Este é o meu pior cenário possível. Isso é o que acontece quando você assina um contrato aos quinze anos com alguém para quem o termo 'lealdade' é claramente apenas um conceito contratual. Quando deixei meus *masters* nas mãos de Scott, fiz as pazes com o fato de que, posteriormente, ele os venderia. Mas nem nos meus piores pesadelos imaginei que o comprador seria Scooter."

O choque de Taylor com a venda ressoou em todo o seu universo. As origens de sua desavença com Scooter Braun são difíceis de precisar; em seu post no Tumblr, ela mencionou "o *bullying* incessante e manipulador que venho sofrendo em suas mãos há anos" e citou como exemplo o vazamento, por Kim Kardashian, da gravação da conversa telefônica de 2016 com Kanye West. Kim e Kanye eram clientes da empresa de gerenciamento de Braun, e Taylor afirmou que Braun os encorajou a assediá-la on-line. (Nota: Scooter e Kanye encerraram sua parceria profissional em 2018.) Ela também sugeriu que outro cliente de Scooter, Justin Bieber, teria participado — em 2016, Bieber postou uma foto de si mesmo em uma videochamada com Kanye e Scooter, legendando-a com: *Taylor Swift, what up* (E aí, Taylor Swift).

Justin Bieber — que havia se tornado um ícone pop desde que Braun o descobriu no YouTube em 2008, quando o então adolescente de quatorze anos postava vídeos cantando covers de sucessos do R&B — se desculpou depois de ver o post de Taylor no Tumblr. No mesmo dia, 30 de junho, ele escreveu no Instagram explicando que, na época, achou engraçada a foto da videochamada com a legenda "What up" e que Braun não havia se envolvido. Na verdade, Braun o aconselhou a não brincar com o assunto. Braun "sempre esteve ao lado" de Taylor desde 2009, disse ele, quando Bieber abriu alguns shows da turnê de *Fearless*. Agora, Bieber estava desapontado com a alegação de Taylor de que Braun a havia intimidado. "Uma coisa que eu sei é que tanto o Scooter quanto eu amamos você", escreveu ele, sugerindo que ela entrasse em contato com Braun para resolver "qualquer sentimento que precisasse ser tratado".

Enquanto Taylor tentava processar a venda da Big Machine — tecnicamente, a aquisição foi entre a Big Machine Label Group e a empresa de Braun, Ithaca Holdings LLC — a cantora Kelly Clarkson ofereceu um conselho que faria Taylor lançar um projeto tão ousado que realinharia sua carreira. Em vez de ser vista apenas como um ícone, ela seria aplaudida por assumir o controle da situação e transformá-la totalmente a seu favor. "Só um pensamento", Clarkson tuitou em 13 de julho. "Você deveria regravar todas as músicas das quais você não possui as *masters*, exatamente como foram feitas, mas colocar uma nova arte e algum tipo de incentivo para que os fãs não comprem mais as versões antigas."

Enquanto isso acontecia, Taylor estava, como não poderia deixar de estar, imersa no lançamento de *Lover*. Em 14 de junho, *Me!* foi seguida pelo segundo *single You Need to Calm Down*, e no dia em que a notícia da venda da Big Machine foi divulgada, faltavam oito semanas para o lançamento de *Lover*. O anúncio da BMLG não poderia ter chegado em um momento mais complicado, mas Taylor prospera diante de desafios de uma maneira que é estranha para os mortais comuns. Ela sempre soube que tinha permissão contratual para regravar sua música após um determinado período de tempo — muitos contratos de gravação incluem essa permissão, impondo um período de espera de dois anos após a expiração do contrato, ou cinco anos após o lançamento de um álbum. No caso de Taylor, isso significava que, se quisesse, poderia começar a regravar os primeiros álbuns em novembro de 2020.

É totalmente possível que ela tivesse planejado isso desde o momento em que descobriu sobre a venda. No entanto, a sugestão de Clarkson é amplamente vista como o fator motivador. Clarkson também disse que faria questão de comprar qualquer regravação, e muitos fãs se manifestaram após isso, dizendo que fariam o mesmo. O entusiasmo deles pela ideia foi quase como uma pesquisa de opinião, garantindo a Taylor e sua equipe que, se ela refizesse os álbuns, eles venderiam. E, em 22 de agosto, veio o primeiro anúncio de suas intenções: em entrevista ao *CBS News Sunday Morning*, ela foi questionada se iria regravar. "Ah, sim", ela respondeu, com o que só pode ser descrito como júbilo. Mais tarde naquele dia, ela revelou mais no *Good Morning America*: "É algo que estou muito animada para fazer, porque meu contrato diz que, a partir de novembro de 2020... eu posso regravar os álbuns de um a cinco novamente. Estou muito animada com isso."

Não é exagero dizer que muitas pessoas estavam empolgadas: Taylor, seus fãs, outros artistas — que estariam assistindo e aprendendo — e grande parte da indústria da música, para quem o projeto *Taylor's Version* (como ainda não era conhecido) serviu como um lembrete para analisar com mais atenção as cláusulas de regravação nos contratos de artistas.

CAPÍTULO 13

Folklore e *Evermore*

Folklore e *Evermore*, lançados em julho e em dezembro de 2020, foram os álbuns que ninguém estava esperando. Eles apareceram sem nenhum alvoroço, com exceção de avisos pelo Instagram e pelo Twitter um dia antes do lançamento, e continuam a ser esforços únicos — os pontos atípicos do catálogo de Taylor. Eles exploram um terreno musical completamente diferente de qualquer coisa que ela já tenha feito antes, e fazem isso sem a transição gradual apresentada por *Red*, que espalhou músicas pop pelo país como uma preparação para a mudança total de Taylor para o pop com *1989*.

Folklore, por sua vez, é seu álbum indie/folk/alt-rock: dezesseis faixas de minimalismo íntimo e enxuto. O humor é saudoso, mas claro — Taylor o considerou para representar a primavera e o verão. Mais obscuro e melancólico, *Evermore* representa o outono e o inverno. Ambos são manifestações de um local em sua mente que ela chama de "os bosques folclóricos". Ela usou esse termo em um tweet: "... parece que nós estávamos no auge dos bosques folclóricos e tínhamos uma escolha: dar as costas e voltar ou viajar e adentrar a floresta dessa música." Postado em 10 de dezembro de 2020, foi o primeiro aviso público de que o álbum que seria irmão de *Folklore*, *Evermore*, iria chegar à meia-noite daquela noite.

Se *Evermore* às vezes é o irmão quase esquecido, pode apenas culpar *Folklore* por sua singularidade, que roubou toda a atenção. Ele inventou um mundo de personagens fictícios — um desenvolvimento cultivado pela decisão de Taylor de que ela havia ido o mais distante que conseguiria, pelo menos até o momento, com seu estilo de escrita na forma de "diário". Havia ainda algumas faixas autobiográficas, como a gótica e assombrada *My Tears Ricochet*, um relato de uma pessoa traída e ressentida sobre um conflito entre ela e "a pessoa que era sua melhor amiga [e] agora é sua maior nêmesis", como ela contou à *Entertainment Weekly*. Essa descrição foi interpretada como se fosse a respeito de Scott Borchetta; se era, ele com certeza se sentiu queimado pela letra. A linguagem é afiada: ele a "enterrou", a "matou", a estava "amaldiçoando".

Outras faixas, porém, eram pura ficção. *The Last Great American Dynasty*, por sua vez, foi inspirado pela vida de Rebekah Harkness, a herdeira do petróleo que já foi proprietária da Holiday House, em Rhode Island. A música, uma mistura de alt-rock, era uma crítica astuta à alta sociedade de Rhode Island da metade do século XX — especificamente aos "moralistas" que viam o espírito anárquico do "Bitch Pack" de Harkness como uma ameaça à moralidade. Harkness era conhecida pelos amigos como Betty, então é tentador pensar que ela também tenha inspirado a canção de nome *Betty* — a terceira música do álbum *Folklore*. Na música, a *Betty* fictícia está envolvida no que Taylor chamou de "um triângulo amoroso adolescente", e as outras pontas são chamadas de James e Inez. Acontece que Blake Lively, uma amiga muito próxima de Taylor, tem filhos chamados Betty, James e Inez, então parece ser bastante conclusivo de onde os nomes vieram — apesar de que seria adorável pensar que algo do coração selvagem de Betty Harkness exista no estilo americana solitária e harmonizada de *Betty*.

A letra, contada do ponto de vista de um jovem de dezessete anos, James, menciona o cardigã de Betty — uma peça de roupa cotidiana e sem glamour que é tema de sua própria música. *Cardigan* foi o primeiro single do álbum (e única N.º 1) e é muito amada até hoje. Taylor tinha trinta anos quando a compôs, mas sua evocação da inocência do ensino médio é inesperadamente pura. Seus vocais sussurrados — que remetem à Lana Del Rey, se o cinismo tivesse sido retirado de sua voz — brilham; nessa ela é a Betty, cantando sobre como James a usou como um moletom que empurrou para baixo da cama.

Não foi apenas a qualidade das músicas que fizeram com que *Folklore* fosse um hit. Ele preencheu requisitos até então inexistentes. Ninguém sabia que precisava desse álbum discreto e rústico até que ele chegou de fato: somente então, enquanto as pessoas em quarentena se perguntavam o que fariam durante o primeiro verão na pandemia, se tornou óbvio que ali estava um álbum feito para aquela situação específica. Não era intrusivo, apenas ofereceu companhia. A *NME* escreveu: "Parece que, com *Folklore*, Taylor viajou para uma cabine metafórica em um bosque e criou um álbum maravilhoso e descontraído, recheado com músicas folk modernas."

Havia mais uma atração: ela fez a maioria do álbum com Aaron Dessner, da reverenciada banda indie The National, que trouxe com ele o igualmente admirado Justin Vernon, cantor e compositor de Wisconsin. Vernon, que grava sob o pseudônimo de Bon Iver (pronuncia-se como "Bone-ee-vare"), já colaborou com Aaron Dessner sob o nome de Big Red Machine e, aqui, fez um dueto com Taylor na faixa de *Exile*. Sua voz envelhecida como carvalho era um contraponto atmosférico para a voz dela, que soava enevoada, como os Apalaches. Foi o segundo *single* de Folklore, alcançou a 6ª posição nos Estados Unidos e a 8ª posição na Grã-Bretanha.

Ele trouxe uma audiência que nunca teve muito tempo para Taylor por causa de suas tendências pop. *Folklore* desviou o foco do glamour de *Lover* e o concentrou em suas composições, e esses novos ouvintes descobriram que ela era muito mais do que eles haviam imaginado. "Todos aqueles homens de cinquenta anos que a haviam descartado foram forçados a admitir como ela era boa," Dave Fawbert disse ao *Guardian* (como mencionado anteriormente, seu clube noturno em todo o Reino Unido toca apenas músicas de Taylor Swift).

Desde maio de 2019, Taylor ouviu repetidamente *I Am Easy to Find*, o álbum lançado naquele mês pelo The National. Quando a América entrou em lockdown na primavera de 2020, Taylor continuou ouvindo-o (e também se pegou lendo muito mais do que antes e assistindo a mais filmes do que nunca). Ela teve a ideia de contatar Dessner, o guitarrista, tecladista e coautor do The National para avaliar seu interesse em colaborar em um álbum. Ele estava interessado o suficiente a ponto de enviar um disco rígido de ideias em que estava trabalhando. Ela retornou com letras e vocais no mesmo dia.

Gravando de forma remota, eles modelaram nove das dezesseis músicas de *Folklore*; Taylor fez o restante com Jack Antonoff, Joe Alwyn ou — em *Betty* — um comitê composto por ela mesma, Aaron Dessner, Jack Antonoff *e* Joe Alwyn. Ele entrou na *Billboard Top 200* em primeiro lugar e permaneceu lá por oito semanas, tornando-se o mais vendido de 2020. Em março de 2021, ele ganhou o Grammy de Álbum do Ano — sua terceira vitória na categoria.

A segunda metade de 2020, pós-*Folklore*, viu três acontecimentos importantes. Em novembro, dois anos após o vencimento do contrato com a Big Machine, ela deu início ao seu projeto de regravações. O primeiro que escolheu não foi seu álbum de estreia, mas, sim, o seu subsequente de 2008, *Fearless*, seu primeiro N.º 1 na *Billboard* nos Estados Unidos e o primeiro a ganhar o Álbum do Ano no Grammy. Até a primavera de 2024, o álbum de estreia ainda não havia sido regravado, e várias teorias circulam sobre sua ausência, com muitas sugestões apontando para os números relativamente baixos de reproduções do álbum *Taylor Swift* — dizem que o álbum de estreia representa apenas 1,25% de todas as reproduções de seus álbuns. Com o projeto *Taylor's Version*, ela estava indo para onde nenhum gigante do pop havia ido antes e provavelmente fazia mais sentido, estrategicamente falando, lançar o LP que a levou à visibilidade nacional do que um disco que não receberia a mesma atenção e não teria as mesmas vendas. Taylor também tem estado aberta sobre querer licenciar suas músicas para filmes e para a TV, e *Fearless* tinha várias possibilidades de sincronia mais desejadas, especialmente *Love Story* e *White Horse*.

Em 16 de novembro de 2020, foi anunciado que Scooter Braun havia vendido as *masters* de Taylor e todos os direitos de regravação para uma empresa chamada Shamrock Capital. O preço de venda teria sido cerca de 405 milhões de dólares. Taylor agora estava livre de muitos vínculos comerciais com os primeiros anos de sua carreira, incluindo a Sony/ATV Publishing. Em fevereiro de 2020, o contrato que ela havia assinado aos quatorze anos havia expirado e ela foi para a Universal Music Publishing Group.

Conforme o primeiro ano de quarentena ia chegando ao fim, Taylor puxou um terceiro coelho da cartola. Em 10 de dezembro, postou uma nova foto no Instagram: a parte de trás de sua cabeça e ombros, com o cabelo em uma trança desarrumada, ao ar livre, vestindo uma jaqueta xadrez rústica. O conjunto era perfeito para caminhar por campos abertos no inverno, como na foto. Era a primeira vez que ela dava as costas para a câmera em uma capa de álbum — pois era isso que aquela foto era: a capa de seu próximo álbum. Apenas pela imagem, parecia que a exploração de Taylor de caminhos rústicos e "bosques folclóricos" não havia terminado ainda.

E, a moda, sendo como ela é, a revista *Stylist* publicou um guia para reproduzir seu penteado. "Uma trança francesa solta e macia como esta mantém o cabelo domado e, ao mesmo tempo, elegante", disse Adam Reed, embaixador editorial da L'Oréal Professionnel no Reino Unido. Ele sugeriu "preparar a trança com spray de sal" para aumentar a aderência e revelou que "o segredo da trança de Taylor é não pensar demais nela; não tem problema algum se algumas mechas forem maiores do que outras".

Como legenda no Instagram, Taylor escreveu: "Estou eufórica em contar a vocês que meu nono álbum de estúdio e irmão de *Folklore* será lançado hoje à meia-noite, horário do Leste. Se chama *Evermore*." Assim como aconteceu com *Folklore*, ela fez o anúncio com menos de vinte e quatro horas de antecedência. "Para ser mais clara, não conseguíamos parar de compor músicas", ela continuou, explicando que seus cocriadores eram, como antes: Aaron Dessner, Jack Antonoff, Justin Vernon e "WB" (William Bowery/Joe Alwyn), e que algumas caras novas tinham se juntado a ela. Estas acabaram sendo suas amigas próximas, Este, Danielle e Alana Haim — mais conhecidas como a banda Haim — e o grupo de Dessner, The National. Colaborando com Taylor pela primeira vez, Haim harmonizou a balada de assassinato silenciosa e ameaçadora *No Body, No Crime*, ao passo que o vocalista do The National, Matt Berninger, fez um dueto com Taylor na desolada faixa sobre um término, *Coney Island*. Localizada no Brooklyn, bairro onde o The National foi formado, Coney Island é uma área de diversão à beira-mar que floresce no verão, mas a música se passa na baixa temporada de inverno, o que torna a combinação das vozes de Berninger e de Taylor surpreendentemente atmosférica.

"Eu amei o escapismo que encontrei em contos imaginários/não imaginários [de *Folklore*]", ela escreveu na legenda do Instagram — e essa era a razão pela qual estava agora lançando o irmão de Folklore. Ela também tinha esperança de que poderia proporcionar consolo para todos aqueles que estariam celebrando os feriados sozinhos por causa das regras de isolamento da covid. O anúncio de 10 de dezembro caiu no dia do aniversário de Emily Dickinson, a poetisa de Massachusetts do século XIX que tem crescido em importância desde sua morte, tornando-se uma figura imponente da literatura americana. (Nem é preciso dizer que o aniversário de Taylor seria dali a três dias; ela completou trinta e um anos no dia 13 de dezembro.)

A cantora, que mais tarde descobriu que tinha um parentesco distante com Emily Dickinson, era uma grande admiradora e possivelmente encontrou inspiração para o nome do novo álbum no poema de Dickinson de 1858, *One Sister Have I in Our House*, que finaliza com: *Sue — forevermore!* A décima faixa meditativa e folclórica de *Evermore*, *Ivy*, foi interpretada como uma canção de amor de Dickinson para Sue — sua cunhada Susan Gilbert — com quem se supõe (nunca foi provado) que ela tenha tido um relacionamento romântico.

O *single* principal de *Evermore* foi *Willow*, lançado no mesmo dia do álbum, 11 de dezembro. Ambos, álbum e música, estrearam em primeiro lugar na Billboard na mesma semana e, comercialmente, *Willow* superou em muito os outros dois *singles* do álbum. *No Body, No Crime* atingiu a posição 34º e a colocação em 63º lugar de *Coney Island* deu a ela a distinção de ser o *single* americano de Taylor com a mais baixa cotação — um recorde que ainda mantém. Taylor disse que *Willow* era sobre "lançar um feitiço para que uma pessoa se apaixone por você" e sua melodia indie-folk tocada com os dedos era realmente envolvente.

Pegos de surpresa, os críticos mal tiveram tempo de ouvir o álbum antes de montarem suas resenhas. Era especialmente difícil, nesse curto prazo, identificar diferenças marcantes entre *Folklore* e *Evermore*: seria *Evermore* uma continuação de *Folklore* ou eram álbuns distintos, com temas próprios? Foram necessárias algumas boas audições para perceber que *Folklore* soa mais coeso em termos sonoros, enquanto *Evermore* é mais variado musicalmente. As músicas de *Evermore* também são mais assombradas, com emoções exploradas de forma mais profunda. Temos, por exemplo, o desespero sombrio de *Coney Island*: as luzes se apagam, o parque de diversões está fechado, e Taylor se aflige com o relacionamento recém-terminado. *Folklore*, por outro lado, era menos sobre sua própria vida e mais sobre as vidas de outras pessoas, como os personagens do triângulo amoroso criado para *Betty*, *Cardigan* e *August*.

Não haveria novas músicas até a chegada de *Midnights*, quase dois anos depois. Nesse meio-tempo, Taylor se dedicou ao seu projeto *Taylor's Versions* (*Fearless*, lançado em abril de 2021, seguido por *Red* em novembro do mesmo ano). Enquanto os fãs aguardavam, seus dois álbuns irmãos — os álbuns definitivos da pandemia — continuavam a oferecer conforto.

CAPÍTULO 14

Midnights

Se o *Midnights* ofereceu alguma grande manchete, foi esta: a Taylor do pop estava de volta. Depois de se reinventar em *Folklore* e *Evermore* como uma autora de prestígio — e conquistar uma nova base substancial de ouvintes composta por pessoas que antes não a consideravam "digna" de atenção — ela havia emergido das florestas folclóricas. (Resta saber como isso afetou os novos fãs que esperavam que ela permanecesse nessas florestas por mais alguns álbuns.) O eletropop que pulsava nas eras de *1989*, *Lover* e *Reputation* estava de volta como sua referência principal: os sintetizadores e as batidas *house* voltaram, ainda que de forma sutil. Escrito principalmente com Jack Antonoff ao longo dos doze meses partindo do outono de 2021, o álbum foi uma recalibração.

Tudo isso só veio à tona após o lançamento de *Midnights* em 21 de outubro de 2022. Antes de sua chegada — à meia-noite, obviamente — ela não concedeu entrevistas nem disponibilizou uma única música com antecedência. O álbum foi simplesmente lançado, em sua totalidade, naquela noite. Dito isso, houve o que poderia ser chamado de uma contagem regressiva para o lançamento. Enquanto os álbuns folclóricos chegaram quase sem aviso prévio, exceto por uma mensagem no dia anterior, desta vez Taylor restaurou a sensação de expectativa. Em 28 de agosto, ela fez um anúncio no MTV Video Music Awards. Ao receber o troféu de *Best Long Form Video* por *All Too Well: The Short Film* (que ela escreveu e dirigiu), disse: "Achei que este seria um momento divertido para contar a vocês que meu mais novo álbum será lançado em 21 de outubro."

Nota: o lançamento iminente de seu décimo primeiro álbum, *The Tortured Poets Department*, também foi anunciado em uma premiação. Em 4 de fevereiro de 2024, ao receber o Grammy de *Best Pop Vocal Album* por *Midnights*, ela declarou: "Eu quero agradecer aos fãs contando um segredo que venho guardando de vocês nos últimos dois anos, que é o meu mais novo álbum, que será lançado em 19 de abril. Ele se chama *The Tortured Poets Department*." Em alguns setores, o anúncio foi considerado "controverso" por supostamente ter "sequestrado" o Grammy e, com o benefício da retrospectiva, talvez tivesse sido melhor não mencionar *TTPD* na ocasião.

O motivo para isso está relacionado a um erro de julgamento mais tarde naquela noite, quando ela venceu — pela quarta vez, um recorde para qualquer artista — o prêmio de *Álbum do Ano*. O troféu foi entregue por Céline Dion, que fazia uma rara aparição pública desde o diagnóstico de uma doença neurológica, a síndrome da pessoa rígida, em 2022. A extraordinária Céline Dion recebeu uma ovação de pé ao ser levada ao palco por seu filho mais velho, René-Charles — Taylor se levantou e aplaudiu junto com todos os outros — e sua resiliência ficou evidente quando, sem auxílio, ela permaneceu diante do microfone e anunciou Taylor como vencedora. Taylor pareceu genuinamente chocada com a vitória, o que pode explicar o que a mídia chamou de "desfeita" a Céline Dion. Ao subir ao palco de mãos dadas com Lana Del Rey — com quem havia feito um dueto na faixa *Snow on the Beach* —, ela agradeceu efusivamente a Jack Antonoff e aos outros colaboradores de *Midnights* que a acompanhavam no palco; enquanto isso, Céline Dion aguardava alguns passos atrás, segurando o troféu de gramofone. Finalmente, Taylor se aproximou, acenou e sorriu em agradecimento, pegou o prêmio e voltou a se virar para seus amigos.

Mais tarde, Taylor encontrou Céline Dion nos bastidores, onde as duas foram fotografadas se abraçando. Tudo parecia estar bem, mas o aparente esquecimento de Céline Dion no palco deu a alguns críticos um pretexto para também se sentirem ofendidos com o anúncio de *The Tortured Poets Department*. Ela havia "feito tudo girar em torno de si mesma" — uma afronta.

E, ainda assim, sua decisão de mencionar o álbum provavelmente pode ser perdoada como um caso de empolgação justificável. Havia até uma conexão entre o *TTPD* e o *Midnights* — ela começou a trabalhar no primeiro assim que entregou *Midnights* à Republic Records. Na época do Grammy, já vinha trabalhando em *TTPD* por quase dois anos.

Voltando ao dia 28 de agosto de 2022, o mundo já sabia que *Midnights* estava a caminho. Entre 21 de setembro e 7 de outubro, ela foi soltando os títulos das músicas — mas nenhuma música — pelo TikTok. No dia 17 de outubro, ela intensificou a expectativa ao postar um *Midnights Manifest* no Instagram. A postagem tomou a forma de um diário de mesa, mostrando nove dias, começando em 20 de outubro e terminando no dia 28. O Dia 1 trouxe uma notificação escrita à mão informando que um "Teaser Trailer" seria exibido durante o *3rd quarter of Thursday Night Football* (Terceiro quarto do Futebol de Quinta à Noite) — e que *Midnights* seria lançado "à meia-noite". No dia seguinte, 21 de outubro, a atividade relacionada ao álbum foi intensa: "(*3 am EST* [*Eastern Standard Time*[21]]). Uma surpresa especial e muito caótica."

Nesse mesmo dia, o vídeo do single principal, *Anti-Hero*, seria estreado às 8 da manhã, horário EST, acompanhado de um *#TSAntiHeroChallenge* no YouTube Shorts, e às 8 da noite seriam lançados os vídeos com as letras. A caixa para sábado, 22 de outubro, trazia um pedido bastante objetivo (ou até queixoso): "ouçam o *midnights* pfvr." 23 de outubro: "Visita sua loja de discos local? ouçam o *midnights* pfvr." Também havia anotações sobre participações nos programas de entrevistas de Jimmy Fallon e de Graham Norton. Nos dias 26 e 27, mais lembretes para ouvirem o álbum e assistirem aos vídeos.

Taylor sabia exatamente o que estava fazendo: quando a semana de ranquear terminou em 27 de outubro, ela havia vendido o equivalente a 1,5 milhão de unidades nas paradas, estreando em 1º lugar, e *Anti-Hero* entrou no *Hot 100* em 1º lugar. (*Anti-Hero* também registrou 17 milhões de reproduções no primeiro dia no Spotify — o número mais elevado de uma estreia na história da plataforma.) E ocupando as posições de 2º a 10º lugar no *Hot 100* estavam outras faixas de *Midnights*. Ela tuitou de forma concisa: "10 de 10 no *Hot 100*??? No meu 10º álbum??? ESTOU EM COMPLETO CAOS."

Passando oito semanas não consecutivas em 1º lugar nos EUA — apenas *Blank Space* se aproximou de seu sucesso nas paradas, com sete semanas em 1º lugar entre 2014 e 2015 — *Anti-Hero* continua sendo o maior *single* de sua carreira em termos de tempo no topo. Mas, em termos de unidades equivalentes nas paradas — o número agregado utilizado pela indústria para representar o número de downloads e de reproduções — a campeã indiscutível é *Shake It Off*, que vendeu 10 milhões de unidades. *Anti-Hero* pode ou não eventualmente ultrapassar esse número, e há uma grande

21 Horário Padrão do Leste.

chance de que o faça, pois é uma de suas músicas mais amadas — uma faixa que consegue ser implacavelmente autocrítica, até autodestrutiva, mas incrivelmente cativante. Ela é "narcisista", um "monstro" — o refrão melódico de eletropop resume: é tudo culpa dela. E sua honestidade aumentou sua popularidade. Taylor falou sobre a música no Instagram algumas semanas antes de seu lançamento. Era uma de suas músicas favoritas — não apenas sua faixa favorita de *Midnights*, mas uma das favoritas de todos os tempos. Ela se sentiu orgulhosa de sua honestidade: "Não acho que eu tenha explorado tão profundamente minhas inseguranças com tanto detalhe. Essa música é um verdadeiro tour guiado por tudo aquilo que eu costumo odiar em mim mesma."

A "surpresa muito caótica" que ela prometeu no anúncio acabou sendo sete faixas bônus, disponíveis em uma versão estendida do álbum chamada *Midnights (3am Edition)*. Enquanto isso, o *TS Anti-Hero Challenge* convidou os fãs a compartilharem suas "características anti-heróicas". Taylor revelou que as suas incluíam achar que seu gato, Benjamin Button, é seu filho — bem, por que não? — e ser obcecada pelo número treze.

O *Midnights* era um álbum conceitual, inspirado por "treze noites sem dormir espalhadas ao longo da minha vida", disse ela nas redes sociais. Cada um de seus cinco temas era bastante profundo por si só: "autodesprezo"; "fantasiar sobre vingança"; "pensar no que poderia ter sido"; "se apaixonar" e "desmoronar". Tomados como um todo, esses temas marcaram o retorno da Taylor autobiográfica — suas reservas sobre utilizar habitualmente um estilo de escrita na forma de "diário" haviam sido superadas com *Folklore* e *Evermore*, e agora ela podia escrever sobre sua própria vida novamente.

Começando com a faixa de abertura, na verdade. Seu título, *Lavender Haze*, que denota o estado de estar apaixonado, era um termo dos anos 1950 que ela ouviu em *Mad Men*. Ela sentiu que seria uma boa escolha para o nome de uma música sobre seu relacionamento com Joe Alwyn. Mas ela abordou a letra do ponto de vista de um casal que passou boa parte de seu romance tendo que ignorar os comentários da mídia social sobre isso. Em um vídeo no Instagram postado antes do lançamento de *Midnights*, Taylor explicou que a sua própria experiência com relacionamentos, ou pelo menos o seu relacionamento atual na época, tinha sido prejudicada por "rumores estranhos [e] fofocas de tabloides" com os quais ela e Joe Alwyn lidaram simplesmente ignorando-os. (O vídeo foi removido do Instagram cerca de seis meses depois, após ela e Joe Alwyn terminarem.) Como muitas faixas de *Midnights*, ela é caracterizada por uma sensação sensual de R&B e uma base sintetizada.

A sonhadora *Snow on the Beach* é outra faixa sobre um relacionamento, ou melhor, uma faixa que foca no fenômeno raro (tão raro que é comparável à neve na praia) de duas pessoas se apaixonando ao mesmo tempo. A música foi bastante comentada porque foi sua primeira colaboração com Lana Del Rey, cujo pop sombrio e cinematográfico é muito admirado por Taylor. "Eu acho que muitas artistas femininas não estariam onde estão e não teriam a inspiração que têm se não fosse pelo trabalho que ela fez", disse Taylor no Grammy, enquanto Lana Del Rey observava de alguns metros de distância, sorrindo enigmaticamente ao lado de Sam Dew, um dos coautores de *Lavender Haze*. "Eu acho que ela é uma artista de sucesso, uma lenda que está no auge. Eu sou tão sortuda por te conhecer e ser sua amiga."

A contribuição de Lana Del Rey em *Snow on the Beach* foi considerada por alguns ouvintes tão mínima que ela foi vista mais como uma cantora de apoio do que uma colaboradora em um dueto 50/50 — muitos expressaram essa opinião, e Taylor respondeu com um *tweet* em 24 de maio de 2023: "Você pediu por isso, nós ouvimos: Lana e eu voltamos ao estúdio especificamente para gravar mais Lana em *Snow on the Beach*." Ela cumpriu sua palavra: a nova versão, com o crédito 'Feat. More Lana Del Rey', foi uma parceria igual e brilhante.

A "fantasia sobre vingança" que ela havia prometido ao falar sobre o álbum antes de seu lançamento foi *Vigilante Shit* — a primeira vez que ela usou uma palavra com as quatro letras no título, o que gerou diversos artigos com o título "Taylor Swift está xingando mais em suas letras agora" (como foi publicado no site *CinemaBlend*). Se o assunto da faixa era Scooter Braun — como especularam alguns fãs — o "xingamento" mostrava que ela ainda não estava disposta a uma trégua. Pelo que se sabe, em uma entrevista pouco antes de *Midnights* ser lançado, Scooter Braun disse ao apresentador do podcast Jay Williams que se arrependeu da inimizade causada pela sua aquisição da Big Machine. "Eu presumi que, uma vez que o negócio fosse fechado, todos teriam uma conversa comigo, veriam minhas intenções, meu caráter e diriam: 'Ótimo, vamos fazer negócios juntos.'" Foi, acrescentou ele, "um aprendizado".

Três *singles* foram lançados durante a era de *Midnights*: *Anti-Hero*, claro, mas também *Lavender Haze* e *Karma*, e a última poderia ser interpretada como mais um momento vingativo. Nela, ela reflete que atraiu bom carma — como é demonstrado pelas muitas bênçãos em sua vida — enquanto aqueles que a "traíram" acumularam o oposto. Um remix da faixa conta com o rapper Ice Spice, e essa versão foi indicada para a categoria de Melhor Performance de Pop Duo/Grupo no Grammy de 2024.

Tudo o que restava era ela levar o álbum ao público, pessoalmente. Depois de não ter feito uma turnê desde que *Reputation* foi concluída em 2018, Taylor passou os últimos quatro anos lidando com o vazio onde uma turnê por estádios deveria ter ocorrido. Por meses antes do lançamento de *Midnights*, ela trabalhou nos bastidores para mudar isso. Em 1º de novembro de 2022, o *Los Angeles Times* anunciou boas notícias: "Swifties, levantem-se! Taylor Swift levará *Midnights* para a estrada com uma turnê por estádios nos

EUA." A turnê, Taylor anunciou no *Good Morning America* no mesmo dia, seria chamada de *The Eras Tour*. "Estou tão animada por poder olhar nos olhos de vocês e dizer obrigada por tudo", disse ela. Foi uma semana "incrível", com *Midnights* chegando ao N.º 1 (seria o álbum mais vendido de 2022, apesar de ter sido lançado apenas dois meses antes do final do ano) e suas faixas dominando todo o *Top 10*. A *The Eras Tour* a transformaria de uma superestrela do dia a dia para, como a *Elle* colocou, "uma megaestrela pop em níveis celestiais".

CAPÍTULO 15

Eras

Aclamada como "o maior show da terra" pela revista da indústria de shows *Pollstar*, a *Eras Tour* começou como uma modesta série de vinte e sete shows em estádios ao longo de cinco meses. Essa era a programação anunciada no pôster original da turnê, que também listava os artistas de abertura, incluindo Haim, Paramore e Phoebe Bridgers. A estreia estava marcada para 18 de março de 2023, em Glendale, Arizona, e o encerramento para 5 de agosto, em Los Angeles. A turnê levaria Taylor por "uma jornada por todas as eras musicais da minha carreira", como ela disse no programa *Good Morning America*. Ela acrescentou que, em breve, anunciaria datas na Europa.

A *Eras Tour*, é claro, se transformou em um fenômeno global de 152 shows ao longo de vinte e um meses. Entre os muitos recordes que quebrou até agora, destaca-se o de turnê de maior bilheteria de todos os tempos, arrecadando US$ 1,039 bilhão. Junto com esse feito, veio outra conquista inesperada: a demanda por ingressos, descrita como "sem precedentes" pela Ticketmaster, foi tão grande que derrubou o site da empresa quando a fase de pré-venda começou, em 15 de novembro (a venda para o público geral estava programada para três dias depois). Os fãs eram elegíveis para a pré-venda caso tivessem se cadastrado no programa *Verified Fan* da Ticketmaster entre 1º e 9 de novembro. Dos 3,5 milhões de interessados que se inscreveram, 1,5 milhão recebeu um código que, em teoria, garantiria a compra de ingressos; os outros 2 milhões foram colocados em uma lista de espera.

Os portadores de códigos acessaram o site às 10h do dia 15 de novembro, esperando conseguir comprar seus ingressos. Mas não tão rápido, Swifties. Eles se depararam com longas filas virtuais, falhas que cancelavam algumas compras justamente na etapa final do pagamento e quedas completas do site. Ainda assim, 2 milhões de ingressos foram vendidos — um volume tão grande que a Ticketmaster ficou com uma "insuficiência de estoque de ingressos remanescente" e cancelou a venda para o público geral, prevista para 18 de novembro.

Políticos se manifestaram: a deputada Alexandria Ocasio-Cortez tuitou em 15 de novembro que a Ticketmaster era um "monopólio" que precisava ser "contido", enquanto o procurador-geral do Tennessee, Jonathan Skrmetti, prometeu garantir que nenhuma lei de proteção ao consumidor tivesse sido violada com os problemas na pré-venda.

Depois de cancelar a venda pública, a Ticketmaster explicou que, embora apenas 1,5 milhão de códigos tivessem sido emitidos, 14 milhões de pessoas — incluindo bots[22] — tentaram acessar a pré-venda em 15 de novembro. No entanto, em 17 de novembro, a senadora Amy Klobuchar, presidente do Comitê Antitruste do Senado, escreveu para a Live Nation, empresa controladora da Ticketmaster desde 2010, para expressar sua "séria preocupação com o estado da concorrência na indústria de venda de ingressos".

---

22 Robôs.

E uma Taylor altamente irritada não hesitou em se manifestar sobre o fiasco. Em um tuíte em 18 de novembro, ela afirmou que sua equipe havia perguntado à Ticketmaster "múltiplas vezes" se a empresa conseguiria lidar com a demanda, e asseguraram que sim. Para ela, foi "excruciante simplesmente assistir aos erros acontecendo sem poder fazer nada", e garantiu que estava analisando formas de melhorar o processo no futuro.

Os fãs tinham outras preocupações além do caos na venda de ingressos. Havia uma especulação frenética sobre quais músicas fariam parte do setlist dos shows, e muitos compartilhavam listas dos sonhos. Muitos presumiram que, como ela havia tocado dezenove músicas na turnê *Reputation*, faria o mesmo na *Eras*. Nunca tente prever Taylor Swift: ela incluiu quarenta e quatro.

Quarenta e quatro músicas, dez "atos", dezesseis trocas de figurino (realizadas em alta velocidade — levou apenas um minuto e vinte segundos para tirar o vestido lilás usado na seção *Speak Now* e vestir a camiseta e o fedora[23] — originalmente vistos no clipe de 22 — que representavam a próxima seção, *Red*), três horas de show e 70 mil fãs extasiados todas as noites. Nove dos atos representavam eras de álbuns, abrangendo todos, exceto o álbum de estreia — nenhuma explicação foi oferecida, mas isso pode estar ligado ao baixo número de reproduções de *Taylor Swift*, como mencionado no Capítulo 13; talvez Taylor apenas quisesse se concentrar em eras mais populares. Na primeira noite, em Glendale, no entanto, ela tocou *Tim McGraw* no ato da música "surpresa".

O décimo ato era uma seção acústica de duas músicas que mudavam a cada noite, sem repetições. Depois de quase um ano, ela esgotou as músicas inéditas na Austrália e começou a substituí-las por *mash-ups*[24] de faixas já tocadas. Naturalmente, ninguém

23 Um chapéu de feltro.

24 Um *mashup* é um trabalho criativo, geralmente uma música, criado pela mistura de duas ou mais músicas pré-gravadas, geralmente sobrepondo a trilha vocal de uma música perfeitamente sobre a trilha instrumental de outra e alterando o andamento e o tom quando necessário.

se importou, mas Taylor, que pensa no impacto de cada pequena alteração, quis explicar a mudança. Ela disse ao público de Melbourne, em 18 de fevereiro: "Quero ser o mais criativa possível com o set acústico daqui para frente. Não quero me limitar e dizer: 'Ah, se já toquei uma música antes, não posso tocá-la de novo.'"

As críticas à turnê foram quase unanimemente entusiasmadas. É difícil pensar em outra turnê de shows que tenha recebido tantas avaliações cinco estrelas e tantos elogios genuinamente impressionados. "Três horas e meia completamente envolventes de pura alegria", disse o *Guardian*; "uma demonstração do alcance e da versatilidade que fizeram de Taylor a cantora e compositora mais bem-sucedida em uma era definida pelo hip-hop", afirmou o *Los Angeles Times*; a *Slant* observou de forma perspicaz: "O público não estava aqui para algo tão banal quanto um show. Eles vieram para um evento que mudou o mundo."

Quando o filme *Taylor Swift: The Eras Tour* foi lançado no dia 13 de outubro, as críticas foram praticamente as mesmas: reconhecimento de seu talento e a admiração de boca aberta pela escala do evento estavam presentes em quase todas as resenhas. No primeiro final de semana do filme na América do Norte, ele arrecadou US$ 92,8 milhões, e mais US$ 30,7 milhões internacionalmente, tornando-se o filme de um show de maior bilheteria da história. Alguns observadores da indústria acreditam que ele se tornará um dos filmes mais bem-sucedidos de qualquer gênero. A parte dos lucros de Taylor e sua equipe foi estimada em cerca de 57%, com uma taxa de distribuição para a rede de cinemas que o lançou.

Originalmente programado para estrear em 13 de outubro — escolhido por causa do "13", naturalmente — Taylor inesperadamente adiantou a data para o dia 12 na América do Norte. "Olha o que vocês realmente me fizeram fazer", escreveu no Instagram. "Devido à demanda sem precedentes, estamos abrindo exibições antecipadas do *The Eras Tour Concert Film* na QUINTA-FEIRA na

América e no Canadá!! Como assim... AMANHÃ." A data permaneceu 13 de outubro no restante do mundo.

Além disso, o lançamento de *Eras* provocou uma série de mudanças nas datas de estreia de outros filmes. O tão aguardado retorno de Meg Ryan às comédias românticas, *O que Acontece Depois*, e o filme de Pete Davidson, *Dinheiro Fácil*, estavam entre os lançamentos de 13 de outubro que foram remarcados para novas datas a fim de não entrarem em confronto com o filme *Eras*. O movimento mais notável foi *O Exorcista: O devoto*; a internet criou a expressão *ExorSwift* para o duelo de bilheteiras, e a indústria previu um resultado semelhante ao fenômeno *Barbenheimer* de julho de 2023 (quando *Barbie* e *Oppenheimer* foram exibidos nos mesmos cinemas, beneficiando ambos enormemente). Infelizmente para aqueles que estavam ansiosos por ele, o produtor de *Exorcista*, Jason Blum, reagendou a estreia para 6 de outubro. Ele tuitou de forma bem-humorada: "Olha o que vocês me fizeram fazer. *O Exorcista: O devoto* foi reagendado para 06/10/23. #TaylorVenceu." Blum levou a situação com bom humor, mas deve ter sido frustrante perder a data de estreia em uma sexta-feira 13 — "sexta-feira 6" simplesmente não tinha o mesmo clima de terror.

Eras — tanto a turnê quanto o filme — impulsionaram o valor líquido de Taylor para além da marca de um bilhão de dólares. Até então, ela estava um pouco abaixo disso, mas *Eras* a levou a $ 1,1 bilhão, de acordo com a estimativa "conservadora" da *Bloomberg*. Isso não inclui o valor de seu catálogo de composições caso ela decida vendê-lo, o que adicionaria cerca de mais um bilhão de dólares. Para colocar isso em perspectiva, o catálogo mais valioso até hoje foi o de Bruce Springsteen, que ele vendeu em 2021 por cerca de 550 milhões de dólares.

Os poucos outros músicos bilionários incluem Paul McCartney, Jay-Z e, surpreendentemente, o falecido astro country Jimmy

"Margaritaville" Buffett, que acumulou a maior parte de sua fortuna com empreendimentos não musicais, como restaurantes e sua própria marca de cerveja. De maneira semelhante, Jay-Z, o primeiro bilionário do hip-hop e atualmente o músico mais rico do mundo, fez uma boa parte dos seus US$ 2,5 bilhões com interesses comerciais, incluindo marcas de champanhe e conhaque e imóveis. Taylor, por outro lado, é uma das poucas ultrarricas que conquistou sua fortuna quase inteiramente através da música. Quase — ela também acumulou um portfólio imobiliário avaliado em 150 milhões de dólares.

Porque ela nunca está mais feliz do que quando está trabalhando incansavelmente, encontrou tempo durante a *Eras Tour* para lançar os próximos dois álbuns do projeto *Taylor's Version*. *Speak Now* foi lançado em 7 de julho, no dia em que a *Eras Tour* chegou a Kansas City. Suas regravações das quatorze faixas originais e duas das faixas da *Deluxe Edition* foram acompanhadas por seis músicas inéditas do *From the Vault*. O álbum alcançou o primeiro lugar nos EUA e no Reino Unido, assim como a próxima regravação, *1989*, quando foi lançado em 27 de outubro. (O álbum *1989* original foi lançado em 27 de outubro de 2014 — exatamente nove anos antes da *Taylor' Version*.)

No Reino Unido, *1989 (TV)* superou as vendas do restante do Top 10 combinado em sua primeira semana, com 184 mil "unidades". Desses, quase 62 mil foram em vinil — um número impressionante para 2023. Para completar, uma faixa inédita de *1989*, *Is It Over Now?*, alcançou o topo da parada de *singles* do Reino Unido na mesma semana.

Durante sua primeira semana de lançamento nos Estados Unidos, o álbum fez muito mais do que simplesmente superar as vendas dos outros álbuns do Top 10. A *Forbes* afirmou que seu 1,653 milhão de unidades equivalentes foram mais do que o total combinado das vendas dos álbuns que ficaram entre o número 2 e o 50. As vendas de vinil sozinhas totalizaram 580 mil — o maior número de vendas semanais de vinil nos EUA desde que a plataforma de análises *Luminate* começou a acompanhar as vendas, em 1991. Para efeito de comparação, o álbum na posição número 2, *Seventeenth Heaven*, da banda sul-coreana *Seventeen*, vendeu 100 mil unidades equivalentes — um dezesseis avos das vendas de *1989 (TV)*. Em qualquer outra semana, 100 mil unidades seriam mais do que respeitáveis, mas a *Seventeen* enfrentou não apenas a maior artista do mundo, como também uma artista astuta o suficiente para adicionar cinco músicas inéditas *From The Vault* à lista de faixas — tornando-o um item imprescindível. Taylor aumentou ainda mais o interesse ao comentar no Instagram: "As 5 faixas *From The Vault* são tão insanas. Não posso acreditar que foram deixadas para trás."

Note-se também que o álbum *For All the Dogs*, de Drake, que saiu em 6 de outubro, duas semanas antes de *1989 (TV)*, ocupava a posição número 3 naquela semana. Também um dos maiores nomes da música mundial, ele certamente esperava que seu álbum estreasse em primeiro lugar, o que aconteceu de fato. No entanto, ele vendeu apenas 402 mil unidades equivalentes na sua primeira semana — um quarto do total de Taylor. De forma notável, seis semanas depois, Drake lançou uma nova música que se referia diretamente ao domínio de Taylor nas paradas. Intitulada *Red Button*, foi a primeira faixa de *For All the Dogs Scary Hours Edition*, um acréscimo de seis faixas ao seu álbum atual. Ele disse que ela era a "única v*****" que ele via como rival de vendas, acrescentando que havia adiado seu álbum anterior — *Her Loss*, uma colaboração com 21 Savage — para distanciar o lançamento do álbum dela, *Midnights*, em 21 de outubro. *Her Loss* estava programado para 28 de outubro, mas quando Taylor surpreendeu o público com o lançamento de *Midnights* no dia 21 de outubro, Drake decidiu adiar o lançamento de seu álbum para 4 de novembro, quando o ímpeto de Taylor já teria diminuído. E deu certo: *Her Loss* estreou no número 1 da parada de álbuns dos Estados Unidos.

As cinco faixas do *TV Vault* foram gravadas quando ela fez o álbum original *1989*, mas não chegaram a integrar a lista final de faixas. Elas ficaram no esquecimento, enquanto *1989* se espalhava pelo mundo e iniciava de maneira definitiva a ascensão de Taylor ao status de ícone. As faixas *From The Vault* finalmente tiveram sua chance de brilhar quando a *Taylor's Version* foi produzida. Cada um de seus álbuns regravados trouxe até seis músicas inéditas; as faixas de *1989* foram: *Is It Over Now?* — que, como mencionado, foi um *single* número 1 no Reino Unido — *Now That We Don't Talk*, *Say Don't Go*, *Suburban Legends* e *Slut!*.

Cada uma delas tem seus méritos: *Say Don't Go* transborda com um drama suave enquanto ela reflete sobre uma situação que se transformou em um caso passageiro; a base sonora sintética de *Suburban Legends* é pura e prazerosa dos anos 1980, embora a história de romance escolar fadado ao fracasso seja um tema recorrente em Taylor — ela frequentemente escreveu sobre infidelidade masculina e não acrescenta muito aqui, a não ser um verso maravilhoso sobre um beijo tão intenso de um namorado que ela nunca vai superar.

A cintilante *Now That...* é considerada por muitos como sendo sobre Harry Styles. As pistas incluem uma linha desdenhosa sobre o sujeito da música deixando o cabelo crescer — o que Styles fez — e outra sobre ele testando novas identidades. Quase dá para imaginar ela revirando os olhos em relação a isso: o ex-integrante do One Direction tinha apenas dezoito anos quando namoraram, enquanto Taylor tinha vinte e três e já era uma veterana de dez anos na indústria da música. A música lamenta o fim do romance, mas também vê o lado positivo: eles podem não estar mais juntos, no entanto, pelo menos Taylor não precisa mais fingir entusiasmo pela música de que ele gosta. Taylor não tem rival quando se trata de pequenas observações universais e relacionáveis.

Dizem que a tensa e vibrante *Is It Over Now?* também é sobre Harry Styles — o romance de dois meses deles perdeu força em janeiro de 2013, durante um feriado de Ano-Novo nas Ilhas Virgens Britânicas, que fez com que Taylor voltasse para casa mais cedo.

Por sua parte, Styles mais tarde atribuiu o fim do relacionamento à atenção incessante que atraíram e simplesmente ao fato de ele ter apenas dezoito anos e ser inexperiente em manter um relacionamento de alto perfil.

Mas houve apenas uma escolha da *Vault* que inspirou artigos e análises em lugares como *The New York Times* até *Just Jared*: *Slut!*. Com uma sonoridade enganadoramente sonhadora — se você não prestar atenção na letra, pode até achar que é uma música de amor — ela revela como foi estar no centro das tentativas incessantes da mídia de rotulá-la de forma pejorativa. Não é difícil encontrar exemplos curiosos disso: como o site americano *The Talko*, que publicou uma lista em fevereiro de 2017 intitulada "15 razões pelas quais é perigoso namorar Taylor Swift"; as razões variavam de "Ela vai ficar muito séria rapidamente" a "Ela provavelmente vai se afastar". Uma matéria posterior a caracterizou como "uma namoradora em série" e publicou fotos dos "dezesseis caras com quem ela namorou".

Slut! abordou o tom daqueles artigos, mas também *era* uma música de amor — quando a escreveu, ela estava felizmente envolvida com alguém, e a faixa é um gesto desafiador para quem se sentisse inclinado a criticá-la. É uma música forte e foi uma séria concorrente para um lugar na lista original de faixas de *1989*. O que a deixou de fora? Ela havia escrito outra música sobre a cobertura da mídia em relação à sua vida amorosa, *Blank Space*, e pensou que se encaixava mais com o clima geral do álbum. Boa escolha.

Em uma piada visual típica de Taylor, ela escolheu o dia 9 de agosto de 2023 para anunciar que *1989 (Taylor's Version)* chegaria no outono. Escrita no estilo americano — o mês seguido do dia — 9 de agosto é 8/9. O truque perde um pouco do impacto ao usar o sistema britânico, que torna a data 9/8, mas, de qualquer forma, o método de anúncio reforçou o vínculo dela com os Swifties. A devoção deles é retribuída pela lealdade de Taylor para com eles; há uma troca constante de brincadeiras entre Taylor e os Swifties.

Não é à toa que os ingressos para a *The Eras Tour* custaram $19,89 para adultos e $13,13 para crianças.

Nem é preciso dizer que praticamente todos os compradores dos *Taylor's Version* já possuíam o *1989* original, mas a regravação era, para qualquer fã, uma adição obrigatória à coleção deles. Comprar o álbum foi, em primeiro lugar, uma maneira direta de apoiar o projeto de regravação. Mas os compradores não precisavam ser movidos apenas pela lealdade — Taylor fez com que valesse a pena gastar o dinheiro. Quando os fãs visitaram sua loja on-line ou uma loja de discos física, encontraram onze edições físicas do álbum, que vinham com pôsteres ou Polaroids. Havia CDs e LPs de vinil em quatro cores diferentes, e até uma versão em cassete, refletindo a crescente popularidade do formato retrô entre a geração Z.

Muitos Swifties são consumistas, comprando cada formato de um lançamento e, nesse caso, eles foram atendidos. "Há uma razão pela qual Taylor Swift é bilionária", escreveu ironicamente a *Variety*. E ainda assim, quem poderia resistir à tentação de possuir o conjunto completo de cores, só porque seus nomes são tão atraentes? Há um *Sunrise Boulevard Yellow*, um *Rose Garden Pink*, um *Aquamarine Green* e um *Crystal Skies Blue*, cada um deles delicadamente apresentado nos tons mais suaves de pastel. Também apareceu uma versão limitada *Tangerine*, disponível apenas nas lojas Target nos Estados Unidos. (*Sunrise yellow*, *aquamarine* e *tangerine* são todas mencionadas na letra de *Slut!*) Todos se esgotaram e, inevitavelmente, alguns logo reapareceram no eBay. Até o momento em que este texto foi escrito, um pacote com os cinco LPs de vinil estava sendo vendido no eBay por £288,35[25]. Para comparação, na própria loja on-line de Taylor, um único vinil custava £34,89[26]. Se os cinco estivessem disponíveis, custariam £174,45[27].

---

25 Valor aproximado em março de 2025 – R$ 2.171,27.

26 Valor aproximado em março de 2025 – R$ 262,72.

27 Valor aproximado em março de 2025 – R$ 1.313,60.

Swifties, novos e antigos, ficaram emocionados quando Taylor anunciou um novo álbum que seria lançado no início de 2024. Para um disco que ela conseguiu manter em segredo por dois anos, o *The Tortured Poets Department* fez um barulho imenso assim que apareceu. Pode até haver pessoas que não tinham uma opinião a respeito dele, mas elas foram imensamente superadas pelos milhões que tinham algo a dizer. Nas semanas seguintes ao seu lançamento, o assunto Taylor Swift foi praticamente impossível de evitar, tanto na mídia tradicional quanto nas redes sociais.

A *Billboard* nomeou o *The Tortured Poets Department* como o primeiro álbum a atingir 1 bilhão de reproduções no Spotify em uma semana; igualmente notável, durante essa primeira semana, o álbum vendeu 1,9 milhão de cópias, sejam físicas ou baixadas, e desse número, 859 mil foram em vinil (vale ressaltar, porque esse tipo de venda de vinil remete à era dourada do formato nos anos 1970). Não é preciso dizer que ele estreou em primeiro lugar nos EUA, Reino Unido, Austrália, Nova Zelândia, Noruega e Suécia, para citar apenas alguns. (O primeiro single, *Fortnight*, com um Post Malone mais comedido, também alcançou o topo das paradas nos EUA, Reino Unido e outros lugares.) Os críticos se esforçaram para reunir seus pensamentos sobre a música. Como só puderam ouvir o álbum na noite anterior ao lançamento, tiveram que pensar rápido e apresentar longas meditações sobre ele.

Felizmente, Taylor deu aos críticos muito com o que trabalhar. Na primavera de 2023, logo após terminar com Joe Alwyn, ela teve um breve, mas aparentemente profundo (pelo menos de seu ponto de vista) relacionamento com Matty Healy, do The 1975. Conhecido por comportamentos ocasionais questionáveis, ele foi uma escolha impopular entre sua família e os Swifties, e a faixa *But Daddy I Love Him* os desafia a se meterem na vida dela. *I Can Fix Him (No Really I Can)* e a faixa abertamente provocativa (*diss track*[28]), *The Smallest Man Who Ever Lived*, falam da evidência da impossibilidade de seu romance. Joe Alwyn, por sua vez, é uma figura mais discreta no álbum. *So Long, London*, com seus acentos de cordas, que faz referência ao fim de um relacionamento, parece ser a faixa mais inspirada nele, mas *I Can Do It With a Broken Heart* — que tem uma vibração enganosa de alegria — e um dueto pulsante com Florence + The Machine, *Florida!!!*, também parecem se referir à pessoa que ela um dia considerou o amor de sua vida (a inicial de *loml*, uma balada soturna, representa tanto *love* [amor] quanto *loss* [perda]).

As críticas foram, em geral, positivas, elogiando o poetismo infalível de Taylor e seu talento para capturar o "caos" e a "festa" — como ela mesma disse em *But Daddy I Love Him* — de um romance, especialmente quando este começa a desmoronar. (Nota: camisetas não oficiais com o slogan *Chaos + Revelry* estavam à venda on-line poucos dias após o lançamento de *TTPD*.) Se *TTPD* tivesse fraquezas, elas seriam principalmente o seu comprimento — trinta e uma faixas, contando com a segunda parte surpresa lançada, *The Anthology* — e a sensação de que sua parceria criativa com Jack Antonoff, que coproduziu grande parte da primeira metade e uma parte da segunda (Aaron Dessner supervisionou o resto), havia se desgastado. O comentário da *Rolling Stone* — "Em certo ponto, começa a parecer que Taylor e Antonoff estão simplesmente fazendo o que é preciso" — foi ecoado por vários críticos. No entanto, outro crítico da *Rolling Stone* ficou mais encantado, escrevendo: "Venha pela tortura, fique pela poesia."

Quanto à *The Eras Tour*, é uma captura direta do set de sua *Eras Tour* (que deve terminar em Vancouver no dia 8 de dezembro, cinco dias antes de seu aniversário de trinta e cinco anos), embora tenha

28 Uma *diss track* é uma música composta com o objetivo de criticar, provocar ou responder a um desafeto, geralmente dentro do universo do hip-hop, mas também presente em outros gêneros musicais. Essas faixas costumam conter letras afiadas, ironias e indiretas direcionadas a um rival, seja ele outro artista, uma figura pública ou até uma antiga amizade ou relacionamento.

sido encurtado de 195 minutos para 169 e sem meia dúzia de canções. Concebida pela própria Taylor, o objetivo era atender a dois grupos de fãs: aqueles que não conseguiram ingressos para uma data de um show ao vivo da *The Eras Tour* e os mais sortudos que conseguiram ver o show, mas queriam assisti-lo novamente, desta vez percebendo detalhes que perderam na agitação do show ao vivo.

Para ambos, o filme *The Eras Tour* é quase tão bom quanto a experiência real. De certa forma, é até melhor. As pessoas chamaram de "Tay-quake"[29], e isso parece estar certo. Embora a desvantagem do filme seja que ele não replica a emoção de estar na mesma sala com 70 mil outros Swifties chorando e cantando — a energia coletiva é uma parte indispensável de ir a um show de Taylor — ele leva os espectadores diretamente ao palco, a poucos centímetros dela. Vemos os menores detalhes: o cabelo dela ficando úmido de suor, as lantejoulas individuais em seus vestidos, as complexidades de sua coreografia.

E vemos a audiência pela perspectiva dela. Nos últimos quinze anos, o que Taylor viu quando olha para a plateia são pontos de luz — dezenas de milhares de pessoas segurando seus celulares. Assim que ela se tornou atração principal, foi escalada para grandes locais, que quase sempre se esgotaram. Portanto, desde a turnê *Fearless* de 2009, sua experiência no palco tem sido algo um tanto distante, definida pelas luzes dos smartphones gravando o show.

(Nota: ela teve um começo mais lento no Reino Unido, onde fez seus primeiros shows no Shepherd's Bush Empire, de Londres, com capacidade para duas mil pessoas, nos dias 6 e 7 de maio de 2009. Embora ambos os shows estivessem esgotados, foram inseridos na agenda de *Fearless*, entre Biloxi, no Mississippi, e Spokane, em Washington, onde ela havia se apresentado para 9.436 e 10.798 fãs, respectivamente. Em comparação, os shows em

29 Um *Tay-quake* é uma vibração no solo causada pela dança sincronizada de fãs de Taylor Swift em um estádio. O termo é uma referência ao poder que a cantora tem de causar tremores de terra.

Londres eram pequenos — e deve ter sido essa escala reduzida que fez com que um crítico do *Guardian* comentasse um ano depois, em uma resenha sobre o Lady Antebellum, que eles provavelmente continuariam sendo um interesse de nicho [no Reino Unido], como seus contemporâneos Taylor Swift e Rascal Flatts.)

Portanto, a visão de Taylor sobre as multidões em seus shows há muito tempo é a que apenas as maiores estrelas já experimentaram, mas, agora, como mostrado no filme, ela se destaca de maneira surreal. Os fãs estão lá fora e, graças às pulseiras de LED que cada um recebe ao entrar no local, todos brilham. No entanto, a mulher que eles vieram ver, cujas músicas estão entre as mais pessoais e íntimas do pop, está fisicamente distanciada deles. O filme da *Eras Tour* oferece um gostinho disso. O SoFi Stadium, em Inglewood, onde foi filmado, parece deslumbrante como uma joia, enquanto as pulseiras brilham, e Taylor deve apreciá-lo do ponto de vista estético, mas também destaca a solidão de sua posição. "Solidão" não se refere à sua vida fora do palco, que é cheia de companhia e amor, mas ao fato de que tão poucas pessoas podem se familiarizar com o que ela vê do palco de um show.

Uma comparação improvável, mas útil, é com Bon Jovi. Os roqueiros de New Jersey sabem exatamente como é tocar nos maiores palcos do mundo, e enquanto faziam a turnê do álbum *These Days*, de 1995, permitiram que alguns vencedores de um concurso compartilhassem essa sensação a cada noite. Os fãs eram escoltados para o palco durante o show e se sentavam no lado esquerdo, em um local montado com cadeiras e mesas para se assemelhar a um bar local. Estava a apenas alguns metros de onde a banda estava tocando. Poucas músicas depois, eles voltavam aos seus lugares na plateia, tendo vivido a emoção de uma vida e tido um vislumbre da experiência no palco de um show em um estádio.

O *Guardian* cobriu o show deles no Olympiastadion de Munique, em junho daquele ano. O jornalista foi autorizado a assistir do bar no palco — e achou assustador ser visto por 75 mil pessoas, mesmo que cada uma delas estivesse olhando apenas para Jon Bon Jovi. "A multidão lá fora é assustadoramente vasta. Felizmente, todos além das primeiras fileiras se tornam uma mistura de braços acenando", escreveu o repórter. "Um banner pendurado sobre uma barreira de segurança diz 'Jon, vamos esperar por você', ou algo do tipo; a vista está parcialmente obstruída por refletores apontados para o palco, a cerca de oitocentos metros de distância."

Algumas grandes estrelas poderiam usar momentos semelhantes para refletir sobre como a fama pode ser um jogo solitário. Taylor Swift, no entanto, alcançou o auge da cultura do século XXI, segura de que está cercada de amor. Se alguma vez ela se preocupa em não ser "suficiente" como é — isso acontece com todos nós — ela pode olhar para a multidão todas as noites e saber que seu trabalho como musicista é profundamente importante para eles. Sua música mudou a vida deles. Então, quando ela envia amor todas as noites, cantando para cada fã, desde os da primeira fila até os do canto mais distante, ela sente o amor retornado milhões de vezes.

EPÍLOGO

A *The Eras Tour* de Taylor Swift foi encerrada em Vancouver no dia 8 de dezembro de 2024, com um espetáculo memorável no estádio BC Place, assistido por 54.500 pessoas e transmitido para milhões via *livestream* e — bem, é lógico — um número de pessoas que pagaram US$ 16,50 cada para se sentarem atrás do palco do estádio. Vendidos como ingressos "somente para ouvir", eles não ofereciam nenhuma visão do show. Mesmo assim, os fãs se esforçaram para consegui-los.

A última noite da turnê, repleta de brilho e carregada de emoção, foi amplamente coberta por todos os veículos de notícias, com alguns até oferecendo atualizações minuto a minuto. Exagero? Talvez — mas parecia apropriado. Não era apenas o fim da *The Eras Tour*; era o fim de uma era. A turnê percorreu 149 datas intensas, sem ser interrompida nem mesmo por uma ameaça terrorista que levou ao cancelamento de três shows em Viena, em agosto de 2024, e finalmente chegou ao fim de sua jornada.

A seguir, segundo uma reportagem da *Us Weekly,* Taylor expressou o desejo de tirar uma folga para focar em fazer "coisas normais de casal" com Travis Kelce. Se ela passar doze meses inteiros sem fazer um novo álbum, fazer alguns shows (em uma escala muito menor, obviamente) ou lançar as *Taylor's Versions* de *Reputation* e de seu álbum de estreia, será o primeiro período profissionalmente "inativo" de sua vida.

No dia 2 de fevereiro, ela compareceu à 67ª edição do Grammy Awards, embora seja tão assídua nas cerimônias do Grammy que isso quase contou como uma atividade de lazer em vez de "trabalho" formal. Seu vestido Vivienne Westwood, curto e com lantejoulas vermelhas, era o tipo de vestido que ela usa com facilidade — o fato de ter 1,78 m ajuda — mas todos os olhares foram desviados para sua coxa esquerda, na qual ela prendeu uma delicada corrente com a letra "T" pendurada. O T era de "Travis" — que não pôde comparecer porque estava treinando para o Super Bowl no domingo seguinte — ou ela estava se referindo a uma frase de *Guilty as Sin?*, uma música do *The Tortured Poets Department* que se presume ser sobre Matty Healy? A música fala sobre o fato de ele ter escrito "minha" na coxa dela, o que torna fácil tirar a conclusão errada. De qualquer forma, o Daily Mail considerou a corrente em sua coxa como sendo "arriscada", portanto, trabalho feito.

Indicada para seis prêmios naquela noite, incluindo Álbum do Ano (*AOTY*) por *TTPD*, Taylor saiu de mãos vazias. Beyoncé, grande favorita na categoria de Álbum do Ano — que ela nunca havia vencido — levou o prêmio por *Cowboy Carter*. Esse disco também recebeu o troféu de Álbum Country do Ano, apresentado por uma vencedora anterior: Taylor. Ela e Beyoncé trocaram um abraço caloroso quando a última, claramente atordoada por receber o prêmio, subiu ao palco. Taylor, é claro, sabe como é a sensação de ser considerada "não suficientemente country", e sua alegria em nome de Beyoncé era evidente. Além disso, apesar de ter perdido seu quinto troféu de Álbum do Ano, ela pode se consolar sabendo que *TTPD* atingiu certificação de seis vezes platina nos Estados Unidos — o único LP lançado em 2024 a conseguir esse feito.

Enquanto isso, seu relacionamento com Travis foi se fortalecendo cada vez mais. Ela continuou a frequentar os jogos do Chiefs durante os intervalos da *Eras Tour* e, no verão de 2024, ele apareceu em seus shows em Indianápolis, Londres, Gelsenkirchen (onde se comportou como qualquer namorado apaixonado e a filmou com seu celular durante a faixa *So High School*, do *The Tortured Poets Department*) e em outros lugares da Europa. Em Vancouver, ela encerrou o show com uma mudança na letra que explicava muito bem seus sentimentos em relação a Travis. Na última noite da turnê, ela prestou homenagem ao "cara do Chiefs" (*the guy on the Chiefs*), que estava lá para apoiá-la desde o início do relacionamento. Ela havia feito a mesma troca de letra em *Karma* em alguns shows anteriores, mas dessa vez ela teve uma ressonância mais profunda. Não é de se surpreender que a mídia e mais do que alguns fãs tenham especulado que 2025 poderia ser um ano de noivado ou, melhor ainda, de casamento.

Taylor normalmente evita fazer pronunciamentos políticos, mas em onze de setembro de 2024 ela apoiou a candidatura presidencial de Kamala Harris, dizendo a seus 283 milhões de seguidores no Instagram: "[Harris] luta pelos direitos e causas que acredito precisarem de um guerreiro para defendê-los." Em referência a um comentário feito em 2021 pelo candidato republicano a vice-presidência, JD Vance, de que os Estados Unidos são governados "por um bando de solteironas dos gatos que são infelizes com suas próprias vidas e com as escolhas que fizeram", ela assinou com "Taylor Swift, Solteirona dos Gatos[30]".

Para manter o embalo da *Eras Tour* por mais um tempo, em 29 de novembro, Taylor lançou de forma independente o *The Eras Tour Book*, um livro luxuoso contendo mais de 500 fotos da turnê. Alguns fãs apontaram erros ortográficos e imagens borradas, mas isso não

30 *Childless Cat Lady*, no original.

afetou o sucesso da obra, que vendeu 814.000 cópias na primeira semana — a maior estreia de qualquer livro lançado em 2024.

Completar 35 anos é um marco, e quando Taylor atingiu essa data em 13 de dezembro de 2024, deve ter refletido sobre tudo o que viveu e o caminho que ainda tem pela frente. Ao longo de seus anos no auge da fama como estrela pop, acumulou mais sabedoria do que muitos conseguem em toda uma vida. Mas talvez ainda seja jovem o suficiente para não se sentir intimidada pelo sucesso extraordinário e pela onipresença rara que conquistou.

Agradecimentos

Muito obrigada à Lucy Stewardson, minha fantástica editora na Michael O'Mara Books, e à Annie Zaleski e ao super-swiftie Gian Gnaegi, ambos generosos com seus conhecimentos especializados.

Obrigada a *Billboard*, *Bloomberg*, *CMT*, *Elle*, *Entertainment Weekly*, *Esquire*, *Forbes*, *Great American Family*, *The Guardian*, *The New York Times*, *New York Daily News*, *Pollstar*, *Rolling Stone*, *Salon.com* e *Variety*.

E muito obrigada a *Journey to Fearless*, *A Place in This World*, *Miss Americana*, Bobbycast podcast, @taylorswift13 no X/Twitter, @taylorswift no Instagram, Taylor Swift no MySpace, robertellisorrall no Instagram, @CalvinHarris no X/Twitter, @kellyclarkson no X/Twitter.

Créditos das imagens

Os editores gostariam de agradecer às seguintes fontes por sua gentil permissão para reproduzir as imagens deste livro.

Imagens dos cadernos de fotos em ordem:

1. Al Messerschmidt/Getty Images 2. Jesse D. Garrabrant/NBAE via Getty Images 3. KevinWinter/ACMA/Getty Images for ACMA 4. Kevin Mazur/WireImage/ Getty Images 5. AP Photo/Charles Sykes/Alamy Stock Photo 6. AP Photo/Jae C. Hong/Alamy Stock Photo 7. Theo Wargo/WireImage for New York Post/ Getty Images 8. Kevork Djansezian/Getty Images 9. AP Photo/ Jason DeCrow/ Alamy Stock Photo 10. Jeff Kravitz/FilmMagic/ Getty Images 11. UPI/Alamy Stock Photo 12. Dave Hogan/ Getty Images 13. Rmv/Shutterstock 14. Hoo-Me/ Mediapunch/ Shutterstock 15. Terry Wyatt/UPI/Shutterstock 16. Kevin Mazur/ WireImage/Getty Images 17. David Fisher/Shutterstock 18. Matt Winkelmeyer/ TAS18/Getty Images for TAS 19. Joe Mahoney/Getty Images 20. imageSPACE/ Shutterstock 21. Working Title/ Universal/Kobal/Shutterstock 22. Jackson Lee/ GC Images/Getty Images 23. Frank Micelotta/Fox/PictureGroup/Shutterstock 24. ABACA/Shutterstock 25. AP Photo/Chris Pizzello/Alamy Stock Photo 26. JMEnternational/JMEnternational for BRIT Awards/Getty Images 27. Kevin Winter/Getty Images for The Recording Academy 28. Valerie Macon/AFP via Getty Images 29. Jeff Kravitz/TAS23/Getty Images for TAS Rights Management 30. Brittany Murray/MediaNews Group/Long Beach Press-Telegram via Getty Images 31. Ezra Shaw/Getty Images 32. Allen J. Schaben/Los Angeles Times via Getty Images 33. Casey Flanigan/imageSPACE/Shutterstock

Todos os esforços foram feitos para creditar de maneira correta e contatar a fonte e/ou o detentor dos direitos autorais de cada imagem, e a editora pede desculpas por quaisquer erros ou omissões não intencionais, que serão corrigidos em edições futuras deste livro.

Taylor, aos dezesseis anos, cantou o hino nacional em uma partida de futebol americano no Dia de Ação de Graças. Voltando ao dia em que estava na *Eras Tour*, Taylor relembrou: "Eu estava tãoooo insanamente nervosa."

ACIMA: Taylor cantando "The Star-Spangled Banner" (hino nacional americano) antes de um jogo de basquete, com apenas doze anos de idade.

ABAIXO À ESQUERDA: Taylor chama sua mãe, Andrea Finlay, de melhor amiga, atribuindo a ela grande parte de seu sucesso. Aqui, foram fotografadas em maio de 2007.

ABAIXO À DIREITA: Taylor com sua amiga de infância, Abigail Anderson. Abigail tem grande destaque em *Fifteen*.

ACIMA: Taylor descobriu que recebeu seu nome em homenagem a um "cara chamado James Taylor" após cantar *Fire and Rain* na escola. Em 2011, ela compartilhava o palco com seu xará, cantando juntos no Madison Square Garden.

À DIREITA: Scott Borchetta escolheu Taylor como sua primeira contratação em 2005 – mas o relacionamento azedou drasticamente em 2019, quando a música de Taylor foi vendida para Scooter Braun. Determinada a ser dona de sua própria música, Taylor logo começou a gravar seus álbuns *Taylor's Version*.

ACIMA: Taylor com seus quatro prêmios Grammy's que ganhou com *Fearless*: Álbum do Ano, Melhor Performance Vocal Feminina Country, Melhor Música Country e Melhor Álbum Country.

ACIMA: Taylor se apresentando como parte da turnê de *Fearless*. Lançado em 2008, *Fearless* rendeu à cantora seu primeiro Grammy com apenas 20 anos de idade.

À ESQUERDA: Em um momento agora infame da cultura pop, Kanye West invadiu o palco no VMAs de 2009 enquanto Taylor recebia o prêmio de Melhor Videoclipe Feminino por *You Belong With Me*, alegando que o prêmio deveria ter sido concedido à Beyoncé por *Single Ladies*. Kanye foi amplamente criticado pela atitude.

ACIMA: Taylor com seu então namorado, Joe Jonas. Como muitos de seus namorados, acredita-se que Joe Jonas seja o personagem de várias músicas de Taylor, especialmente em *Fearless* e *Speak Now*.

À DIREITA: *Speak Now* rendeu ainda mais prêmios para Taylor. Aqui no *Billboard Music Awards*, ganhou por Melhor Artista Country, Melhor Artista *Billboard 200* e Melhor Álbum Country.

À ESQUERDA: Taylor se apresentando na noite de abertura na etapa britânica de sua turnê de *Speak Now*. Taylor foi energicamente aclamada pelas críticas, especialmente por seu espetáculo e pelas suas interações com os fãs.

ABAIXO: Ed Sheeran e Taylor desenvolveram uma amizade muito próxima ao longo dos anos, colaborando em várias músicas, começando com *Everything Has Changed*, em 2012.

À DIREITA: Realizada de março de 2013 a junho de 2014, a turnê de *Red* se tornou a turnê de música country de maior bilheteria de todos os tempos.

ABAIXO: Quanto mais sua estrela crescia, Taylor teve a oportunidade de cantar com mais um de seus ídolos: dessa vez, Tim McGraw, tema de sua música de sucesso em 2006. Na foto, estão em 2013 se apresentando no CMA Music Festival.

ACIMA: Com o *1989* veio o *Squad* de Taylor Swift, cada uma delas estrelando o videoclipe de *Bad Blood*. (Da esquerda para a direita): Martha Hunt, Hailee Steinfeld, Cara Delevingne, Selena Gomez, Taylor Swift, Serayah, Lily Aldridge, Gigi Hadid e Karlie Kloss.

ABAIXO: O desfile de moda da Victoria's Secret foi assistido por mais de nove milhões de pessoas, quando Taylor se apresentou ao lado de Ed Sheeran, Ariana Grande e Hozier, cantando *Blank Space* e *Style*.

Reputation marcou uma mudança de estilo distinta para Taylor. Gravado como uma resposta ao escrutínio da mídia que ela recebeu logo após o sucesso de *1989*, desde então tem sido chamado de um dos melhores álbuns da década de 2010.

ACIMA: Em 2017, Taylor se envolveu em um processo judicial que durou uma semana, no qual ela pediu uma indenização simbólica de US$ 1 por assédio. O júri decidiu a favor de Taylor e, mais tarde, ela revelou que havia prosseguido com o caso para empoderar outras vítimas.

ABAIXO À ESQUERDA: Taylor se apresentou no VMA de 2019, tocando *You Need to Calm Down* e *Lover*. Ela ganhou três prêmios.

ABAIXO À DIREITA: Taylor também voltou sua atenção para a atuação, estrelando a infame adaptação de *Cats*, de 2019, como Bombalurina, e depois disse: "Eu me diverti muito trabalhando nesse filme esquisito."

À ESQUERDA: Taylor namorou o ator Joe Alwyn de 2016 a 2023. Embora muitos tivessem pensado que ele seria o final feliz de Taylor, ela destacou as diferenças de personalidades como motivo da separação e logo após anunciou *The Tortured Poets Department*, no que muitos esperavam ser um ataque direto a Joe Alwyn. O *TTPD* provou ser um disco muito mais complexo, com muitas músicas expressando sua raiva pelo breve romance com o vocalista do The 1975, Matty Healy.

À DIREITA: Uma Taylor emocionada recebe o Prêmio de Ícone no Teen Choice Awards, agradecendo a seus fãs e a todos aqueles por trás da escolha de colocar seus três gatos – Benjamin Button, Olivia e Meredith – no troféu da prancha de surfe.

ACIMA: Filmada com seu celular, Taylor se apresenta no show do *One World: Together at Home* em abril de 2020, assim que começaram os primeiros *lockdowns* induzidos pela covid.

ABAIXO: Seguindo o lançamento surpresa de *Folklore* e de *Evermore* em julho e em dezembro de 2020, Taylor ganhou o prêmio de Álbum do Ano por *Folklore* na 63° edição do Grammy – a primeira edição realizada sem uma plateia.

ACIMA: Em maio de 2021, Taylor recebeu o prêmio Global Icon Brit Award. Ela foi a primeira mulher e a primeira artista não britânica a receber o prêmio "em reconhecimento de seu imenso impacto na música ao redor do mundo, repertório incrível e conquistas até hoje".

À DIREITA: O álbum *Midnights* deu a Taylor ainda mais uma oportunidade de quebrar recordes, dessa vez, tornando-a a única artista de todos os tempos a ganhar quatro prêmios do Grammy de Álbum do Ano.

ACIMA: O filme do show da *The Eras Tour* quebrou inúmeros recordes em seu lançamento, tornando-se o filme de maior bilheteria de todos os tempos, ultrapassando o filme de Michael Jackson, *This Is It*.

ABAIXO: Como nunca faltam colaboradores para escolher, para os shows da *Eras Tour* na Califórnia, Taylor contou com a participação de Haim para cantar seu sucesso *No Body, No Crime*.

ACIMA: O Grammy de 2025 foi uma noite incomum, sem gongos para Taylor. Em vez disso, a estrela teve o prazer de apresentar o prêmio de Melhor Álbum Country a Beyoncé por *Cowboy Carter*, no que os fãs chamaram de um momento de "círculo completo" para a dupla.

À DIREITA: Desde que Taylor e o jogador da NFL Travis Kelce começaram a namorar em 2023, ela foi vista em vários jogos do Kansas City Chiefs, dançando em seu assento e trazendo um público totalmente novo para o jogo.

À ESQUERDA: Os Swifties são amplamente considerados como responsáveis pela influência cultural de Taylor. Muitos Swifties cresceram ao som de suas músicas icônicas, desfrutando a vida junto com a cantora, encontrando conforto e consolo em suas músicas.

A *The Eras Tour* marca o auge de duas décadas da paixão e da determinação de Taylor, destacando seu orgulho em várias de suas reinvenções ao longo dos anos. No meio da turnê, em abril de 2024, Taylor lançou *The Tortured Poets Department*, reformulando o show para incluir o novo álbum. Com o fim da turnê em dezembro de 2024, os Swifties aguardam ansiosamente para ver o que seu ícone fará em seguida.